Eckhard Roediger

Wer A sagt ...
muss noch lange nicht B sagen

Eckhard Roediger

Wer A sagt …
muss noch lange nicht B sagen

Lebensfallen und lästige Gewohnheiten
hinter sich lassen

Vorwort von Jeffrey Young,
Begründer der Schematherapie

KÖSEL

Foto Seite 54: © Angeles Hoffmann mit freundlicher Genehmigung
Illustration Seite 113/114: Kai Pannen, Hamburg
Das Gedicht auf Seite 202 wurde mit freundlicher Genehmigung
abgedruckt aus Pablo Neruda, *Lyrisches Werk*,
Copyright © Luchterhand Literaturverlag

MIX
Papier | Fördert gute Waldnutzung
FSC® C014496

Penguin Random House Verlagsgruppe FSC® N001967

7. Auflage 2024

Neumarkter Str. 28, 81673 München
Umschlag: Weiss Werkstatt München
Umschlagmotiv: © Aleksander 1 / Shutterstock.com
Druck und Bindung: GGP Media GmbH, Pößneck
Printed in Germany
ISBN 978-3-466-30927-6
www.koesel.de

Inhalt

Vorwort

Es gilt immer noch als Makel, zu einem Psychotherapeuten zu gehen. Zu diesem schlechten Image trägt auch bei, dass Psychologen in den meisten Filmen als komische Typen dargestellt werden. Viele Menschen verbinden auch heute noch Psychotherapie mit Psychoanalyse; andere halten besonders die Verhaltenstherapie für eine Art seelenloser Dressur. Dabei ist eine moderne Psychotherapie ganz anders.

Dieses von Eckhard Roediger wunderbar geschriebene Buch will am Beispiel der Schematherapie zeigen, wie Psychotherapie heute aussehen kann: rational, systematisch, wissenschaftlich fundiert und dabei äußerst menschlich. Eine Therapie, die im Rahmen des therapeutisch Möglichen eine warme, einfühlsame und fürsorgliche Beziehung bietet, damit alte seelische Wunden heilen können. Eine Beziehung, die sich am Verhalten guter Eltern orientiert und die ich daher »begrenzte elterliche Fürsorge« genannt habe. Vieles davon, was dort geschieht, können Sie auch mit sich selbst machen, sich sozusagen selbst ein guter Elternteil sein.

Beim Lesen erfahren Sie viel über die neurobiologischen Grundlagen, darüber, wie unsere frühen Erfahrungen unser Leben prägen, wie man das verändern kann und warum das gar nicht so leicht ist. Der Mensch ist bekanntlich ein Gewohnheitstier. Möchte man etwas an seinem Verhalten ändern, hat man daher oft das Gefühl, gegen den Strom zu schwimmen. Mit etwas Geschick und Ausdauer ist es aber dennoch möglich, aus diesen »Lebensfallen« auszusteigen – für sich alleine oder auch mit Hilfe eines Therapeuten.

Die Schematherapie ist eine moderne, integrative Therapieform, die ein tiefes Verständnis des Menschen mit konkreten Hilfestellungen zur Veränderung verbindet und die an das Vorgehen bei anderen Lernprozessen angelehnt ist. Aus diesem Geist heraus ist dieses Buch geschrieben und Sie werden sich vielleicht denken: Klar, so muss Psychotherapie gehen. Und tatsächlich sind die Erfolge der Schematherapie auch in wissenschaftlichen Untersuchungen eindrucksvoll. Es funktioniert wirklich. Wie und warum, werden Sie auf den folgenden Seiten erfahren.

Viele der hier beschriebenen Vorgehensweisen können Sie auch für sich selbst zu Hause anwenden, indem Sie die verletzbare Seite in sich wiederentdecken, deren Bedürfnisse wahr- und ernst nehmen und mit Ihren heutigen Möglichkeiten gut für diese Seite in sich sorgen. Ich freue mich, dass mit diesem Buch das Modell der Schematherapie einem breiten Leserkreis zugänglich wird und danke Eckhard Roediger. Möge es viele begeisterte Leser finden.

Jeffrey Young

Jeffrey E. Young, Ph.D., Begründer der Schematherapie, lehrt an der Fakultät der Psychiatrischen Abteilung der Columbia University. Er ist Gründer und Leiter des Cognitive Therapy Center in New York und Connecticut und des Schema Therapy Institute in New York City.

Es ist nie zu spät für eine glückliche Kindheit!

Darf ich bitten? Wer A sagt, muss auch B sagen! So lehrt uns ein Satz, der den meisten von uns wohl schon in der Kindheit eingeprägt wurde. Aber stimmt er eigentlich? Haben Sie diesen Satz schon einmal hinterfragt? Viele von uns folgen solchen in der Kindheit erlernten angeblichen Lebensregeln, ohne groß nachzudenken. Wir nehmen sie einfach so hin. Daran können Sie sehen: Sie haben Ihre Kindheit nicht ganz hinter sich gelassen. Egal, wie alt Sie sind. Das gilt natürlich nicht nur für solche simplen Merksätze. Unsere Kindheit geht weiter in den alten Mustern, die sich in unser Gehirn eingebrannt haben. Diese Muster sind die »Fußabdrücke« unserer Lebenserfahrungen. Auch wenn wir uns nicht an alles erinnern, der Körper vergisst nichts. Die frühen Erfahrungen beeinflussen unbewusst unser Wahrnehmen und Handeln. Wenn wir uns dieser Prägungen und ihrer Einflüsse nicht bewusst sind, bleiben wir Sklave im Gefängnis unserer alten Muster. Wir sitzen in unseren Lebensfallen fest. Wir können aber auch versuchen, die alten Muster kennenzulernen, uns selbst besser zu verstehen, uns die eine oder andere Schwäche zu verzeihen und uns geduldig selbst an die Hand zu nehmen; sozusagen sich selbst ein guter Elternteil werden. In diesem Sinne ist es nie zu spät für eine glückliche Kindheit.

Ein solcher Weg, sein Leben neu zu ergreifen, braucht aber eine Grundlage. Sie laufen beim Wandern ja auch nicht einfach los. Man besorgt sich erst einmal eine Karte oder einen Reiseführer der Gegend. Karte und Führer müssen lesbar und verständlich sein, damit man ihnen vertrauen kann. Manchmal bekommt man beim Lesen schon Lust, loszulaufen. So soll es sein! Darf ich Ihr Reiseführer sein? Dieses Buch bietet Ihnen eine Karte unserer Seelenlandschaft an. Dazu finden Sie noch ein paar Hinweise zur Bodenbeschaffenheit (d.h. Neurobiologie) und Geschichte (d. h. Evolution). *Wer A sagt … muss noch lange nicht B sagen* basiert auf dem psychologischen Modell der Schematherapie.[1] Das hat nichts mit »schematischer Therapie« zu tun. Der Name verweist darauf, dass es ein Ordnungsprinzip hinter unseren seelischen Prozessen gibt. Ein Schema ist in diesem Sinne ein Muster. Solche Muster finden sich sowohl in unserem Verhalten als auch in den Verknüpfungen zwischen den Nervenzellen unseres Gehirns. Die Wissenschaft geht davon aus, dass das, was wir denken, fühlen oder tun, immer mit entsprechenden Gehirnvorgängen einhergeht. Unser subjektives Erleben und die gleichzeitig in den Nervenzellen beobachtbaren Vorgänge sind demnach zwei Seiten derselben Medaille. Beide Ebenen hängen mit den gleichen Schemata zusammen.

Schemata werden in ihren Grundzügen bereits in unserer Kindheit angelegt und bleiben relativ stabil. Daher kann man von einem »Kind in uns« sprechen. Wir wollen in diesem Buch gemeinsam erforschen, wie Schemata entstehen, wie sie sich bemerkbar machen und wie wir sie verändern können. Das ist sozusagen ein »zweiter Bildungsweg« für die Kind-Seite in uns. Sie werden auch verstehen, warum es so schwer ist, sich zu verändern. Und wie es trotzdem geht. Am besten in einer Liebesbeziehung[2] – oder einer Therapie. In diesem Buch wird es mehr um den ersten Punkt gehen. Eine Liebesbeziehung gar nicht mal so sehr zu einem Partner, sondern vor allem zu sich selbst. Denken Sie dabei ruhig an das bekannte Wort aus dem Markus-Evangelium, das auch nicht christlich sozialisierten Menschen wohlbekannt ist: »Liebe deinen Nächsten wie dich selbst!« Der Satz wird ja oft im Sinne eines Aufrufes zur Selbstaufopferung verstanden. Nimmt man jedoch den Wortlaut, kann man ihn auch anders auffassen: Nur, wenn du dich selbst liebst und mit dir im Reinen bist, kannst du auch andere Menschen wirklich lieben. Auf Augenhöhe sozusagen. Dazu muss man sich mit sich selbst ausgesöhnt haben, sich selbst die eine oder andere weniger vorteilhafte Eigenschaft verzeihen, ohne sich dauernd schuldig zu fühlen. Dazu braucht es Selbst-Bewusstsein. Damit ist nicht die Tendenz zur Überheblichkeit gemeint, sondern wiederum im Wortsinn: sich seiner selbst bewusst sein. Dazu möchte dieses Buch beitragen: dass Sie verstehen, wie Sie innerlich »funktionieren« und wie das vermutlich entstanden ist. Dieses Bewusstsein erlaubt Ihnen, sich so anzunehmen, wie Sie sind, um dann das Beste daraus zu machen. So nebenbei erfahren Sie dabei auch, wie in einer modernen Psychotherapie wie der Schematherapie gearbeitet wird. Das hat mit »Gesprächstherapie« nicht mehr viel zu tun.

Auf dieser Entdeckungstour zu unseren inneren Mechanismen ist es sinnvoll, uns liebevoll der emotionalen Seite in uns zuzuwenden, denn in unseren Gefühlen lebt zeitlebens eine kindhafte Erlebensebene in uns weiter. Schauen Sie sich doch einmal Männer vor den Schaufensterscheiben eines Spielzeugladens oder eines Autohauses an! Sehen Sie diesen Glanz in den Augen und wie der Betreffende bereit ist, alles andere zu vergessen? *Das* ist das Kind in uns. Bezogen auf Frauen wollte ich hier das Beispiel mit dem »Schuhe kaufen« schreiben, aber das hat die Lektorin abgelehnt. Dabei finden Sie an jedem Bahnhofskiosk die Postkarte mit dem Text: »Wer sagt, dass Geld nicht glücklich macht, hat keine Ahnung vom Shoppen!« Auch wenn es politisch unkorrekt sein mag: Hier leben wir auf! Hier liegt unser »innerer Jungbrunnen«, hier sind wir begeisterungsfähig. Und wissen Sie was: Diese Seite macht uns sympathisch, zieht andere Menschen an. Kluge Menschen mögen beeindrucken, aber man mag sie nicht unbedingt. Wir verbinden uns emotional mit anderen Menschen auf unserer Kind-Ebene, wenn ich das so nennen darf. Grund genug also, sich einmal ausführlich mit dieser Seite zu beschäftigen und sich dann gut um sie zu kümmern. Aber keine Sorge: Das wird kein sentimentaler Krabbelgruppen-Schmusekurs mit dem »Inneren Kind«! Nein, wir wollen uns ganz sachlich und auch wissenschaftlich fundiert auf Basis der aktuellen neurowissenschaftlichen Forschungsergebnisse mit unserer Innenwelt auseinandersetzen. Trotzdem soll das anschaulich und unterhaltsam sein.

1.
Willkommen in den Lebensfallen
Das Schemamodell

Was ist eine Lebensfalle?

Sie stehen in einer Schlange an einem Kartenschalter an. Es geht nur langsam voran. Ungeduld macht sich breit. Dann läuft eine schick angezogene Frau ganz selbstverständlich an Ihnen vorbei und fragt einen vor Ihnen wartenden Mann: »Entschuldigen Sie, ich habe es furchtbar eilig und Sie schauen so freundlich. Könnten Sie mich vorlassen?« Zu Ihrem Entsetzen lässt er sie tatsächlich vor. Sie bedankt sich überschwänglich. Ihnen hingegen steigt die Galle hoch. Sie sprechen den Mann vor Ihnen an und sagen: »Was soll das? Wir warten hier doch alle, oder?!« Er schaut Sie etwas mitleidig an und erwidert: »Warum sind Sie so angespannt, wenn wir ihr helfen? Es kostet uns doch nur ein paar Minuten«. Sie fühlen sich zwar im Recht, aber trotzdem irgendwie schlecht und etwas beschämt.

In diesem Buch geht es um beide Aspekte: Erstens, warum Sie sich so aufregen. Zweitens, warum sich der Mann vor Ihnen *nicht* aufregt. Aus der aktuellen Situation alleine erklärt sich dieser Unterschied nicht, denn Sie warten beide in der gleichen Schlange. Aber Sie haben beide aufgrund Ihrer früheren Lebenserfahrungen eben auch unterschiedliche Schemata im Untergrund angelegt. Sie hatten vielleicht mit einem älteren Geschwister zu kämpfen, das Ihnen immer die Butter vom Brot genommen hat. Daher reagieren Sie besonders sensibel, wenn sich jemand einen Vorteil erschleichen möchte. Der Mann vor Ihnen hat vielleicht eine kleine Schwester, die er schon als Junge immer beschützte und die ihn dafür verehrte. Interessanterweise erleben Sie beide in diesem Moment unhinterfragt die Gewissheit, dass Ihre Reaktion angemessen ist. Wir haben das Gefühl, auf einen bestimmten Reiz mit einer bestimmten Reaktion antworten zu *müssen*. Aber wir müssen nicht »B« sagen, bloß weil es in uns »A« gesagt hat! Was uns dabei lenkt, sind die Muster, die in uns im Laufe des Lebens eingeprägt wurden. Diese Muster nennen wir *Schemata*. Ohne dass wir es merken, prägen unsere Schemata unsere Bewertungen einer Situation und damit auch unser Verhalten. Von diesen Schemata handelt dieses Buch.

Nun werden Sie vielleicht einwenden, dass Ihnen das Beispiel zu banal sei. Akzeptiert. Es war ja auch nur dazu gedacht, das Prinzip deutlich zu machen. Nehmen wir ein schmerzhafteres Beispiel: Eifersucht! Sie fragen sich, was Ihr Partner da in seiner Freizeit dauernd für Nachrichten auf sein Handy bekommt. Die lapidare Antwort: »Ach – nur was Geschäftliches« beruhigt Sie nicht wirklich. Schon gar nicht, wenn er sich dann auch noch in eine Ecke verdrückt, um in Ruhe zu antworten. In Ihrem Bauch grummelt es, Sie merken, wie Ihnen warm wird. Sie erwischen sich bei dem Gedanken, sein Handy zu kontrollieren, und warten auf eine günstige Gelegenheit. Der heutige Tag ist schon mal gelaufen, weil Sie immer wieder an das Handy denken müssen. Ihr Partner fragt schon: »Schatz, was ist denn heute mit dir los? Du wirkst so zerstreut!« »Ach nichts – war nur ziemlich stressig bei der Arbeit.« Er ist bemüht und fragt: »Na, dann erzähl doch mal«! Sie fühlen sich erwischt und weichen aus: »Ach nein, ich möchte lieber abschalten!« Kommt aber nicht sehr glaubwürdig rüber. Er wirkt nun seinerseits irritiert und zieht sich etwas enttäuscht zurück. Als er die »Sportschau« einschaltet, bietet sich die Gelegenheit für den »Handycheck« und was finden Sie: Nichts! Und sind Sie jetzt beruhigt? Nicht wirklich – oder wenn überhaupt, nur kurz. Vielleicht hat er die verdächtigen Nachrichten ja gleich gelöscht! Und wenn nicht und Sie ihn zu Unrecht verdächtigen? Unsicherheit und Scham steigen in Ihnen auf. Sie wollen Ihr ungerechtfertigtes Misstrauen wiedergutmachen und nähern sich ihm zärtlich an. Das kommt für ihn aber völlig unmotiviert und er will jetzt seine Sportschau sehen. Sie fühlen sich abgewiesen und irritiert. Mit dem Kuscheln am Abend wird es dann natürlich auch nichts.

Wer ist nun schuld an diesem misslungenen Samstagabend? Nicht Sie, nicht er, sondern Ihr »Misstrauensschema«, das in Ihnen in Ihrer Kindheit angelegt wurde. Und weil Sie sich mit diesem Muster in Ihnen nie kritisch auseinandergesetzt haben, wirkt es unverändert in Ihnen weiter und belastet Ihr heutiges Leben. Aber noch einmal: Wir sind diesen Mustern nicht wehrlos ausgeliefert, auch wenn es sich manchmal so anfühlen mag.

Tatsächlich leben wir alle mit Lebensfallen. Und zwar nicht nur schlecht. Wir werden sehen, dass nicht jedes Muster gleich eine Lebensfalle ist. Viele Automatismen erleichtern das Leben ungemein.

Wissen Sie beispielsweise, wie Sie Ihre Schnürsenkel binden? Ja klar? Na, dann erzählen Sie mal! Typischerweise werden Sie jetzt Ihre Hände nehmen und vormachen, wie das geht. Die einzigen Menschen, die mit Worten erklären können, wie man Schnürsenkel bindet, sind Erzieherinnen (und manchmal Eltern, die ihren Kindern aus pädagogischen Gründen keine Schuhe mit Klettverschlüssen kaufen wollen). Die Art, wie man Schuhe zubindet, ist auch ein Schema. In diesem Fall ein motorisches. Und wie Sie sehen, denken Sie darüber normalerweise einfach nicht nach – schon gar nicht morgens, wenn es schnell gehen muss.

Schemata entlasten also unsere bewussten Denkprozesse. Einmal gelernt (bewusst oder unbewusst) neigen sie dazu, unverändert beibehalten zu werden. Sie sind sozusagen eine Art »Autopilot« in uns. Problematisch werden sie nur, wenn sie uns unbeweglich und starr machen. Dann kann es ganz schön schwierig werden, da wieder rauszukommen! Jeder, der einmal versucht hat, ein Verhaltensmuster zu ändern, kann ein Lied davon singen. Egal, ob es sich darum handelt, das Rauchen aufzuhören (ganz schwierig), sich einen falsch gelernten Fingersatz am Klavier abzugewöhnen (auch nicht einfach), wieder einzuschlafen, wenn man nachts aufgewacht ist (eine beliebte Übung von Menschen mit Schlafstörungen, also etwa einem Viertel aller Deutschen,[3]) ordentlich Auto zu fahren oder anderen nicht auf den Po zu schauen (siehe unten). Schuld sind unsere Schemata. Doch solange wir uns unserer *Schubladen* nicht bewusst

WARUM KLINGELT ES, WENN JEMAND AUF EINEN KLINGELKNOPF DRÜCKT? DER AUSLÖSER IST NICHT DIE URSACHE!

Was ist der Unterschied zwischen Auslöser und Ursache? Lassen Sie uns diesen Zusammenhang am Beispiel der Funktion einer Klingel an einer Haustür genauer betrachten. Wer hat das Klingeln verursacht? Klar: natürlich der, der auf den Knopf drückt. Das ist zum Teil richtig. Wenn niemand auf den Knopf drückt, klingelt es auch nicht. Aber der Auslöser allein reicht nicht aus: Nur wenn im Haus eine funktionierende Klingelanlage installiert ist, kann es klingeln. Übertragen auf die Lebensfallen bedeutet das: Nur wo Schemata angelegt sind, können sie auch ausgelöst werden. Nur wenn Sie in Ihrer Kindheit ein »Misstrauens«-Muster angelegt haben, werden Sie auf die Spielereien Ihres Mannes mit seinem Handy eifersüchtig reagieren.

sind, neigen wir dazu, die Auslöser für die Ursache zu halten. Damit sitzen wir in einer Lebensfalle.

Wir verwechseln also häufig die Ursache innerer Missstimmungen mit dem Auslöser und wollen dann den Auslöser beseitigen. Da andere Menschen die Situation anders sehen, führt das schnell zu Konflikten. Wenn wir dagegen unsere Schemata einigermaßen kennen, gelingt es uns leichter, die Selbstverständlichkeit, mit der sie sich in uns melden, in Frage zu stellen. Wir werden dann weniger von unseren Schubladen getrieben. Wir stülpen sozusagen nicht immer wieder unsere Innenwelt nach außen, sondern können unsere Vorstellungen und unser Verhalten flexibler und selbstbestimmter an die Welt und andere Menschen anpassen. Das erspart uns eine Menge Missverständnisse und hilft, Konflikte leichter aufzulösen. Dann werden wir glücklicher und letztlich auch erfolgreicher sein.

Die Geister kommen aus der Gruft: Wenn die Vergangenheit in die Gegenwart eindringt

Die Illusion, dass unsere aktuellen Gefühle allein durch die gegenwärtige Situation ausgelöst werden, ist tatsächlich eine wichtige Wurzel vieler Missverständnisse und Konflikte. Wir selbst fühlen keinen Unterschied, ob es die Außenwelt ist, die unser Erleben bewirkt, oder ob es aus einer alten inneren Schublade kommt. Beides fühlt sich gleich an. Das ist wie mit Erbsen aus der Tiefkühltruhe: Die sehen nach dem Auftauen auch frisch aus, selbst wenn sie Jahre eingefroren waren. Für Ungeübte ist das kaum zu unterscheiden, wenn sie die Erbsen auf dem Teller haben. Genauso ist das mit den Gefühlen: Das Erlebnis wirkt immer »frisch«. Wir können einfach nur in der Gegenwart fühlen.

Besonders bedrohlich ist es, wenn uns starke Gefühle überfluten und wir keine Erklärung haben, wo sie herkommen könnten – wenn also gewissermaßen die Vergangenheit unerkannt in die Gegenwart einbricht. Dann halten wir bildlich gesprochen Geister für auferstandene Menschen. So geht es Menschen mit Panikanfällen. Bestimmte Körpersensationen (z. B. starkes Herzrasen, Schwindel, Taubheitsgefühle in den Händen durch Überatmen), die bei Stress entstehen, lösen bei den Betroffenen extreme Angstgefühle bis hin zur Todesangst aus. Dabei handelt es sich oft nicht um grundsätzlich ängstliche Menschen. Im Gegenteil: Die typischen Panikpatienten sind eher aktive »Macher«, die ihr Leben gut im Griff haben und plötzlich »aus der Rolle fallen«. Wenn wir ganz sachlich auf das Bild eines panischen Menschen schauen, was sehen wir da? Er oder sie ist ungeheuer aufgeregt, kann keinen klaren Gedanken fassen, ist völlig von Gefühlen überflutet (sozusagen »kopflos«), sucht verzweifelt nach Hilfe und klammert sich an andere an (z. B. an Partner oder den Notarzt).

Woran erinnert Sie das? Stellen Sie sich doch einmal ein

Kleinkind vor, das auf dem Spielplatz seine Mutter nicht mehr findet. Es wird aufgeregt hin und her rennen, der Puls rast, die Verzweiflung steht ihm im Gesicht, und es wird weinend irgendwo Halt suchen, aber nicht finden. Im Grunde sehen wir im Panikpatienten ein panisches Kind. Das ist ein ganz gutes Beispiel dafür, wie unter unserer gut funktionierenden Alltagsebene in einer tieferen Schicht in unserem Gehirn alte Reaktionsmuster lauern, die wir Kindmodus nennen.

Ausgelöst werden solche Panikzustände meist durch eine unbewusste Fehleinschätzung von körperlichen Anspannungszeichen. Die Betroffenen deuten die Alarmreaktion des Körpers als Zeichen einer akuten Lebensgefahr. Dabei steckt vielleicht ein

ÜBER DAS WESEN DER GEFÜHLE

Wenn wir fühlen, fühlen wir immer im »Hier und Jetzt«. Wir können gar nicht anders. Wenn Sie alte Fotos anschauen oder eine bestimmte Musik hören, kommen alte Gefühle wieder hoch, als wenn sie jetzt neu entstanden wären. Aber das ist nicht nur angenehm: Wenn durch einen Unfall traumatisierte Menschen ein Martinshorn hören, steigen die Panikgefühle aus der Unfallsituation wieder auf. Menschen, die im Zweiten Weltkrieg Bombenangriffe erlebt haben, können oft bis heute kein Feuerwerk ertragen. Das gilt nicht nur für bewusste Erinnerungen. Noch schlimmer geht es Menschen, die nicht wissen, woher ihre Panikgefühle kommen, z. B. weil die Panik durch Erlebnisse in der ganz frühen Kindheit angelegt wurde, für die wir keine bewussten Erinnerungen haben. (Bewusste Erinnerungen setzen erst etwa mit dem dritten Lebensjahr ein.) Wenn wir bewusst zuordnen können, woher die Angst vor dem Martinshorn oder dem Feuerwerk stammt, können wir uns besser selbst beruhigen und uns sagen: Das sind die Gefühle, die zu Erlebnissen aus der Vergangenheit gehören, rege dich nicht auf. Sie fühlen sich zwar ganz real an, doch du bist jetzt sicher.

altes Muster, eine »Angstschublade« aus der Kindheit dahinter, die entstanden ist, bevor die bewussten Erinnerungen eingesetzt haben. Eine Patientin bekam nach einer Weisheitszahnentfernung in Vollnarkose erstmals Panikanfälle. Bei jedem neuen Panikanfall wurde die Todesangst schlimmer. In einer Imaginationsübung, bei der sie in diese Angst therapeutisch begleitet hineinging, kam ihr plötzlich das bunte Muster ihrer Kinderzimmertapete in den Sinn. Kurz danach fiel ihr ein, dass ihre Eltern ihr erzählt hatten, dass sie sich mit zweieinhalb Jahren in ihrem Kinderbett an einer Schnur, an der die Bettdecke festgebunden war, fast erwürgt hätte. Sie sei ohnmächtig und ganz blau gewesen, als man sie fand.

Wo ist die Brücke zwischen diesen Ereignissen? Wir können wohl davon ausgehen, dass die Patientin im Kinderbett beim Strangulieren große Angst, vermutlich Todesangst bzw. Panik hatte, bevor sie ohnmächtig wurde, auch wenn sie sich nicht bewusst daran erinnern kann. Diese Todesangst zusammen mit dem Gefühl, ohnmächtig zu werden, hat sich höchstwahrscheinlich in das emotionale und körperliche Gedächtnis eingebrannt, wie in eine Art Schublade, die unvermittelt wieder aufspringen kann. Bei der Narkose beim Zahnarzt war plötzlich das Ohnmächtig-werden-Gefühl wieder da und damit auch die Panik. Und bei jedem Panikanfall treten die körperlichen Frühsymptome des Ohnmächtigwerdens (wie z. B. Schwindel und aufsteigende Wärmegefühle oder nebliges Sehen) wieder auf und öffnen die Panik-Schublade. So dreht sich der Teufelskreis der Panik immer schneller.

Nachdem die Patientin diesen Zusammenhang erkannt hatte, konnte sie die anfänglichen Paniksymptome neu bewerten und einordnen. Sie konnte erkennen, dass sie im Panikanfall in einen Kindmodus fällt, also das alte Kindheitserleben in ihr in der Gegenwart wieder aufersteht. Diese Einsicht erleichterte ihr (mit einiger Übung), die heutigen Panikgefühle als »alte« Todesangst aus ihrer Angstschublade einzuschätzen und »loszulassen« bzw. sich abzulenken.

DAS »TIER« IN UNS, ODER DIE VERSCHIEDENEN EBENEN UNSERES GEHIRNS

Tatsächlich hat sich unser Gehirn im Laufe der Evolution ganz langsam von dem eines Wurmes über ein Reptilien- und Säugetierstadium zu unserem heutigen Funktionsniveau entwickelt. Auf der Höhe des Rückenmarks reagieren wir mit wurmartigen Reflexen, im Hirnstamm funktionieren wir wie Reptilien, im sog. limbischen System in der Tiefe unseres Gehirns wie Nagetiere und erst das Stirnhirn macht uns zu Menschen. Vergleichen Sie den Schädel eines Homo Sapiens mit dem eines Affen, so erkennen Sie deutlich unsere vorgewölbte Stirn, die dieser vergrößerten Hirnschicht Raum schafft.

Die höheren Hirnschichten beeinflussen jeweils die darunterliegende Funktionsebene. Auf der Höhe des limbischen Systems sitzen z.B. Zentren, die die Muskeln straffen, damit wir eine aufrechte Haltung einnehmen können. Diese tiefer liegenden, alten Zentren werden durch die später entwickelten Zellen der Hirnrinde gehemmt, wodurch zielgerichtete Bewegungen und komplexe Handlungen erst möglich werden. Bei einem Schlaganfall werden die Hirnrindenzellen beschädigt und die limbischen Zentren machen Arm und Bein reflexartig steif. So entsteht die typische Körperhaltung nach einem Schlaganfall. Ebenso werden Menschen kindisch oder impulsiv, wenn das Stirnhirn geschädigt bzw. durch eine Demenz abgebaut wird. Dann setzen sich die Impulse aus dem limbischen System durch. Das geschieht auch bei süchtigem oder impulsivem Verhalten, z.B. bei einem Wutausbruch. Es ist dann so, als würde der Reiter (in der Hirnrinde) die Zügel sausen lassen, und das Pferd (d.h. das »Tierhirn« in uns) macht, was es will. So könnte man die volkstümliche Formulierung »Die Sau rauslassen« neurobiologisch übersetzen.

The first cut is the deepest!
Wie Schemata entstehen

Dieser Titel eines Liedes von Cat Stevens (den Jüngeren vielleicht eher von Sheryl Crow bekannt) bezieht sich auf eine enttäuschte Hoffnung der ersten großen Liebe. Aber das Drama fängt viel früher an: In der frühesten Kindheit ist unser Gehirn am stärksten prägbar. Wir sind sozusagen Wachs in den Händen der Menschen, denen wir anvertraut sind. Besonders die Hirnrinde entwickelt sich erst nach der Geburt. Dieser Ausreifungsprozess dauert etwa bis zum 21. Lebensjahr.[4] Auch hier hatten die Alten intuitiv recht, die Volljährigkeit mit 21 anzusetzen. Da die Hirnrinde von hinten nach vorne ausreift, sind die vorderen Hirnregionen als Letztes dran. Die brauchen wir, um unsere spontanen Verhaltensimpulse aus der Tiefe des Gehirns zu hemmen. Dass das so ist, zeigen die hohen Versicherungsprämien für junge Fahranfänger untrüglich: Die können einfach besser Gas geben als bremsen!

Was wir erleben, brennt sich unweigerlich in unser Gehirn ein. Und zwar nicht nur als Erinnerung, sondern bis in unsere Gehirnstruktur hinein. Beim Computer würde man sagen: nicht nur in die Software, sondern in die Hardware. Wir leben mit dem Gehirn, das wir besonders in unseren ersten zwei Lebensjahren aufbauen. Wir *sind* unsere frühe Erfahrung. Unsere frühen Erfahrungen prägen unser Weltbild. Wir haben zeitlebens die Tendenz, die Welt durch die Brille, die wir in der Kindheit aufgesetzt bekommen haben, zu betrachten. Das ist schon eine dramatische Erkenntnis, dennoch kein Grund zur Resignation. Wir müssen zwar unsere »Wunden« akzeptieren, aber wir sind kein hilfloses Opfer. Zwar kommen wir nicht umhin, erst einmal zu akzeptieren, dass wir so sind, wie wir sind. Wir haben aber auch gesehen, dass man bis ins hohe Alter daran arbeiten kann, das Beste aus seiner Situation zu machen. Der Lohn ist eine höhere Lebensqualität und eine bessere Beziehungsfähigkeit.

DIE ERGEBNISSE DER BINDUNGSFORSCHUNG UND DIE SCHEMAENTSTEHUNG

Bindungsforscher untersuchen, wie Kinder mit ca. einem Jahr auf die Trennung von der Bezugsperson reagieren. Dieser sog. Bindungsstil bleibt im Hintergrund das ganze Leben stabil.[5] Auch wenn es oft wie ein Klischee erscheint, lag die Psychoanalyse also richtig, als sie schon vor 100 Jahren die Bedeutung der ersten Lebensjahre hervorhob. Warum bloß hat die Natur uns so verwundbar gemacht?

»Niemand ist eine Insel«, lautet der Titel eines Romans von Johannes Mario Simmel. Recht hat er: Wir sind auf Bindung zu anderen Menschen angelegt. Unsere steinzeitlichen Vorfahren konnten vermutlich nur überleben, weil sie sich in Gruppen zusammenschlossen. Das geht am besten, wenn wir uns sehr früh auf unsere Umwelt einstellen. Das hat aber seinen Preis: Emotionale Verletzungen brennen sich besonders in der ersten Lebenszeit tief in uns ein. So entstehen z.B. die Schemata »Emotionale Vernachlässigung«, »Im-Stich-gelassen« und »Misstrauen / Missbrauch«. Aber auch später tut soziale Zurückweisung genauso weh wie körperlicher Schmerz. Dabei sind sogar dieselben Hirnregionen aktiv.[6] Entsprechend können auch beschämende Äußerungen in der Pubertätszeit starke Schemata von »Unzulänglichkeit / Scham« oder »Isolation« auslösen. Schulkinder können grausam sein! Eine Patientin berichtete, wie ihr Mitschüler im Klassenraum einen Mülleimer über den Kopf stülpten. Und das Schlimmste war: Ihre vorher beste Freundin war die Anführerin! Bloß, um vor den Mitschülern als mutig dazustehen, hatte sie sie verraten. So viel an dieser Stelle zum Thema »Bindung« und alte Wunden.

An allem sind die Eltern schuld? Die Grundbedürfnisse und die Bedeutung der frühen Erfahrungen

Stimmt also das bekannte Vorurteil, dass eine Psychotherapie immer darauf hinausläuft, dass die Eltern an allem schuld sind? Vertreter verschiedener Therapieschulen würden diese Frage sicher unterschiedlich beantworten. Ich möchte mich hier auf die bereits erwähnten Ergebnisse der Bindungsforschung berufen. Untersucht man die Bevölkerung, sind etwa 60 % »sicher gebunden«.[7] Das meint, dass das Bindungsbedürfnis dieser Personen in der frühen Kindheit ausreichend befriedigt wurde und sie emotional recht stabil sind. Bei den Patienten, die in eine Psychotherapie kommen, sind dagegen nur etwa 10 % sicher gebunden. Das weist darauf hin, dass da möglicherweise tatsächlich in der frühen Kindheit nicht alles optimal gelaufen ist.[8] Eine sichere Bindung ist ein wichtiger Schutzfaktor, um Belastungssituationen gut meistern zu können. Umgekehrt entwickeln Menschen mit unsicherer Bindung im Laufe des Lebens häufiger psychische Störungen.[9]

Menschen haben aber nicht nur den tiefen Wunsch nach Bindung, auch wenn dieser vermutlich das für das Überleben wichtigste Grundbedürfnis ist. Welche anderen Bedürfnisse bestimmen vorherrschend unser Leben? Es gibt verschiedene Systematiken, um die emotionalen Grundbedürfnisse eines Menschen zu beschreiben. Der Psychotherapieforscher Klaus Grawe hat mit vier Grundbedürfnissen eine sehr einfache Systematik vorgestellt.[10] Neben dem Bindungsbedürfnis nennt er das Streben nach Autonomie bzw. Kontrolle, die Selbstwerterhöhung sowie Lust bzw. Unlustvermeidung als entscheidende Faktoren. Jeffrey Young, der Begründer der Schematherapie, hat mit Blick auf die Bedürfnisse von Kindern noch ein fünftes Grundbedürfnis formuliert, nämlich Grenzen gesetzt zu bekommen.[11] Das ist sicher richtig, denn Kinder brauchen Grenzen, um an ihnen zu wachsen. Eine falsch verstandene antiautoritäre Erziehung, die in Wirklichkeit eine vernachlässigende »Laissez-faire«-Erziehung war, hat bei vielen Kindern aus der 68er-Zeit zu einer nachhaltigen inneren Unsicherheit geführt. Grawes Bedürfnisse beziehen sich primär auf den erwachsenen Menschen. Der sollte in seinen »inneren Bewertern« angemessene Grenzen verinnerlicht haben. Innere Bewerter (auch »innerer Kritiker« genannt) entstehen dadurch, dass wir die Botschaften unserer Bezugspersonen ab der Geburt in den sog. Spiegelneuronen unseres Gehirns abspeichern. Dort bilden wir eine innere Repräsentation dieser Bezugspersonen – im Guten wie im Schlechten. Im negativen Fall beurteilen wir uns dann unreflektiert mit der gleichen Härte, mit der uns früher andere beurteilt haben. Im positiven Fall kann sich später in uns die »Stimme des Gewissens« regen und uns auf gute Weise an die in der Erziehung vermittelten Normen und Werte erinnern. Dass dem jedoch nicht unbedingt so ist, zeigen z. B. die Verstöße gegen Verkehrsregeln oder Steuergesetze.

Auch wenn Freud behauptete, der Lusttrieb sei besonders wichtig: Letztlich müssen alle vier Grundbedürfnisse ausbalanciert werden, wenn wir langfristig mit unserem Leben zufrieden sein wollen. Das bedeutet, einen Kompromiss zwischen den eigenen Interessen nach Selbstbehauptung und den Erwartungen der Umwelt zu finden, um die Zugehörigkeit nicht zu verlieren. Für das Überleben ist Bindung zunächst das wichtigste Bedürfnis. Daher sind Kinder bereit, für ein Minimum an Bindung auch Schmerz und Demütigungen auf sich zu nehmen. In diesem Sinne sind sie die »Klügeren«, die nachgeben. Nicht umsonst wird Stubenarrest (und später das Gefängnis) als Strafe eingesetzt. Noch schlimmer ist es, wenn Kinder in Anwesenheit der Eltern angeschwiegen werden. Das hält kein Kind lange aus! Angeblich hat Kaiser Friedrich II. dieses »Experiment« im Mittelalter auf die Spitze getrieben. Er wies Ammen an, mit den ihnen anvertrauten Kindern kein Wort zu sprechen, um zu schauen, was dann passiert. Die Kinder seien gestorben![12]

DIE GRUNDBEDÜRFNISSE IM EINZELNEN

Eine Besonderheit des Schematherapie-Ansatzes ist seine konsequente Orientierung an den Grundbedürfnissen. Für ein positives Lebensgefühl müssen möglichst alle diese Bedürfnisse einigermaßen befriedigt werden, auch schon bei Kindern. Werden die Bedürfnisse nicht befriedigt, entstehen ganz ursprüngliche negative Gefühle, die Basisemotionen. Diese Gefühle haben Signalcharakter und zeigen an, dass dem Kind etwas fehlt.

Das grundlegendste Bedürfnis ist das nach **Bindung**. Das lässt sich gut bei den kleinen Äffchen im Zoo beobachten, die sich an die Mutter anklammern. Die Mutter ist der Garant des Überlebens. Eine sichere Bindung an die Mutter ist die beste Basis, um die Welt zu erforschen.

Kontrolle meint das Vertrauen, dass die Welt vorhersehbar reagiert, und nicht: »Ich habe alles unter Kontrolle.« Vorhersehbarkeit gibt Sicherheit und Orientierung.[13] Nur wenn ich mich sicher fühle, traue ich mich in die Welt hinaus. Sich sicher fühlen ist die Basis für die Entwicklung von **Autonomie**. Wenn ich in Deutschland zu der Zeit an eine Bushaltestelle gehe, zu der der Bus laut Fahrplan fahren soll, habe ich eine gute Chance, dass er auch tatsächlich kommt. Ich kann entsprechend planen. Das gibt mir Sicherheit. Entsprechend verärgert reagieren wir, wenn unser Kontrollbedürfnis frustriert wird. Die Schaffner der Deutschen Bahn können ein Lied davon singen.

Das Bedürfnis nach **Selbstwerterhöhung** treibt uns an, vor uns und anderen gut dazustehen. Es ist ein wichtiger Motor des Lernens und des Fortschritts. Vermutlich hat es auch mit dem in uns biologisch angelegten Hackordnungsverhalten zu tun. Sogar Hühner wollen auf der sozialen Leiter nach oben (daher der Name).

Zum Bedürfnis nach **Lust** und Freude brauche ich nicht viel zu sagen. Das hat Sigmund Freud schon getan (und dabei vielleicht etwas übertrieben). Lust meint einfach sich wohlfühlen, Spaß haben. Das spielt ja in unserer sog. »Spaßgesellschaft« auch außerhalb der Sexualität eine große Rolle. Dazu noch der Hinweis, dass auch das Vermeiden von Unlust im Sinne der inneren Spannungsreduktion eine starke Triebfeder sein kann. Das kann man besonders gut beim Vermeidungsverhalten von Menschen mit Ängsten sehen.

Menschen sind soziale Wesen. Sie brauchen das Gegenüber. Bereits Säuglinge suchen aktiv den Kontakt zur Mutter oder zum Vater. Wenn in einem Experiment eine Mutter nicht auf das Kind reagiert, ist das für das Kind nicht auszuhalten. Es tut buchstäblich alles, um die Aufmerksamkeit der Mutter zu erregen. Es kann sie sogar schlagen![14] Dieses Wissen erlaubt einen anderen Blick auf verhaltensauffällige Kinder. Zumindest manche von ihnen suchen schlicht Aufmerksamkeit. Lieber ausgeschimpft werden als gar nicht wahrgenommen!

Das Bindungsbedürfnis erklärt auch, warum emotional vernachlässigte Kinder so leicht emotional oder auch sexuell missbraucht werden können. Oft sind die Missbraucher die einzigen emotionalen Bezugspersonen. Die emotionale Abhängigkeit der Kinder ist so groß, dass sie sich nicht abgrenzen oder gar wehren können. Gleichzeitig prägen sich diese Erlebnisse in unser Gehirn ein. Unser Gehirn »spiegelt« diese Erlebnisse in seiner Gehirnstruktur wie das Wachs den Siegelring. Es ist die für uns normale Welt. Bis etwa zum neunten Lebensjahr kennen Kinder überwiegend nur diese Welt. Erst dann können sie sich langsam von der Welt der Eltern lösen und das Verhalten der Eltern kritisch sehen. Bis dahin sind die Eltern die »Größten«. Die Worte und Werte der Eltern (oder anderer Bezugspersonen) hallen in uns nach. Auch in unserem Verhalten imitieren wir unbewusst die Umgebung. Wir passen uns damit wie ein Chamäleon unserem Umfeld an. Dadurch sind wir Teil unserer »Gruppe«, wir gehören dazu. Nur so konnten wir überleben.

Aber es geht uns ja nicht nur ums Überleben. Es geht um ein gutes Leben. Um den erwähnten »zweiten Bildungsweg«. Das Wissen darum, wie Lebensfallen entstehen, hilft uns, unsere Möglichkeiten realistisch einzuschätzen. Gewiss: Die Muster sind tief eingebrannt und manchmal haben wir das Gefühl, wie Sisyphos einen unendlich schweren Stein den Berg hochzurollen und nie anzukommen. Der Philosoph Albert Camus hat diesen Mythos geschickt umgedeutet. Er fordert uns auf, uns Sisyphos als glücklichen Menschen vorzustellen. Warum ist

Sisyphos denn unglücklich? Weil er meint, den Stein oben ans Ziel bringen zu müssen! Würde er das »Steinrollen« als seine Lebensaufgabe anerkennen, ginge es ihm besser. Genauso ist die Arbeit an uns selbst ein lebenslanger Prozess. Wir sollten nicht versuchen, ein »besserer« Mensch zu werden. Reicht es nicht, ein zufriedenerer Mensch zu sein? Dazu müssen wir uns nicht groß äußerlich verändern. Wir können in unserer inneren Welt aufräumen. Auf der einen Seite machen wir uns von unseren inneren Bewertern frei. Das nimmt schon viel Druck raus. Kaum jemand ist so streng mit uns wie unsere inneren Kritiker. Wenn wir die entmachtet haben, können wir uns unsere kleinen und manche größeren Schwächen besser verzeihen. Wenn wir dann noch auf unsere wirklichen Grundbedürfnisse achten, anstatt irgendwelchen vermeintlichen »must haves« nachzulaufen, sieht das Leben schon viel besser aus. Dann kann man auch sein Päckchen leichter tragen. Es muss ja nicht gleich ein Stein sein …

Die Grundlagen des Schemamodells

An dieser Stelle möchte ich Sie mit den wichtigsten Elementen des Schemamodells vertraut machen. Da das Modell viele allgemeinpsychologische Vorstellungen aufgreift, ist es gar nicht so schwer nachzuvollziehen. Das Modell hat drei Hauptelemente: Welches *Schema* ist aktiviert, welche *Bewältigungsreaktionen* gibt es und in welchem *Modus* befinde ich mich (Plural: Modi).

Beginnen wir mit den Modi, weil wir die im Alltag erleben. Im Modell der Schematherapie nennt man alle vorübergehenden Erlebenszustände *Modi*. Da wir dauernd zwischen verschiedenen Zuständen wechseln, wechseln wir auch jedes Mal den Modus. Ein Modus ist der Name für einen momentanen »personalen Gesamtzustand«.[15] Der kann ganz alltagsnah-beschreibend sein. Die Frau mit dem Weisheitszahn befindet sich in einem »Ängstliches-Kind-Modus«, wir in der Warteschlange am Kartenschalter aus dem ersten Kapitel in einem »Kämpfer-Modus«: Unser gesamter körperlicher Zustand ist auf »Kampf« eingerichtet. Es können auch mehrere Modi parallel aktiviert sein, z. B. wenn wir uns in einem inneren Konflikt befinden. Oder wenn in uns Stimmungen hin und her kippen. In unserem Gehirn sind dabei ganz bestimmte Muster von Nervenzellen aktiviert (siehe Abb. 1). Der Therapieforscher Klaus Grawe griff zur Veranschaulichung dieses Zusammenhangs auf das Bild von Leuchtbirnen auf einem Christbaum zurück: Befinden wir uns in einem bestimmten Modus, leuchtet ein entsprechendes Muster von Glühbirnen auf. In einem anderen Modus ist ein anderes Muster von Glühbirnen aktiv. Dabei können dieselben Glühbirnen in mehreren Mustern benutzt werden. Alle Gedächtnisinhalte werden als Muster von gleichzeitig aktivierten Nervenzellen gespeichert.

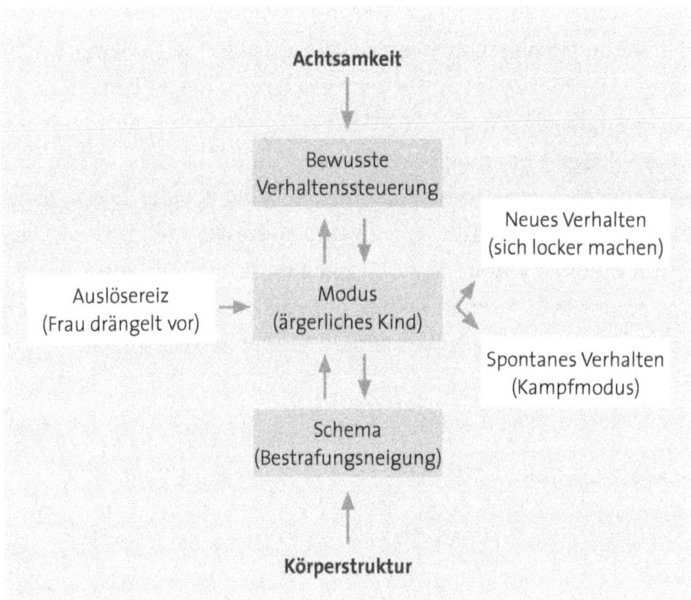

Abb. 1: Einfaches Modell der Verhaltenssteuerung

Hier findet also der Übergang von einem momentanen, vorübergehenden *Funktionszustand* (Modus) zu dauerhaften Veränderungen im *Aufbau* unseres Gehirns statt (Schema). Erinnerungen entstehen durch strukturelle Veränderungen im Gehirn, genau genommen durch neue Verknüpfungen zwischen Nervenzellen. Diese eingespeicherten Muster, die das Gehirn im Hintergrund bereithält, sind die *Schemata*. Das ist das zweite wichtige Element des Schemamodells. Ein Schema ist also der »Fußabdruck« einer früheren Erfahrung in der Struktur unseres Gehirns. So wie sich ein Siegel in das Wachs drückt. In einem Modus *ist* man, ein Schema *hat* man. Äußere Reize aktivieren unsere Schemata, ob wir wollen oder nicht. Ein ähnlicher Reiz wie damals aktiviert das entsprechende Schema in uns und erzeugt genau das gleiche Erleben wie damals. Wir rutschen wie durch einen Zeittunnel in das Kindheitserleben zurück und fühlen uns genauso einsam oder hilflos wie als Kind. Wir sind wieder im gleichen (Kind-)Modus. Wenn wir nicht unsere bewusste Verhaltenssteuerung einschalten, werden wir mit dem alten Verhalten antworten. Damit sitzen wir wieder in der alten Falle. Wir müssen also sehr wach sein, um zu bemerken, in welche Lebensfalle uns unser schemagesteuerter Autopilot gerade wieder hineinlotsen will. Wir sollten merken, wenn wir eine tote Kuh melken wollen – und loslassen. Oder in einem etwas drastischeren Bild: Irgendwann sollte der Igel merken, dass er auf einer Klobürste sitzt, sich seinen Irrtum eingestehen und absteigen. Wir werden später genauer auf die verschiedenen Modi eingehen. Zunächst bleiben wir bei den Schemata.

Damit sich die vorübergehend aktiven Nervenzellgruppen etwas »merken« können, verbinden sie sich fester miteinander. Sie bilden gewissermaßen ein Team. Dazu werden die Verknüpfungsstellen zwischen den Nervenzellen (die sog. **Synapsen)** verstärkt, sodass sich die Zellen schneller wechselseitig aktivieren können, sobald eine von ihnen erregt wird. Diese »Teambildung« geschieht immer dann, wenn ein zunächst zufällig entstandener Zustand sehr intensiv, lange andauernd oder emotional sehr bedeutend ist. Dann wird ein **Schema** angelegt. Wird ein Kind z. B. immer wieder streng bestraft, dann brennt sich dieses Erlebnis sozusagen ein. Das bedeutet, dass in einer ähnlichen Situation später das »Team« schneller und stärker aktiviert wird. Dieses Muster bzw. Schema wird auch nicht wieder »vergessen«. Die Wunde hat zu einer Narbe geführt, die dauerhaft bleibt. Die wichtigsten Schemata werden bereits in den ersten Lebensjahren angelegt, an die wir uns später nicht bewusst erinnern können. Aber im Körper sind die Spuren eingeprägt. Das ist die neuronale Grundlage unseres Gedächtnisses und allen Lernens. Frühere Erfahrungen, hart bestraft zu werden, können in uns z. B. das Schema »Bestrafungsneigung« anlegen. Wir haben damit gelernt, dass Fehlverhalten bestraft werden muss. Wenn wir dann im Beispiel der Warteschlange die vordrängelnde Frau sehen, ärgern wir uns. In der Schema-Sprache sagt man: Es wird ein ärgerlicher Kindmodus aktiviert. Wenn uns unsere inneren Bewerter sagen, dass wir im Recht sind, werden wir die Frau zurechtweisen (Kampfmodus). Solange wir nichts von diesem Schema wissen, werden wir unsere Reaktion nicht infragestellen, sondern für völlig selbstverständlich halten. Wir werden uns vermutlich sogar über den Einfaltspinsel vor uns ärgern, der sich von der blöden Schnepfe einseifen lässt. Wissen wir um unsere Schemata, können wir durch eine bewusste Verhaltenssteuerung unseren »inneren Pitbull« leichter zurückpfeifen und gelassener reagieren. Obwohl wir schon noch merken, dass die Situation uns nicht völlig kalt lässt. Der Impuls, reflexhaft »B« zu sagen, steckt ja noch in uns drin. Es trägt aber zu einem entspannteren zwischenmenschlichen Miteinander bei, wenn wir weniger den Splitter im Auge der anderen als den Balken in unserem eigenen sehen.

Lebensfallen systematisch betrachtet: Was in der Kindheit so alles schiefgehen kann

Die Liste der Schemata, die Sie auf den nächsten Seiten finden, wurde von dem Psychologen Jeffrey Young, dem Begründer der Schematherapie, und seinen Kollegen aufgrund der Beobachtung vieler Patienten gewonnen. Sie stellt sozusagen die »Top 18« belastender Kindheitserfahrungen dar. Diese Liste der wichtigsten Schemata hilft, einen Überblick über typische Problembereiche eines Menschen zu finden. Beim Betrachten dieser Liste fiel Young und seinen Kollegen auf, dass sich die Schemata in fünf thematische Gruppen einteilen lassen. Dahinter steckt jeweils ein Grundbedürfnis, das durch die schemabildende Beziehungserfahrung besonders verletzt wurde. Es wird angenommen, dass wir alle mit diesen Grundbedürfnissen auf die Welt kommen, sie sind also angeboren und für alle Menschen gleich. Diese fünf Bereiche bzw. *Domänen* sind:

- Verlässliche *Bindungen* zu anderen Menschen einschließlich einem grundlegenden Gefühl von Sicherheit, Angenommen- und Unterstütztwerden
- Kontrolle über die Lebensumgebung als Grundlage für ein Gefühl von *Autonomie*, Kompetenz und Identität
- angemessene *Grenzsetzungen* durch das Umfeld, sodass die Kinder Kontrolle über ihre eigenen Impulse lernen, als Grundlage für eine gelungene Sozialisation
- Freiheit, eigene Bedürfnisse und Emotionen ausdrücken und dadurch *Selbstwert* erlangen zu können
- Lustvolle Spontaneität und *Spiel*.

Die Schemata in der jeweiligen Domäne entstehen also, wenn das Grundbedürfnis dieser Domäne frustriert wird. Sie sind gewissermaßen die Wunden in unserem Fleisch, die die Verletzungen der Kindheit in uns hinterlassen haben. Das Erleben und die Namen der Schemata sind daher *negativ* benannt, während die Grundbedürfnisse selbst positiv beschrieben sind. Im Folgenden finden Sie die 18 Schemata in diese fünf Gruppen eingeordnet und kurz beschrieben. In Klammern lesen Sie die jeweils typischen Gedanken, wie sie *heute* immer dann auftreten, wenn ein Schema gerade aktiviert wird. Die Beschreibungen und mutmaßlichen Ursachen sind in ihrer Kürze hier natürlich etwas holzschnittartig dargestellt und sollen nur eine Idee vermitteln, was mit den Schemata gemeint ist.

I. Domäne: Abgetrenntheit und Ablehnung

(entsteht durch die Frustration des Bindungsbedürfnisses)

1. Emotionale Vernachlässigung
Entsteht, wenn ein Kind trotz Anwesenheit der Bezugspersonen nicht emotional wahrgenommen und versorgt wird. Das bewirkt ein Gefühl, emotional auch später von anderen trotz deren Anwesenheit nicht das zu bekommen, was man braucht. (»Kein Mensch versteht mich wirklich und ist für mich da. Niemand kümmert sich um mich, niemandem bin ich wichtig!«)

2. Verlassenheit und Instabilität (im Stich gelassen)
Entsteht, wenn das Kind über zu lange Zeit und unvorhergesehen allein und damit im Stich gelassen wurde. So lernt es, niemandem wirklich zu vertrauen. (»Letztlich bin ich immer wieder allein. Ich kann mich nur auf mich selbst verlassen.«)

3. Misstrauen / Missbrauch
Dieses Schema ist Folge der Erfahrung, von anderen verletzt, emotional, körperlich oder auch sexuell missbraucht, gedemütigt, betrogen, belogen, manipuliert oder ausgenutzt zu werden. Auch extreme Vernachlässigung kann zu diesem Schema führen. Es bleibt im späteren Leben oft ein dauerndes Misstrauen und eine hohe innere Anspannung. (»Wenn du nicht aufpasst, wirst du nur ausgenutzt. Jeder denkt vor allem an sich selbst.«)

4. Isolation

Dieses Schema entsteht in der Regel erst in der späteren Kindheit und Jugendzeit infolge von Ausgrenzungen, Demütigungen und nachfolgendem Rückzug. (»Du gehörst nicht dazu. Sieh zu, wie du alleine klarkommst.«)

5. Unzulänglichkeit / Scham

Entwertende Kritik von Bezugspersonen kann zu einem diffusen Gefühl führen, minderwertig, schlecht, unerwünscht und nicht liebenswert zu sein. Es bleibt in der Regel eine grundlegende Selbstunsicherheit zurück. (»Ich kann mit anderen nicht mithalten. Die anderen sind attraktiver und kompetenter.«)

II. Domäne: Beeinträchtigung von Autonomie und Leistung

(entsteht durch die Frustration des Kontroll- und Sicherheitsbedürfnisses der Umwelt gegenüber)

6. Erfolglosigkeit / Versagen

Das Schema wird gefördert durch überkritische, leistungsbezogene Rückmeldungen von Bezugspersonen und führt zu einem Mangel an Selbstvertrauen. Die Betroffenen nehmen dann z. B. Beförderungen nicht an, weil sie meinen, das nicht zu schaffen. (»Ich bin nicht wirklich gut. Das werden die anderen schon noch merken.«)

7. Abhängigkeit und Inkompetenz

Dieses Selbsterleben entsteht, wenn den Betroffenen z. B. durch überkontrollierende Eltern zu viele Entscheidungen abgenommen werden. Die Betroffenen machen sich dann auch bei späteren Entscheidungen gerne von anderen abhängig. (»Frage besser andere, die sind klüger als du. Man kann nie genug wissen.«)

8. Verletzbarkeit

Eine überfürsorglich-ängstliche Haltung der Bezugspersonen kann dazu führen, dass sich die Betroffenen dauernd von Katastrophen oder schlimmen Ereignissen bedroht fühlen, ohne sich angemessen schützen zu können. Es werden dann z. B. unnötig viele Versicherungen abgeschlossen. (»Sei stets auf der Hut, die Welt ist gefährlich. Geh lieber den sicheren Weg.«)

9. Verstrickung / unterentwickeltes Selbst
Dieses Schema beschreibt eine übermäßige Verbundenheit mit engen Angehörigen (Eltern oder Partner). Das eigene Lebensglück wird von der Zufriedenheit der anderen abhängig gemacht. Ohne den Kontakt zur Familie entstehen Gefühle von Leere, Unsicherheit und Mangel an Orientierung. Entsprechend werden übermäßig enge Kontakte gepflegt und Außenbeziehungen vernachlässigt. (»Deine Familie ist das Wichtigste im Leben. Ohne sie kommst du nicht klar.«)

III. Domäne: Beeinträchtigung im Umgang mit Begrenzungen
(entsteht durch einen Mangel an Grenzsetzungen und dadurch zu geringer Kontrolle nach innen)

10. Anspruchshaltung / Grandiosität (besonders sein)
Die Betroffenen nehmen für sich besondere Rechte und Privilegien in Anspruch (z. B. sich nicht an Verkehrsregeln halten zu müssen). Ebenso erwarten sie, das, was sie begehren, auch zu bekommen. Ein Gespür für die Bedürfnisse und Empfindungen anderer fehlt. (»Ich bin etwas Besonderes, für mich gelten andere Regeln.«) Die Betroffenen finden sich oft großartig, die anderen sie eher anstrengend.

11. Unzureichende Selbstkontrolle / Selbstdisziplin
Mangelnde Forderungen in der Kindheit mindern die Bereitschaft, sich anzustrengen, Frustrationen zu tolerieren, eigene Gefühle zu regulieren und sich einzuordnen. (»Wenn es nicht gleich klappt, lasse ich es halt und probiere was anderes. Sich quälen bringt auch nichts.«) Das kann zu erheblichen Beeinträchtigungen etwa der beruflichen Leistungen führen.

IV. Domäne: Fremdbezogenheit
(führt zu einer Frustration des Bedürfnisses nach Selbstwerterhöhung)

12. Unterordnung / Unterwerfung

Dieses Schema entsteht, wenn die Bezugspersonen nachhaltig das Gefühl vermitteln, dass die Gefühle, Bedürfnisse und Wünsche des Kindes keine Bedeutung haben. Dies kann langfristig zu passiv-aggressivem Verhalten, unkontrollierten Wutausbrüchen, psychosomatischen Symptomen, Substanzabhängigkeiten oder generalisierten Gefühlsverflachungen führen. (»Du musst dich anpassen, um klarzukommen: Wes Brot ich ess', des Lied ich sing.«)

13. Aufopferung

Benutzen Bezugspersonen Kinder verstärkt zur Bewältigung eigener Probleme, entwickeln die Betroffenen häufig die Vorstellung, die Wünsche anderer Menschen erfüllen zu müssen, um dadurch wenigstens ein Minimum an Zuwendung zu bekommen. (»Liebe gibt es nur für Leistung. Nur wenn du gibst, wirst du auch was zurückbekommen.«) Die eigenen Bedürfnisse bleiben auf der Strecke, was längerfristig zu Verbitterung führen kann.

14. Streben nach Zustimmung und Anerkennung
(Beachtung suchen)

Drängen Bezugspersonen übermäßig auf sozial erwünschtes Verhalten, kann das später zu der Tendenz führen, sich den vermeintlichen Erwartungen anderer entsprechend zu verhalten, um dadurch Liebe oder Anerkennung zu bekommen. (»Wenn du an dich denkst, mag dich keiner. Mach lieber, was die anderen von dir erwarten.«) Die eigene Persönlichkeit kann dann hinter dieser Maske verschwinden.

V. Domäne: Übertriebene Wachsamkeit und Gehemmtheit
(führt zu einer Unterdrückung des Grundbedürfnisses nach Lust und Freude)

15. Emotionale Gehemmtheit
Harte Eingrenzungen und Bestrafungen können die Fähigkeit hemmen, sich spontan und impulsiv zu verhalten, weil eine latente Angst besteht, sich »daneben« zu benehmen und beschämt zu werden. (»Sei bloß nicht peinlich, falle lieber nicht auf.«) Diese Menschen können dann steif und als »Spaßbremse« wirken.

16. Überhöhte Standards (unerbittliche Ansprüche)
Dieses Schema entsteht durch übermäßige Leistungsanforderungen der Eltern. Es führt zu Perfektionismus, strengen verinnerlichten Leistungsanforderungen und der Tendenz, immer effektiv und zeitsparend zu leben. Pausen werden kaum ausgehalten. (»Der Zweite ist der erste Verlierer. Nur die besten haben eine Chance. Du bekommst nichts geschenkt.«) Diese hohen Anforderungen können chronische Unzufriedenheit nach sich ziehen und zum Burnout führen.

17. Negatives hervorheben / Pessimismus
Wenn Eltern wiederholt das Bild vermitteln, die Welt sei unberechenbar und gefährlich, kann dieses Schema mit einem durchgehenden Persönlichkeitszug von Negativität bzw. Pessimismus entstehen. Der Mensch ist dann anhaltend besorgt über anstehende Verschlechterungen bzw. Krisen und sucht nach Anzeichen für deren Beginn (»Irgendetwas wird schon schiefgehen. Denke immer an den ›worst case‹ und bereite dich darauf vor«). Betroffene können von der Umwelt als »ewig Unzufriedene« wahrgenommen werden. Liegt es an diesem Schema, dass sich in Deutschland so viele Menschen gegen alles Mögliche versichern?

18. Bestrafungsneigung
Strenge und unbarmherzige Bestrafungen durch die Bezugspersonen bieten ein Modell, infolgedessen durch dieses Schema später Fehler oder Schwächen bei sich oder bei anderen konsequent bestraft werden. Normabweichendes Verhalten wird abgelehnt, Ausnahmen von Regeln werden nicht toleriert. (»Zero tolerance – wehret den Anfängen! Es geht ums Prinzip!«) Diese Haltung kann bei Mitmenschen Angst und Rückzugsverhalten auslösen (»Mit dem (oder der) ist nicht gut Kirschen essen!«).

Vielleicht haben Sie bei der einen oder anderen Aussage gedacht: »Aber das stimmt doch, so ist das doch!« Solche Reaktionen sind völlig normal. Bei jedem von uns sind Schemata vorhanden, und wir empfinden die dazu passenden Aussagen dann als Realität. Vermutlich werden Sie jedoch bei anderen Sätzen mit »Das ist aber übertrieben!« reagiert haben, weil Sie das entsprechende Schema nicht haben und eine solche Sichtweise Ihnen daher fremd ist. Jeder hat sein eigenes Schema-Profil und entsprechende »wunde Punkte«. Wir sehen eben die Welt nicht alle gleich, sondern jeder durch seine oder ihre »Schema-Brille«.

Im Schematherapie-Modell werden als »Schemata« nur die negativen Beziehungserfahrungen erfasst. Das kommt daher, dass Menschen einen Therapeuten ja wegen ihrer Probleme aufsuchen, nicht wegen ihrer gut funktionierenden Seiten. Natürlich haben Menschen auch jede Menge hilfreiche Schemata, z. B. die schon erwähnte Fähigkeit, automatisch die Schnürsenkel zu binden. Uns geht es aber darum, uns aus unseren Lebensfallen zu befreien. Daher schauen wir vor allem auf das, was uns blockiert oder wo wir festzuhängen scheinen.

Finden Sie sich an der einen oder anderen Stelle der Liste wieder? Wenn nicht, haben Sie entweder Glück und tatsächlich eine glückliche Kindheit gehabt, oder Sie haben nicht genau genug hingeschaut. Schemata sind nämlich nicht einfach »da« oder »nicht da«. Sie treten in unterschiedlichen Ausprägungen auf. Außerdem sind Schemata nicht immer aktiv. Wenn es uns gut geht, haben wir das Gefühl, den Wunden unserer Kindheit endgültig entronnen zu sein. Oder wir vergessen am Ende sogar, wie unsere Kindheit wirklich war. Es ist ja eine schützende Eigenschaft unseres Gedächtnisses, dass negative Erlebnisse mit der Zeit verblassen. Als Drittes kommt dazu, dass wir schon in der Kindheit gelernt haben, das damals Beste aus unseren Verletzungen zu machen. Was sollen wir denn sonst tun? Alle Kinder wollen (über-)leben!

Wenn unsere belastenden Schemata aktiviert werden, fühlen wir uns schlecht und können nicht mehr gut funktionieren. Daher entwickeln wir schon in der Kindheit Verhaltensweisen, die uns helfen sollen, mit den Schemata klarzukommen. Damit kommen wir zum dritten Teil des Modells, den *Bewältigungsreaktionen*.

Wer sich nicht wehrt, lebt verkehrt: Wie wir mit unseren Schemata umgehen können

Ein Schema zu haben, sagt noch nichts darüber aus, wie es sich im späteren Leben auswirkt. Kinder werden zwar in starkem Ausmaß von ihrer Umgebung geprägt, reagieren aber auch aktiv auf die vorhandenen Einflüsse. Wie gut ihnen das gelingt und welche Möglichkeiten sie wahrnehmen können, liegt zum einen daran, wie viel Spielraum ihnen gelassen wird, zum anderen, welches Temperament sie mitbringen. Im Umgang mit unseren Schemata haben wir prinzipiell drei Möglichkeiten:

Erduldung: Man erduldet das aktivierte Schema. Das heißt: Man verhält sich auch im späteren Leben weiter so, wie von klein auf gewöhnt. Man lässt sich z. B. missbrauchen, beschämen, verletzen oder fühlt sich im Stich gelassen, weil es schon immer so war. Man fügt sich in sein Schicksal und hat gewissermaßen aufgegeben. Das Leben ist halt kein Ponyhof, ohne Fleiß kein Preis! Wes' Brot ich ess, des Lied ich sing. Baue dein Hüttchen im Tal und nicht auf dem Gipfel – das sind die schlauen Sprüche, die uns als Trost bleiben. Erduldung kann früher oder später zu psychischen Problemen führen, z. B. zu Depressionen oder körperlichen Beschwerden, bei denen die Ärzte keine körperliche Ursache finden (sog. Somatisierungsstörungen).

Vermeidung: Man versucht die Schemaaktivierung zu vermeiden, indem man sich z. B. nicht in entsprechende Situationen begibt. Wenn man keine Beziehung eingeht, kann man auch nicht verletzt, beschämt oder im Stich gelassen werden. Das schützt, macht aber tendenziell einsam und hemmt die persönliche Entwicklung. So können z.B. Depressionen entstehen. Manche vermeiden durch intensive, ablenkende Aktivitäten, wie exzessives Fernsehen, Internetsurfen, Sport machen, mit anderen dauernd quasseln, stundenlanges Meditieren oder Einkaufen. Natürlich können auch stimmungsverändernde Substanzen wie Zigaretten, Alkohol oder Cannabis der Vermeidung dienen.

Kompensation: Man macht das Gegenteil von dem, was einem das Schema nahelegt. Also trotz Angst auf einen Berg steigen. Oder aber besonders zurückhaltend sein, wenn man eigentlich impulsiv ist. Dann sieht es so aus, als hätten wir das Schema nicht. Oder man wertet andere ab oder greift sie an, bevor sie einen angreifen können. Man versucht, viel zu wissen und zu können, um nicht hilflos zu sein. Man legt sich eine harte Schale zu, damit niemand etwas von dem verletzbaren Kern merkt. Das kann ganz schön anstrengend werden. Für sich selbst – aber auch für andere.

Alle drei Bewältigungsreaktionen beschreiben, wie wir selbst mit unseren eigenen Schemata umgehen. Zur Veranschaulichung sind im folgenden Kasten ein paar Beispiele zusammengestellt.

Schema	Entstehung	Erduldung	Vermeidung	Kompensation
Emotionale Vernachlässigung	Frustration des Bindungsbedürfnisses	In vernachlässigenden Beziehungen bleiben	Keine engen Beziehungen eingehen	Den Partner zu Nähe zwingen
Unzulänglichkeit / Scham	Frustration des Selbstwertgefühls	Sich beschämen lassen	Unsicheren Situationen ausweichen	Sich perfekt präsentieren, um unangreifbar zu sein
Erfolglosigkeit / Versagen	Nichts war gut genug	Alles perfekt machen wollen	Aufgaben nicht übernehmen	Mal »alle Fünfe gerade sein lassen«
Grandiosität	Mangel an Grenzsetzungen	Das größte Stück Kuchen für sich beanspruchen	Ganz genau gleich teilen	Das größte Stück bewusst einem anderen geben
Unerbittliche Ansprüche	Anerkennung nur für Leistung	Immer der Beste sein müssen	Wettbewerben ausweichen	Andere bewusst gewinnen lassen

Je größer die konstitutionelle Kraft und die Spielräume waren, umso eher konnten wir unsere Schemata aktiv bewältigen, also kompensieren. Vordergründig sind wir dann vielleicht ganz erfolgreich geworden, aber im Untergrund bleibt die Wunde bestehen. Das Problem bei der Kompensation, aber auch der Vermeidung ist, dass so die Wunde zwar verdeckt bleibt, aber nicht heilen kann. In Momenten der Schwäche, wenn etwas Wichtiges schiefgelaufen ist, wenn wir vom Partner verlassen oder ernsthaft krank werden, bricht unsere scheinbar intakte Welt zusammen und die alten Wunden können wieder aufbrechen. Nicht selten in Form von Depressionen oder Ängsten. Das ist der Punkt, wo manche Menschen die Hilfe eines Therapeuten suchen. Die Betroffenen denken dann zunächst meist, dass diese Symptome durch die aktuelle Krise entstanden sind. Woher sollen sie auch ahnen, dass die Krise nur der aktuelle Auslöser ist und dahinter alte Schemata aktiviert sind.

Etwas anders liegen die Dinge bei aktuellen traumatischen Belastungen, z. B. durch schwere Unfälle, Naturkatastrophen oder Kriegseinflüsse. Diese extremen Einwirkungen überfordern jeden von uns. Da muss man kein tiefer liegendes Schema haben, um eine Belastungsreaktion zu entwickeln. Es kann aber auch sein, dass beides zusammenkommt, nämlich eine unterschwellige Belastung durch ein Schema besteht, die durch das aktuelle Ereignis hervorbricht. Die Reaktion setzt sich aus dem Ausmaß der äußeren Belastung und der inneren Verletzbarkeit zusammen.

In der Therapie können durch eine tiefere Auseinandersetzung die alten Wunden wirklich heilen. Doch auch eine selbstkritische Auseinandersetzung mit den eigenen Mustern, wie wir sie mit diesem Buch versuchen, kann ein wichtiger Schritt sein und eine gewisse Heilung ermöglichen. Besonders wenn Sie das nicht nur im stillen Kämmerlein machen, sondern Ihren Partner in diesen Prozess mit einbeziehen. Heilung geht leichter an und mit einem anderen Menschen.

Es kann sein, dass man in der einen Situation die eine Bewältigungsreaktion einsetzt und in einer anderen eine andere. Oder dass wir früher z. B. Beschämung erduldeten, aber später gelernt haben, kompensatorisch dagegen anzugehen. Außerdem kann die Intensität unterschiedlich stark sein. Nur wenn die Bewältigungsreaktionen übertrieben starr oder unflexibel eingesetzt werden, sind sie problematisch. Oft wissen wir gar nicht, warum wir bestimmte Situationen vermeiden, uns nicht wehren können oder übertrieben »zickig« reagieren. Wir haben nur das Gefühl, wir »müssen« das tun, und es fällt uns schwer, anders zu reagieren. Daran erkennt man Lebensfallen. Der vernünftige, erwachsene Teil in uns spürt, dass da irgendetwas nicht stimmt, wenn wir in einer Schemaaktivierung sind. Das Verständnis, dass sich da eine alte Schublade in uns geöffnet hat, kann helfen, sich aus dem Handlungsdruck zu lösen und aus der Lebensfalle auszusteigen.

Ein weiteres Problem besteht darin, dass wir diese Bewältigungsreaktionen ja gar nicht bewusst einsetzen, sondern sie sich sozusagen automatisch anbieten. Sie waren die in unserer Kindheit besten Lösungen und haben uns das Überleben gesichert. Sie gehören zu unserem Selbst- und Weltbild, das wir nicht mehr überprüfen. Dadurch lernen wir aber nichts dazu und entwickeln uns nicht weiter. Ohne es zu merken, sitzen wir in unserer Lebensfalle fest. Was uns früher half, ist jetzt unser Gefängnis geworden. Wir wundern uns vielleicht nur, warum sich andere mehr trauen, immer das bessere Ende erwischen oder einfach mehr Glück im Leben haben. Es ist oft aber eben gar keine Frage des Glücks, sondern der realistischen Einschätzung der Lage. Und der inneren Freiheit, seine Chancen zu nutzen. Unsere Schemata und automatischen Bewältigungsreaktionen setzen uns eine Brille auf, durch die wir die Welt verzerrt wahrnehmen. Das macht uns blind für unsere heutigen Möglichkeiten. Dagegen kann man etwas tun! Aber zunächst scheinen wir festzustecken. Schauen wir uns die vermeintliche Misere noch etwas genauer an.

Wer bin ich und wenn ja, wie viele?
Über die Modi in uns

Wir sind keine so einheitliche Person, wie wir das vielleicht gerne wären. Wir können – je nach Situation – uns völlig verschieden fühlen und verhalten. Manche von uns gerade so wie Dr. Jekyll und Mr. Hyde. Doch auch wenn die Pole nicht immer so extrem auseinander liegen, gilt das Prinzip für jeden Menschen. Wir können »aus der Rolle fallen«, sodass unsere Freunde sagen: »So kenne ich dich ja gar nicht!« Und meist sind es nicht nur zwei Seelen in unserer Brust, sondern viele. So wie ein Ensemble mehrere Schauspieler hat, die nicht immer alle auf der Bühne zu sehen sind. Diese verschiedenen Selbstanteile nennt man wie gesagt im Schemamodell »Modi« (Einzahl: Modus). Entsprechend der wichtigsten biologischen Systeme, die unser Erleben und Verhalten beeinflussen, kann man drei Gruppen von Modi unterscheiden:

- Die aus der Tiefe des Gehirns bzw. des Körpers aufsteigenden, ursprünglichen Emotionen. Da diese Reaktionen schon bei einem Kind auftreten, kann man sie »*Kindmodi*« nennen.
- Die von der Umwelt (d. h. meist von den Eltern) früh erlernten und verinnerlichten Bewertungen und Regeln, die sich als »Stimme im Kopf« bemerkbar machen. Das sind die *inneren Bewerter*. Je nach ihrem Charakter werden sie als Antreiber, Kritiker, Bestrafer, Bremser usw. bezeichnet.
- Das als Ergebnis aus diesen beiden Teilen entstehende Erleben und Verhalten, die sog. *Bewältigungsmodi*.

Was steckt hinter den verschiedenen Modi? Warum können die in uns so relativ getrennt voneinander in Erscheinung treten, dass wir uns regelrecht hin und her gerissen fühlen können? Auch hier hilft uns zum besseren Verständnis eine entwicklungsorientierte Perspektive weiter. Kinder befinden sich (soweit wir das beurteilen können) mit ihrem Erleben immer im Hier und Jetzt. Alles passiert im Moment. Wenn sie beim Laufenlernen ihre ersten Schritte alleine geschafft haben, fühlen sie sich wie kleine Könige oder Königinnen. Nichts scheint sie mehr erschüttern zu können. Die Welt liegt ihnen buchstäblich zu Füßen. Fallen sie dann aus irgendeinem Grund hin, brechen sie verzweifelt in Tränen aus und die Welt scheint unterzugehen. Sie denken: »Das lerne ich nie!« Das Erleben ist komplett gekippt.

Wir kommen also nicht als einheitlich fühlender, harmonischer Mensch auf die Welt. Unser Erleben setzt sich sozusagen zunächst aus kleinen Erlebensinseln zusammen. Es gibt noch keine zusammenhängende Landkarte in unserem Bewusstsein. Ähnlich wie wir als Kinder zunächst nur unsere unmittelbare Umgebung kennenlernen und erst später verstehen, in welchem Viertel unser Zuhause liegt. In unserem Gehirn bilden sich zuerst umschriebene Gruppen von Nervenzellen, die sich erst später komplexer vernetzen. Erst durch diese komplexe Vernetzung werden wir zu einer stabilen Persönlichkeit. Für die meisten von uns mag dieser stabile Zustand selbstverständlich sein. Ist er aber nicht! Wenn das Gehirn scheinbar nichts zu tun hat, arbeitet es im Hintergrund intensiv an der Aufrechterhaltung dieses stabilen Selbstgefühls.[16] Bei vielen psychischen Krankheiten geht diese Stabilität verloren. Aber auch in ganz normalen Entwicklungsphasen wie der Pubertät kann das der Fall sein.

Wegen Umbau geschlossen: Die Pubertät

Der eben beschriebene Vernetzungsprozess in unserem Gehirn bricht während der Pubertät fast komplett zusammen. Das erklärt, warum sich Pubertierende wieder wie kleine Kinder benehmen und in ihren Stimmungen extrem schwanken. Untersucht man die Gehirnströme in der Pubertät, zeigen die ein entsprechend deutlich vermindertes Funktionsniveau.[17] Das erklärt manches! Nach der Pubertät schreitet der Vernetzungsprozess und damit das zusammenhängende Feuern der Neuronen in rasantem Tempo voran und die Denkfähigkeit nimmt entsprechend zu. Um das 20. Lebensjahr herum ist dann die volle Leistungsfähigkeit erreicht. Wie sagte unser Sohn in diesem Alter so anschaulich zu mir: »Papa, jetzt kann ich denken wie Mama und du!«

Doch der Funktionszustand unseres Gehirns ändert sich nicht nur altersabhängig, sondern auch laufend in unserem Alltag. Zum einen, was seine Grundaktivität betrifft: Im Schlaf wird die Aktivität ganz langsam, im wachen Zustand beschleunigt sie sich. Zum anderen können unterschiedliche Bereiche besonders aktiv sein und andere weniger. Bei Meditierenden z. B. ist die Gehirnaktivität keineswegs heruntergefahren, wie beim Einschlafen, vielmehr befinden sich große Teile der Gehirnrinde in einem synchronisierten Zustand, der sich in dem »Ganzheitsgefühl« ausdrückt, den man als Meditierender empfindet.[18] Umgekehrt werden in einem Zustand, in dem wir emotional sehr stark beteiligt sind, einzelne Hirnprozesse sehr dominant und andere praktisch abgeschaltet. Die Anpassungsfähigkeit an die Umgebung nimmt dramatisch ab. Man ist zu sehr überzeugt von seiner eigenen Position und hält diese für die »ganze Wahrheit«. Unsere Perspektive gleicht einem Teleobjektiv, das nur einen kleinen Ausschnitt der Welt formatfüllend wiedergibt. Das macht das Gefangensein in einer Lebensfalle aus.

Wenn wir genau hinschauen, können wir diese Schwankungen auch bei uns selbst beobachten. Wir schwanken immer zwischen verschiedenen Erlebenszuständen bzw. Modi hin und her und müssen »die Pferde mühsam zusammenhalten«. Verfolgen wir doch einmal den (fiktiven) Lebensalltag eines Börsenmaklers: Morgens kommt er nicht aus dem Bett, wie ein fauler Schuljunge. Im Büro schiebt er abgebrüht Millionen hin und her. Auf dem Weg nach Hause wird er im Porsche zum Jäger, um dann mit seinen Kindern begeistert wie ein Kind Mensch-ärgere-dich-nicht zu spielen. Später im Bett wird er dann zum wilden Eroberer. Sie sehen: Wir wechseln unsere Rollen wie ein Hemd. Oder wie Schauspieler, die auf einer Bühne auf- und abgehen.

Ein zusammenhängendes, emotional einigermaßen stabiles Selbstgefühl müssen wir uns erst erarbeiten. Das ist sozusagen eine »Kulturleistung«. Vom inneren Erleben her sind wir also tatsächlich »viele« und müssen uns »zusammenreißen«, um als stabile Person zu erscheinen.

DER ERWACHSENENMODUS ALS INNERER »REGISSEUR«

Den »Architekten« dieses zusammenhängenden Selbst kann man als Ich-Funktion bezeichnen. Sie sitzt von der Hirnfunktion her im Stirnhirn. In der Schematherapie nennt man diese Funktion den **Erwachsenenmodus**. Die Fähigkeit, die einzelnen Teile oder Modi eines Menschen zu einer einheitlichen Persönlichkeit zu integrieren, hat viel mit der Fähigkeit zu tun, sich selbst wie eine andere Person betrachten zu können: sich gedanklich wie im Spiegel zu sehen, auch Selbstreflexionsfähigkeit genannt. Im nächsten Schritt geht es darum, Worte für seinen momentanen Zustand zu finden. Wenn Sie das üben wollen, dann sprechen Sie sich bitte mit »Du« an. Bei der vordrängelnden Frau in dem oben genannten Beispiel können wir uns z.B. sagen: »He, reg dich nicht auf! Das ist nicht deine alte Lehrerin, die dich in die Pfanne haut. Vielleicht hat sie es wirklich eilig. Du hast doch Zeit. Also mach dich locker!« Das schafft etwas mehr Distanz zum eigenen Erleben.

Innerlich zu uns selbst zu sprechen lernen wir zusammen mit dem Spracherwerb von den Bezugspersonen, meist den Eltern. Wenn diese uns sagen: »Jetzt bist du aber ein böses Kind« oder »Ah, da kommt mein süßer kleiner Schatz«, bekommen wir unser Verhalten gespiegelt und verbinden diese Bezeichnung mit unserem inneren Erleben. Wir lernen: Wenn wir uns so fühlen und verhalten, sind wir der »süße Schatz«, im anderen Zustand das »böse Kind«. Dadurch wird unser inneres Erleben mit der Gedanken- bzw. Sprachebene verbunden. Zunächst stehen die beiden Zustände bzw. Modi nebeneinander. Aber nach und nach verbinden sich die Teile in uns zu einer zusammenhängenden »Geschichte« über uns selbst, zu einem stabilen Selbstbild. Wir lernen, unsere eigene Geschichte zu erzählen und dadurch Abstand und Überblick zu bekommen. Das Gleiche passiert beim Tagebuchschreiben. Wenn wir fühlen, sind die Gefühle immer absolut und zeitlos. Auf der Sprachebene können die »Geschichten« verschiedener Zustände nebeneinander bestehen. Wir können Zusammenhänge erkennen. Wir sehen, wie sich Gefühle im Laufe der Zeit ändern. Dann sind wir im Erwachsenenmodus. Wir erkennen, dass wir charmante **und** weniger charmante Seiten haben. Beide Modi gehören zu unserer Gesamtpersönlichkeit, die wir im Spiegel unserer Umwelt gebildet haben. Der Erwachsenenmodus hat den Überblick. Er hat wie ein Regisseur sein ganzes Ensemble im Blick, egal, wer gerade auf der Bühne steht. Er hat den Ablauf des Stückes im Auge. Er kann unsere Geschichte auch anderen Menschen erzählen und nach Krisen Beziehungen wieder aufbauen und z.B. einen bestimmten Teil von uns auf die Bühne schicken.

Dieser einheitlich erlebte Zustand bleibt – einmal erreicht – leider nicht stabil. Wir pendeln immer zwischen dem Absinken in die Emotionen und dem Auftauchen in den Erwachsenenmodus. Auf der Ebene der Emotionen ist das Leben intensiv, aber wir drohen den Überblick zu verlieren. Wie Kinder eben, die beim Spielen alles um sich herum vergessen. Solange wir noch ein wenig mit dem selbstreflexiven Teil verbunden bleiben, ist alles gut. Diese Flexibilität zeichnet den Erwachsenen aus. Dadurch finden wir immer wieder in den Erwachsenenmodus zurück. Überflutende Emotionen, Übermüdung, starke Schmerzen, Alkohol- oder Drogeneinwirkung, Hirnschädigungen oder Abbauerscheinungen (z.B. im Zusammenhang mit einer Demenz) und anderes mehr können den Erwachsenenmodus schwächen und dazu führen, dass wir uns »gehen lassen« und nicht nur kurz bzw. ansatzweise in einen Teil-Modus eintreten, sondern darin hängenbleiben und nicht mehr alleine herausfinden. Dann fallen wir gewissermaßen in einen früheren Funktionszustand zurück. Wir fühlen und verhalten uns dann wie damals als Kind, nicht selten auch »kindisch«. Und wir erleben auch die anderen wie damals als Kind als übermächtig, unterdrückend, ausbeutend, vernachlässigend, verletzend, etc. Wir sehen die Welt wieder aus Kinderaugen. So haben wir nach einer Trennung zunächst das Gefühl, nie wieder einen Partner zu finden. Oder einen neuen Arbeitsplatz. Wenn uns in diesen Zuständen der Zugang zum Erwachsenenmodus fehlt, sitzen wir in einer Lebensfalle fest. Mit etwas Abstand oder nach einem guten Gespräch sieht das schon wieder anders aus. Wir haben mehr Abstand zu den Gefühlen und den Kopf wieder über den dunklen Wolken. Da ist der Überblick auch viel besser!

Als Zusammenfassung und zur besseren Übersicht finden Sie im Anhang eine Tabelle, in der die Grundbedürfnisse, die Domänen, die Schemata und mögliche Modi im Falle einer Schemaaktivierung zusammengefasst sind. Wenn Sie sich eingehender mit dem Modell beschäftigen wollen, können Sie dort vielleicht auch später noch einmal hineinschauen. Oder Sie besorgen sich das Buch *Raus aus den Lebensfallen,* in dem das Modell und die Schematherapie ganz ausführlich dargestellt werden (siehe Literaturempfehlungen im Anhang).

2.

Wie entstehen Lebensfallen? Der theoretische Hintergrund

Warum Menschen einem anderen auf den Po schauen

Diese neutrale Überschrift ist so gewählt, da ja nicht nur Männer Frauen auf den Po schauen, sondern auch Frauen Männern auf den Po schauen können. Und sogar Männer Männern und Frauen Frauen. Grundsätzlich haben wir ja alle eine ähnliche biologische Grundausstattung und ähnliche Basisfunktionen, um die es im Weiteren gehen soll. Meist dienen diese letztlich der Arterhaltung. Wir haben im vorigen Kapitel bereits etwas auf die neuronale Ebene bei der Entstehung von Lebensfallen geschaut. Ein gutes Modell, die Hintergründe dieser selbststabilisierenden Funktion des Nervensystems zu beschreiben und besser zu verstehen, ist die *Synergetik*.[19] Das Ganze ist weniger kompliziert, als es klingt. Dieses Modell entstammt ursprünglich der Physik und erklärt, wie sich aus einem ungeordneten Chaos heraus Strukturen bilden. Daher die volkstümliche Bezeichnung »Chaostheorie«. Das Prinzip lässt sich am besten an einem Beispiel darstellen:

Sie gehen im Sommer spazieren und kommen an einem See vorbei. Zwischen Ihrem Weg und dem See liegt eine Wiese. Sie durchqueren auf irgendeinem beliebigen Weg diese Wiese und knicken dabei einige Halme um. Vermutlich werden Sie einen relativ kurzen und bequemen Weg wählen, also den Weg des »geringsten Widerstandes« nehmen. Kurz darauf kommen weitere Spaziergänger vorbei und sehen den See. Welchen Weg werden die nehmen? Genau: Die werden mit hoher Wahrscheinlichkeit genau da langlaufen, wo schon ein paar Halme geknickt sind. Warum? Weil dieser Weg der einfachste ist. So geht das weiter, bis ein Trampelpfad entstanden ist. Bestehende Straßen ziehen den Verkehr an. Je breiter, desto mehr. So entstehen *Strukturen*, die sich selbst stabilisieren. Unser Nervensystem ist ein solches System, das sich selbst stabilisiert, indem es den energieärmsten Zustand einnimmt. Sie sehen: Nicht nur der

Mensch als Ganzes hat es gerne bequem. Diese Tendenz steckt tief in unserer Biologie drin. Jeder andere Zustand (bzw. jeder andere Weg zum See) ist zunächst anstrengender. Von sich aus hat der Organismus also keine Motivation, einen anderen Zustand einzunehmen. Darum ist es schwer, sein Verhalten zu ändern. Das Ordnungsprinzip hinter einem solchen Zustand wirkt quasi als Anziehungskraft, entsprechend *Attraktor* genannt. (Attraktor von lat. »Anziehen«. Um auszudrücken, dass da Kräfte agieren, die fast mechanisch wirken und denen man sich nicht so leicht entziehen kann, werde ich diesen Begriff auch weiterhin verwenden. Damit möchte ich die biologische Dimension betonen, die in unseren Willen hineinwirkt.) Ein Attraktor zieht die Menschen in die angelegten Bahnen. Ein runder weiblicher Po ist einfach »attraktiv« und zieht daher Männerblicke auf sich. Wir können also im Grunde gar nicht anders als hinschauen. Ein knackiger männlicher Po kann – wie gesagt – genau die gleiche Wirkung haben.

Warum es so schwer ist, *nicht* auf einen attraktiven Po zu schauen

Bevor wir uns dieser Frage theoretisch weiter annähern, möchte ich Sie zu einem kleinen Experiment einladen: Betrachten Sie bitte das Bild auf der nächsten Seite. Was sehen Sie auf der Abbildung 2? Vermutlich werden Sie antworten: Fußabdrücke. Die meisten Leser werden dabei jedoch die Füße paradoxerweise als erhaben (aus dem Sand herausragend) wahrnehmen und sich dieses Urteils ziemlich sicher sein. Nehmen Sie ruhig einmal bewusst zur Kenntnis, mit welcher Bestimmtheit Ihnen Ihr eigenes Wahrnehmungsurteil entgegentritt. Wechseln Sie nun bitte vom gefühlsmäßigen Erleben auf eine selbstkritische Reflexionsebene und stellen sich die Frage, wie wahrscheinlich es ist, dass sich ein Mensch die Mühe gemacht hat, diese Füße aus dem Sand herauszukratzen. Besonders die kleinen Vogelfüße drum herum! Auch wenn Ihnen Ihr Verstand sagt, dass diese Füße doch eher eingedrückt sein müssen, wird sich vermutlich innerlich eine Stimme melden, die sagt: »Aber ich sehe sie doch eindeutig erhaben!« Und schon sind Sie, ohne es zu merken, in einer Lebensfalle gelandet. Zugegeben, in diesem Fall ist das nicht so tragisch, aber Sie werden gleich sehen, wie es sich anfühlt, da nicht mehr herauszukommen.

Abb. 2

Dazu gehen wir jetzt einen Schritt weiter: Von der Frau, die dieses Foto aufgenommen hat, weiß ich, dass es sich um Fußabdrücke am Strand kurz vor Sonnenuntergang handelt. Es müsste also möglich sein, die zunächst erhaben erscheinenden Füße doch als abgedrückt zu sehen (was ein kleinerer Teil von Ihnen vielleicht sogar spontan getan hat). Versuchen Sie jetzt bitte, die jeweils andere Wahrnehmungsperspektive einzunehmen. Wenn Sie die Füße zunächst erhaben gesehen haben, versuchen Sie sie jetzt abgedrückt zu sehen (bzw. umgekehrt). Sie werden merken, dass Ihnen das erstaunlich schwerfällt.

DIE TRICKS DER ATTRAKTOREN

Um von der einen Wahrnehmungsperspektive in die andere zu wechseln, müssen Sie in der Sprache der Synergetik von einem Ordnungszustand zum anderen wechseln. Das ist aber gar nicht so leicht, weil Sie der zuerst gebildete Attraktor anzieht und gewissermaßen »festhält«. Dieser zuerst gebildete Attraktor ist stärker und versucht, Ihr Wahrnehmungsurteil unbewusst immer wieder in die vertraute Bahn zu lenken. Das ist beim Bild der Füße nicht anders als bei komplexen Angewohnheiten, wie z. B. dem Rauchen. Der durch Ihre Einsicht gedanklich vorbereitete neue Attraktor ist zunächst schwächer. Wenn sich jemand vornimmt, **nicht** auf den Po zu schauen (oder mit dem Rauchen aufzuhören), kämpft er oder sie sozusagen gegen sich selbst. Kein Wunder, dass das nicht jeder Mensch schafft!

In einer Schematherapie ist es wichtig, dass eine Übung immer gut ausgeht. Daher möchte ich kurz aufzeigen, wie es mit dem Kippen des Bildes etwas leichter geht. Die folgende Beschreibung gilt für diejenigen, die die Füße erhaben gesehen haben. Wenden Sie sich dazu bitte der Ferse des rechten Fußes zu. Nähern Sie sich von rechts mit dem einfallenden Licht langsam der Kante, an der der Fuß den Sand zusammengedrückt hat. Hinter der Kante wird es dunkel, weil der Fußabdruck im Schatten liegt. Sie sehen also in das Tal hinein, das durch den Fußabdruck entstanden ist. Der linke Rand dieses Tals ist hell, weil dort die Sonne noch hineinleuchten kann. Wenn Sie sich intensiv genug in diese Vorstellung hineindenken, wird es Ihnen eventuell möglich sein, das Bild zu kippen. Was passiert, wenn Sie jetzt mit Ihrem Blick nach oben in den Bereich der Zehen wandern? Bei vielen wird das Bild wieder zurückspringen. Sie können erleben, wie instabil ein solch neu aufgebauter Attraktor ist. So geht es uns auch mit guten Vorsätzen: Die alten Attraktoren in unserem Nervensystem sind einfach oft stärker. Ich hoffe, Sie haben für Ihr eigenes Scheitern und das der anderen jetzt etwas mehr Verständnis. Wenn mir das gelungen ist, hat sich die Mühe, dieses Buch zu schreiben, schon gelohnt. Wir müssen bei unseren Änderungsversuchen also listig und geschickt vorgehen.

Nun bleibt mir noch, diejenigen, die das Wechseln nicht geschafft haben, zu trösten: Positiv gewendet könnte man sagen, dass Sie die Charakterstärkeren sind. Wenn Sie einmal eine Haltung eingenommen haben, behalten Sie sie zuverlässig bei. Sie sind keiner, der sein Fähnchen nach dem Wind hängt! Möglicherweise ist das tatsächlich in Ihrer Konstitution so angelegt. Als zusätzlichen Trost finden Sie ein vertrautes Kippbild, bei dem das Wechseln durch die stärkeren Kontraste leichtfällt.

Abb. 3

Wer fasst schon gerne an einen Elektrozaun: Wie wirken Attraktoren?

Warum ist der Organismus so aufgebaut, dass er überhaupt Attraktoren anlegt? Der Organismus muss einen Vorteil dadurch haben. Wie schon beim Weg zum See angedeutet, folgt er zunächst physikalischen Gesetzmäßigkeiten und sucht immer einen möglichst energie- bzw. spannungsarmen Zustand auf. Im Bild gesprochen: Wasser läuft (sofern es keine weiteren Einflüsse gibt) bergab. Eine Kugel rollt immer an den tiefsten Punkt. Die »Kraft«, die hier wirkt, wird Entropie genannt. Genauso versucht der Organismus durch sein Verhalten, in einen spannungsarmen Zustand zu gelangen. Das erleben wir auch im übertragenen Sinn als »entspannend«. Alle Verhaltensweisen müssen sich in irgendeiner Weise in diesem Sinne »lohnen«. (Dass diese »Rechnung« nicht immer aufgeht, ist ein anderes Thema. Sonst würden Menschen kein Lotto spielen.)

Nehmen wir ein konkretes Bespiel: Warum sehen wir keine Menschen, die an einen elektrischen Weidezaun fassen? Ganz einfach: Weil das *nur* unangenehm ist und keinen Nutzen bringt (außer es geht vielleicht um eine Mutprobe). Aber stellen Sie sich einmal Folgendes vor: Ihr lokaler Radiosender verbreitet die Nachricht, dass er ab sofort einen Wagen mit Reportern durch Ihre Region fahren lässt, und der Erste, der mit der Hand am Weidezaun angetroffen wird, bekommt 10000 Euro. Ich bin sicher, Sie werden Menschen am Weidezaun finden! Wenn kein Reporter kommt, werden die Menschen nach einer gewissen Zeit den Zaun allerdings auch wieder loslassen.

Ein Verhalten wird also nur beibehalten, wenn wir es als belohnend erleben. Die Hirnregion, die diese Erfahrungen abspeichert, liegt in der Tiefe unseres Mittelhirns im limbischen System und wird entsprechend *Belohnungssystem* genannt. Es ist gewissermaßen ein Kompass, der unser Verhalten aus dem »Bauch« heraus steuert. So wie der Kompass von Captain Sparrow in *Fluch der Karibik* auf das zeigt, was er begehrt. Das Belohnungssystem ist der Motor aller Süchte, egal, ob stoffgebunden oder verhaltensbezogen. Die kurzfristig spannungsreduzierende Wirkung hält das Verhalten aufrecht. Da sich innere Anspannung, im Volksmund »Stress« genannt, unangenehm anfühlt, fällt es so schwer, der kurzfristigen *Spannungsreduktion* nicht zu folgen. Und wie jeder Süchtige weiß, drängen sich die »Lösungsvorschläge« des Belohnungssystems mit großer Macht auf. Die momentane Versuchung (und der erwartete Spannungsabbau) kann viel stärker sein als der vernünftige Gedanke an »den Morgen danach«. Das Gleiche gilt für Autofahren im betrunkenen Zustand. Das kennen wir auch von ganz kleinen Dingen: das Stück Schokolade, das wir ohne Hunger in den Mund stecken, die dunkelgelbe Ampel, über die wir fahren, weil wir ungerne bremsen, die Zeitung, die wir lesen, oder den E-Mail-Account, den wir checken, statt zu arbeiten, den Weg, den wir mit dem Auto statt mit dem Fahrrad fahren. Wir kämpfen im Grunde den ganzen Tag gegen die »seelische Schwerkraft«.

Wer steuert unser Verhalten? Großhirn an Belohnungssystem ...

Um die gute Nachricht gleich vorwegzunehmen: Wir sind kein wehrloses Opfer unserer tieferen Gehirnschichten. Die ganze Erziehung baut ja darauf auf, diese Gefühlsimpulse bewusst zu regulieren. Wir können sehr wohl lernen, in einem gewissen Ausmaß auf unser Handeln Einfluss zu nehmen. Sonst würde übrigens Psychotherapie nicht wirken, was sie aber nachweislich tut. Das ist eine gute Gelegenheit, um deutlich zu machen, dass Psychotherapie nicht »nutzloses Gerede« ist. Psychotherapie – zumindest eine Schematherapie – ist ein systematisches und effektives Training, besser mit sich selbst umzugehen.

Die Effekte gut untersuchter Psychotherapieverfahren sind genauso hoch wie die einer medikamentösen Behandlung.[20] Die Effekte der meisten internistischen Behandlungen sind übrigens deutlich geringer! Funktionsaufnahmen des Gehirns erlauben uns inzwischen interessante Einblicke, wie diese Wirkungen erzielt werden: Bei den meisten psychischen Störungen sind die Zentren in der Tiefe des Gehirns, im limbischen System, überaktiv. Dies gilt für Angst- und Zwangsstörungen genauso wie für traumatische Erlebnisse und alle Süchte. Nach einer erfolgreichen Therapie sind diese Zentren weniger aktiv. Dafür hat die Aktivität von Regionen im Stirnhirn deutlich zugenommen. Das ist die Region, in der wir bewusste Denkvorgänge ausführen können, sozusagen der Regisseur-Stuhl. Was steckt dahinter und was bedeutet das?

Die Forschung bestätigt auch hier die Intuition der Menschen, denn an diese Stelle tippen wir, wenn wir andeuten wollen: »Köpfchen!« oder »Du tickst wohl nicht richtig!«. Die Hirnrinde hinter dieser Stelle ist aktiv, wenn es um die bewusste Verhaltenssteuerung geht. Durch eine Psychotherapie hat das Stirnhirn die Steuerung über die tieferen Hirnregionen übernommen. Die dortige Überaktivität wurde herunterreguliert.[21] Dazu müssen neue Bahnen zwischen diesen Regionen angelegt werden. Das geht jedoch nur, wenn die Nervenzellen **beider** Bereiche **gleichzeitig** aktiviert sind. Es reicht also nicht aus, **über** belastende Dinge zu sprechen. Wir müssen gleichzeitig im limbischen System die Gefühle wieder recht stark fühlen **und** im Stirnhirn eine Neubewertung der Situation herbeiführen. Das ungerichtete Austoben von Gefühlen allein bringt genauso wenig wie ein emotionsloses Reden über die Dinge. Beides muss miteinander verbunden werden.[22] Die meisten erfolgreichen Therapiemethoden machen das auch mehr oder weniger systematisch so.

Eine wichtige Rolle beim Abdämpfen der emotionalen Aktivierung spielen dann innere Selbstgespräche. Es hilft dabei, sich einen Teil des Innenlebens, z.B. das Verlangen nach Schokolade, wie ein gieriges Kind vorzustellen und mit diesem Teil so zu sprechen, wie es eine gute Mutter macht. Zum Beispiel: »So, ich merke, du hast jetzt Lust auf die Schokolade. Das ist okay. Aber sei mir bitte nicht böse, wenn ich dem jetzt nicht nachgebe. Ich habe hier nämlich den Überblick und weiß, dass ich mich danach wieder ärgere«. Ähnlich führte das der Komiker Otto Waalkes schon vor Jahren in seinem berühmten Sketch vor: »Kleinhirn an Großhirn ...« Diese inneren Dialoge halten die Aufmerksamkeit hoch und arbeiten damit spontanen emotionalen Impulsen entgegen. Bewusstseinslicht dämpft überschwängliche Gefühle – gerade so, wie das Einschalten des Saallichtes nach einem Konzert den Applaus bzw. die »Zugabe«-Rufer verstummen lässt. Bildlich gesprochen: Der Reiter führt das Pferd. Tatsächlich scheinen die Kräfteverhältnisse im Gehirn so ähnlich verteilt zu sein wie zwischen einem Reiter und seinem Tier: Eigentlich ist das Pferd der Stärkere. Aber wenn es der Reiter geschickt anstellt, merkt das Pferd das nicht. Nur wenn es durchgeht, bekommt der Reiter Probleme (das wäre dann z.B. ein Panikanfall oder überwältigender Suchtdruck).

Im Gehirn sind die Attraktoren im limbischen System zunächst sehr stark, wie besonders Menschen mit psychischen Krankheiten nur allzu gut wissen. Das liegt daran, dass durch das wiederholte Verhalten die »neuronalen Trampelpfade« breit ausgewalzt sind.[23] Durch ein entsprechendes Training kann dennoch eine gewisse bewusste Kontrolle gelernt werden. Das ist aber äußerst mühsam, denn das Nervensystem ist ja nicht moralisch. Ethik und Werte spielen für die Neuronen des Belohnungssystems keine Rolle. Die Währung, die hier zählt, ist der Neurotransmitterausstoß in den Synapsen. Die guten, neuen Vorsätze müssen daher so intensiv mit emotionalen und motivationalen Strukturen im Gehirn verbunden werden, dass die Impulse in den Tiefen des Gehirns in ausreichender Stärke ankommen. Daher ist eine Psychotherapie vor allem auch ein Training. Entsprechend verlangt sie die gleiche Ausdauer wie das Erlernen einer neuen Sportart oder eines Musikinstrumentes. Ein geschickter Zug dabei ist, erwünschtes Verhalten mit bereits vorhandenen Verhaltensweisen zu verbinden.[24] So nehmen manche

Frauen die Pille zusammen mit dem abendlichen Zähneputzen. Genauso kann man z. B. kleine Achtsamkeitsübungen mit dem Anfassen der Türklinke beim Verlassen oder Betreten des Hauses (oder des Büros) verbinden. Oder das Zu-Bett-Gehen mit einem kleinen meditativen Tagesrückblick. Ähnlich könnte ein bestimmter Gegenstand in der Tasche uns an ein bestimmtes Verhalten erinnern. Auch Merkzettel im Sichtfeld als kleine Erinnerungshilfen sind hilfreich.

Vom Vater hab' ich die Statur ... Die Bedeutung der Epigenetik

Wie viel kann man denn überhaupt an sich selbst und seiner Persönlichkeit verändern? Sind wir nicht doch weitgehend vorprogrammiert? Die Einschätzung in der Wissenschaft in dieser Frage schwankt tatsächlich wie ein Pendel hin und her. In der Zeit der sozialdarwinistischen Perspektive und der »Rassenhygiene« wurde der Anteil der Erblichkeit von Persönlichkeitsmerkmalen buchstäblich gnadenlos überschätzt. Danach setzte in den 60er-Jahren eine ebenso überschießende Gegenbewegung ein: Der Mensch wurde bei Geburt als »leeres Blatt« angesehen, aus dem man alles Mögliche meinte machen zu können. Durch Ergebnisse der Zwillingsforschung schlug das Pendel wieder in die »biologische« Richtung aus, und in den 80er-Jahren nahm man an, dass auch Persönlichkeitseigenschaften etwa zur Hälfte genetisch veranlagt seien. In den letzten zehn Jahren wurde aber deutlich, dass gar nicht die genetische Information selbst das Entscheidende ist, sondern wie die Gene abgelesen werden: Das nennt man Epigenetik.[25]

Man geht heute davon aus, dass alle nachhaltigen Lernerfahrungen durch epigenetische Veränderungen in die Zellen »eingebrannt« werden. Und die sind durch intensives Training zu

WIE GENE ABGELESEN WERDEN

Die Informationen auf den Genen zwischen verschiedenen Individuen unterscheiden sich erstaunlich wenig. Sogar mit den Menschenaffen haben wir sage und schreibe 99,5 % der Gene gemeinsam, selbst mit unserem Hund noch 98 %. Das erklärt vielleicht auch, warum wir uns manchmal zum Affen machen oder die Sau rauslassen. Die Gene scheinen wie ein Baukasten zu sein, aus dem man verschiedene Modelle bauen kann – so ähnlich wie bei den vielen Modellen der Autokonzerne, in denen überall die gleiche Technik drin steckt, nur verschieden verpackt. Die Forschungsrichtung, die beschreibt, wie individuelle Varianten aus dem gleichen Baukasten entstehen, ist die Epigenetik. Ein großer Teil der Gene beinhaltet gar keine Erbinformation. Es handelt sich entweder um »Kopien« der Gene, sozusagen für das Archiv, oder um Gene für »Schalter«, mit denen entschieden wird, welche Genabschnitte abgelesen und in Eiweiße übersetzt werden. Ob ein Genabschnitt abgelesen werden kann, hängt davon ab, wie die Erbinformation »eingepackt« ist. Liegt die Schutzhülle aus Eiweißen dicht an, ist die Information abgeschirmt und nicht ablesbar. Wird der »Schalter« aktiviert, kommen Enzyme und lockern diese Hülle auf, so wie ein Buch aufgeschlagen und gelesen werden kann. So können die »Bücher des Lebens« rasch auf- und zugeschlagen werden, ohne dass sich an dem Text (den Genen) selbst etwas ändert.

Die Verpackung der Gene wird ganz wesentlich in den ersten Lebensmonaten angelegt. Frühe Einflüsse schlagen sich daher besonders nieder. So kann der Eindruck entstehen, ein Verhaltensmuster sei genetisch angelegt, tatsächlich ist es aber »nur« epigenetisch programmiert. Viele Verhaltensweisen haben zwar eine genetische Veranlagung. So wird fast jeder zweite eineiige Zwilling eines Alkoholabhängigen ebenfalls alkoholabhängig, auch wenn er durch eine Adoption bei anderen Eltern aufwächst. Aber eben nur jeder zweite![26] Genetik ist also nur die »halbe Miete«. Außerdem »sitzt« eine epigenetische Programmierung nicht so tief und lässt sich im Gegensatz zur genetischen Veranlagung durch spätere Einflüsse verändern, im Labor etwa durch die Einwirkung chemischer Substanzen.[27] Möglicherweise kann auch durch nachhaltige Einflüsse von außen, wie z. B. eine Psychotherapie, auf den Ablesevorgang Einfluss genommen werden. Die Forschung dazu ist in vollem Gange.

einem großen Teil veränderbar. Entsprechend weisen Forschungen darauf hin, dass bei Persönlichkeitsmerkmalen nur etwa 25 bis 30 % genetisch veranlagt sind.[28] Das gibt Hoffnung. Selbst unsere Statur ist nur begrenzt genetisch festgelegt, egal ob von Vater oder Mutter. Sonst würden die Menschen nämlich nicht so rasch immer größer! Da hat sich Goethe in seiner Gedichtzeile in der Überschrift also geirrt. Wäre die Größe genetisch festgelegt, könnte sie sich nicht von Generation zu Generation ändern. Konkret hat die mittlere Körpergröße in Europa in den letzten 25 Jahren um sieben Zentimeter zugenommen.[29] Die Ernährung z. B. scheint beim Größenwachstum eine erhebliche Rolle zu spielen.

Was Hänschen nicht lernt …
Wie formbar ist unser Gehirn wirklich?

Zuerst die schlechte Nachricht: Einsicht allein ändert (fast) nichts! Bleibende Veränderungen im Gehirn entstehen nur durch Üben. Durch wiederholte Aktivitäten werden die notwendigen Bahnen im Gehirn angelegt. Aber auch hier gibt es eine gute Nachricht: Früher dachte man, dass das Gehirn seine Anpassungsfähigkeit schon in der Jugend verliert. Heute wissen wir es besser: Die *Neuroplastizität* des Gehirns bleibt bis ins hohe Alter erhalten. Natürlich ist das Gehirn in der Kindheit am formbarsten. Aber durch das erwähnte Üben lassen sich praktisch in allen für das Lernen wichtigen Hirnregionen messbare Veränderungen erzielen.

Bei älteren Menschen dauert es länger, bis diese Veränderungen eintreten, doch auch hier sind sie möglich. Also kann auch Hans noch etwas lernen. In einer Psychotherapie entwickeln sich ältere Patienten tatsächlich oft besser als junge. Warum? Sie arbeiten viel disziplinierter mit und üben konsequenter

BEISPIEL FÜR »GEHIRN-JOGGING«

Wenn Sie einen Monat für eine Prüfung lernen, werden die Schläfenlappen im Gehirn breiter, beim Jonglieren die Zentren, die die Bewegungen der Hände steuern.[30] Früher war bei den Londoner Taxifahrern die Region, die für die Ortskenntnis wichtig ist (der Hippocampus) größer als in der Normalbevölkerung.[31] Es wäre eine interessante Studie, heute nachzumessen, ob durch die Navigationssysteme im Auto dieser Unterschied wieder verschwunden ist!

zwischen den Stunden. Es gibt viele solcher Übungen: So können z. B. bestimmte Symptome beobachtet werden und in welchen Situationen sie verstärkt auftreten. Gedanken können als »Stimme im Kopf« von der eigenen Person getrennt wahrgenommen und aufgeschrieben werden. Menschen können üben, bewusster wahrzunehmen, was sie gerade sehen, hören oder fühlen, und mit den Gedanken ganz bei der Sache zu sein, die man gerade macht, und nicht abzuschweifen: die sog. Achtsamkeit. Außerdem kann man sich vornehmen, bestimmte Dinge zu tun, um auszuprobieren, was dabei *wirklich* passiert und was nur Befürchtungen sind (also Verhaltensexperimente machen). Sie sehen, da gibt es eine Menge zu üben. Junge Menschen denken oft: Na ja, richtig trainieren ist anstrengend. Vielleicht wird es ja auch von alleine besser oder wenn dieses oder jenes passiert. Ältere Menschen wissen: Von alleine geht da wenig. Dadurch gleichen sie die nachlassende Formbarkeit ihres Gehirns mehr als aus. Fortgeschrittenes Alter spricht keinesfalls gegen eine Psychotherapie. Es ist also nie zu spät, mit Hilfe eines Begleiters oder auch alleine auf sein Leben zu schauen und etwas für sich zu tun.

Dabei hat die »Zähigkeit« unserer Gehirnstrukturen nicht nur Nachteile.

Guten Morgen, liebe Sorgen, seid ihr auch schon wieder da! Oder: Warum es auch Vorteile hat, sich morgens im Spiegel wiederzuerkennen

Mit dem Prinzip der Attraktoren bzw. der Schemata haben wir ein Modell kennengelernt, das erklärt, wie Lebensfallen entstehen und warum wir so schwer herauskommen. Hintergrund dieser Stabilität ist der Aufbau unseres Nervensystems: Nur etwa drei Prozent unserer Nervenverbindungen sind mit irgendeiner Art von Sinnesorgan verknüpft, die uns mit der Außenwelt verbinden. 97 % der Verknüpfungen führen zu anderen Nervenzellen innerhalb des Gehirns. Wir sind also »überwiegend mit uns selbst beschäftigt«, wie es der Hirnforscher Gerhard Roth formuliert.[32] Unsere Nervenaktivität dreht sich buchstäblich im Kreis bzw. wir schmoren im eigenen Saft. Neue Eindrücke haben es daher schwer, uns innerlich in Bewegung zu bringen.

Diese selbststabilisierende Tendenz hat aber auch Vorteile. Ohne sie würden wir uns morgens im Spiegel nicht selbst wiedererkennen, sondern uns fragen: Was macht dieser fremde Mann in meiner Wohnung? Manche dementen Menschen erkennen tatsächlich ihre Kinder oder sogar ihren Ehepartner nicht mehr (und am Ende sich selbst nicht)!

Die Stabilität unseres Nervensystems und das damit verbundene Erinnerungsvermögen sind die Grundlage unseres Identitätsgefühls. Ich bin der gleiche, der gestern Abend ins Bett gegangen ist. Aber auch unsere Mitmenschen sind vermutlich ganz froh darüber, dass wir uns einigermaßen berechenbar verhalten. Die Selbststabilisierungstendenz macht uns zu verlässlichen Partnern, Mitarbeitern, Eltern oder Freunden. Aber sie erschwert es eben, uns zu verändern. Sie hält uns in unseren Lebensfallen fest.

Sinnesreize treffen auf vorbereitete Strukturen bzw. Muster in uns, die die Wahrnehmung und Bewertung der Sinnesreize massiv beeinflussen (**selektive Wahrnehmung**). Wir sehen besonders gut, was wir kennen bzw. womit wir uns gerade beschäftigen. Schwangere sehen auf der Straße besonders viele Schwangere. Käufer eines neuen Autos sehen bevorzugt genau dieses Auto bzw. Autos der gleichen Farbe. Wahrnehmen ist ein aktiver Vorgang – pointiert ausgedrückt: Wir nehmen nicht die Welt wahr, sondern drücken der Welt unser vorgeformtes Bild der Welt auf. Unsere Gefühle und Gedanken spiegeln nicht die Welt, sondern überwiegend unsere Innenwelt. In diesem Sinne »konstruiert« jeder Mensch in sich sein persönliches Weltbild.[33] Dummerweise ist uns das nicht bewusst, sondern der Wahrnehmungsprozess gaukelt uns vor, etwas Objektives wahrzunehmen, was jeder andere auch so sehen müsste. (Denken Sie an das Bild mit den Fußabdrücken!)

Diese Absolutsetzung der eigenen Perspektive ist die Wurzel vieler aggressiver Auseinandersetzungen, die aus einer unterschiedlichen Sicht der Dinge resultieren. Daher ist es für ein gelingendes Zusammenleben wichtig, sich von den scheinbar selbstverständlichen Blickwinkeln lösen und die Dinge neu (bzw. aus der Perspektive eines anderen Menschen) betrachten zu können. Auch vielen psychischen Problemen liegen solche unbewusst eingebrannten »Blickwinkel« zugrunde, z.B. wenn sich immer wieder quälende Gedanken oder Ängste in unser Bewusstsein schleichen. Auch die können mit einer beeindruckenden Selbstverständlichkeit und Absolutheit auftreten. Trotzdem sind sie keine »objektive« Reaktion auf die Welt, sondern Ergebnis unserer eigenen inneren Attraktoren. Wir sind diesen Gefühlen und Gedanken nicht hilflos ausgeliefert! Wir könnten aus der Falle aussteigen …

3.

Warum fallen wir immer wieder in unsere Lebensfallen hinein? Das Modusmodell im Detail

Top-dog oder Under-dog?

Wenn wir in einer Lebensfalle festsitzen und unreflektiert reagieren, verhalten wir uns kaum anders als ein Hund, der auf der Hundewiese auf einen anderen Hund trifft. Wie ich das meine? Lassen Sie mich ein wenig ausholen. Wir haben bisher betrachtet, wie wir selbst, also gewissermaßen innerlich, mit unseren Schemata in Form der Bewältigungsreaktionen von Erdulden, Vermeiden oder Kompensieren (das Gegenteil von dem tun, was einem das Schema nahelegt) umgehen. Wie wirken sich nun unsere eingebrannten Schemata und automatisierten Bewältigungsreaktionen auf unsere Beziehungen zu anderen Menschen aus (also auf der Hundewiese)? Während die Schemata und Bewältigungsstile recht stabile Eigenschaften unserer Persönlichkeit sind, schwankt das aktuelle Verhalten natürlich von Moment zu Moment. Seinem Chef gegenüber verhält man sich schließlich anders als seinen Kindern gegenüber. Um diese kurzfristigen Schwankungen besser zu verstehen und einordnen zu können, entwickelte Young das Modusmodell. Es beschreibt sozusagen die »Benutzeroberfläche«, während Schema und Bewältigungsstile Teil der »Hardware« sind. Wir wollen im Weiteren mit diesem Modusmodell arbeiten. Modi sind sozusagen wie verschiedene Rollen, in die wir schlüpfen. Es gibt vier Gruppen von Modi: Bewältigungsmodi, Kindmodi, innere Bewerter und den Erwachsenenmodus. Zunächst erscheinen Menschen nach außen hin in einer sozialen Rolle. Diese sozialen Rollen, die wir gegenüber einem anderen Menschen einnehmen, nennt man *Bewältigungsmodi.* Sie folgen biologisch in uns angelegten Grundmustern. Daher unterscheiden sich unsere Bewältigungsmodi besonders in Konfliktsituationen nicht sehr von denen eines Hundes. Die spannende Frage ist, wie funktional wir diese grundsätzlich in uns angelegten Rollen an das soziale Leben anpassen können.

Wenn beide Hunde entspannt sind, spielen sie vielleicht miteinander. Das machen Menschen auch so. Dann sind wir in einem sehr funktionalen Bewältigungsmodus, der uns erlaubt, uns innerlich im *Modus des zufriedenen Kindes* zu fühlen. (Kindmodi sind also die zweite Modus-Gruppe – die beiden anderen kommen später dran.) Das ist das beste Ergebnis und da wollen wir so oft wie möglich hin. Aber was macht ein Hund, wenn ein anderer Hund ihn angreift? Genau: Dann ist Schluss mit lustig. Er kann nur kämpfen, flüchten oder sich unterwerfen! Dasselbe machen wir auch, wenn wir unter Stress geraten, nur nicht unbedingt im körperlichen Sinne. Fühlen wir uns angegriffen, neigen wir zu »Entweder-oder«-Reaktionen. Die Welt ist schwarz oder weiß, gut oder böse. Das liegt daran, dass diese Reaktionstendenzen seit Hunderttausenden von Jahren in unserem limbischen System angelegt sind. Wir können versuchen, durch Wissen, dicke Muskeln oder eine mächtige Funktion Kontrolle über die anderen zu bekommen. Dazu kann auch ein dickes Auto dienen, mit dem man sich auf der Straße zum Chef macht. Unser Selbstbehauptungssystem ist stark aktiviert. Der andere ist uns relativ egal. Wir denken: Vertrauen ist gut, aber Kontrolle bzw. Macht ist besser. Dann sind wir »Top-dog«, wie die Gestalttherapeuten sagen. In der Schematherapie nennt man dieses übertriebene Dominanzstreben eine *Überkompensation*. Das gibt anfangs ein Gefühl von Sicherheit und Kontrolle. Man wird vielleicht geachtet oder bewundert, jedoch nicht wirklich geliebt. Setzen wir zu stark auf Selbstbehauptung, leiden die Bindungen zu anderen Menschen darunter. Im Extremfall sind wir dann mächtig, aber einsam.

Oder wir können versuchen, es den anderen recht zu machen. Für Bindung gehen wir in die *Unterordnung* nach dem Motto: Ich mache alles, was du willst, Hauptsache, du verlässt mich nicht! Dann ist unser Bindungssystem maximal aktiviert und wir sind »Under-dog«. Im Grunde ist das ja die Situation, in der wir alle angefangen haben: Als Kinder mussten wir auf »Bindung« setzen. Wir waren völlig auf das Wohlwollen der Bezugspersonen angewiesen. Unser Leben lag in deren Hand.

Kinder, die sich einigermaßen sicher fühlen, aktivieren ihr

Selbstbehauptungssystem und trauen sich, unabhängig zu werden. Die Unsicheren klammern sich lieber an Mutters (oder Vaters?) Rockschoß. Aber auch wenn Kinder loskrabbeln, schauen sie sich von Zeit zu Zeit um, ob die Bezugspersonen noch in Sicht sind. Wenn ja, trauen sie sich, weiterzukrabbeln, wenn nicht, kehren sie zurück. Im positiven Fall gelingt uns eine gute Balance von Bindung und Selbstbehauptung bzw. Autonomie. Jedoch setzen auch Menschen, die stark emotional vernachlässigt wurden und kaum Bindung erlebt haben, auf Autonomie: Wenn schon keine Bindung gelingt, dann wenigstens Kontrolle anstreben. Menschen, die zumindest bei Wohlverhalten etwas Bindung bekamen, versuchen, zeitlebens doch noch irgendwie die Aufmerksamkeit und das Wohlwollen des Gegenübers zu gewinnen. Irgendwann merken sie, dass sie dabei doch nicht gesehen und nur für die Leistung geliebt werden, und ziehen sich frustriert zurück. Oder sie brennen aus.

Weder Sekt noch Selters – was geht sonst noch?

Wenn weder Kontrolle noch Bindung erreichbar sind, bleibt uns nur noch der Rückzug, also gewissermaßen die »Flucht« aus Beziehungen. Dabei sind wir besonders einfallsreich. Auch bei Tieren lassen sich zwei Tendenzen von Flucht unterscheiden: Kaninchen können erstarren oder wegrennen. So machen wir das auch. Wir erstarren nicht unbedingt äußerlich, sondern innerlich. Obwohl es auch Menschen gibt, die tatsächlich körperlich erstarren und dabei innerlich »wegtreten«. Das nennt man Dissoziation, weil das Erleben wie abgeschaltet wird vom Körper.

»Nichtfühlen« stellt eine weniger extreme Form eines solchen »Abschaltens« dar. In der Schematherapie nennt man die-

DISSOZIATION ALS »NOTABSCHALTUNG«

Wenn Menschen bedroht sind und nicht entkommen können, steigt die innere Anspannung sehr stark an. Durch eine Überflutung mit aktivierenden Überträgerstoffen droht dann das Gehirn Schaden zu nehmen. Für diesen Fall verfügt der Organismus über eine Art Notabschaltung. Beruhigende Teile des vegetativen Nervensystems werden aktiviert, die Person wird äußerlich ganz ruhig. Schockzustände stellen eine milde Form dieses Prozesses dar. Menschen können dadurch wie eine Maschine weiter handeln. Zugleich wird sehr viel Serotonin ausgeschüttet und damit die Gedächtnisbildung blockiert. Entsprechend haben die Betroffenen keine Erinnerung für die Zeitabschnitte, in denen sie dissoziiert waren. Ihnen »fehlt« diese Zeit. Diese Notabschaltung setzt in Extremsituationen wie z.B. schweren Unfällen, Naturkatastrophen, Vergewaltigungen, gewaltsamem sexuellen Missbrauch, Überfällen oder bei Folterungen ein. Das Abschalten schützt davor, von bedrohlichen Gefühlen überflutet zu werden und im Stress zu sterben. Bei Tieren wurde ein Tod durch Erschrecken beobachtet. Davor schützt eine Dissoziation.

ses Muster einen *distanzierten Selbstschutzmodus*. Dazu gehören alle Formen von sozialem Rückzug und Vermeidungsverhalten. Er schützt, indem er Distanz schafft – zu den eigenen Gefühlen und auch zu Anforderungen anderer. Wie eine Mauer schottet er uns ab. Das ist der Unterschied zum gesunden Erwachsenenmodus: Im Erwachsenenmodus haben wir auch Distanz zu den Dingen, sind aber mit unseren Gefühlen durchaus verbunden. Wir lassen uns nur nicht von ihnen mitreißen. Sagen eben nicht »B«! Das Problem beim Selbstschutzmodus ist: Die Mauer, die anfangs schützte, wird irgendwann zu einer Mauer, die alle Gefühle einsperrt. Manche Menschen kommen damit vielleicht ganz gut durchs Leben. Sie funktionieren eben und schützen sich vor Verletzungen. Aber Freude macht das nicht. Und wirkliche Sicherheit im Leben bekommt man dadurch auch nicht. Andere fühlen irgendwann eine innere Leere und Einsamkeit, die sie traurig oder sogar depressiv macht, weil ihnen die Bindung zu anderen Menschen fehlt. Wenn sie das dann ändern wollen, merken sie, dass die Mauer sehr stark und fest geworden ist, und kommen alleine nicht mehr heraus. Dann kann eine therapeutische Hilfestellung sinnvoll sein.

Das aktive Flüchten sieht bei Menschen auch etwas anders aus als bei Tieren, denn wir können nicht einfach wegrennen. Jugendliche Ausreißer versuchen das noch. Aber auch die werden früher oder später wieder eingefangen. Wir flüchten uns in Aktionismus, um unsere unangenehmen Gefühle zu beruhigen oder zu betäuben. Wir gehen in ein Hamsterrad. Daher nennt man das in der Schematherapie einen *distanzierten Selbstberuhiger*. Er hat viele Gesichter: sich dauernd mit Musik beschallen oder den Fernseher laufen lassen, sich durch die vielen Programme zappen, zu viel essen (am besten Süßes), exzessiv Sport machen, Computer spielen, ziellos im Internet surfen oder Pornos gucken, Schuhe (oder Krawatten) kaufen und – ob Sie es hören wollen oder nicht – auch arbeiten! Alles, was wir in einer süchtigen Weise machen, »riecht« nach Selbstberuhiger. Dazu gehören natürlich alle stimmungsverändernden Substanzen, aber auch »Womanizing« (also das zwanghafte »Anmachen« von Frauen oder umgekehrt auch Männern, nur gibt es dafür – noch – kein modernes Wort, nur das etwas altertümliche »Nymphomanie«). Das mag zwar kurzfristig den Selbstwert aufpolieren, aber es schafft eben keine Bindung und auch keine gute Grundlage für die solide Weiterentwicklung der eigenen Person. Nur von innen sieht ein Hamsterrad wie eine lange Straße aus. Von außen erkennt man rasch, dass man auf der Stelle tritt.

Wenn man nur einen Hammer als Werkzeug hat, behandelt man jeden Gegenstand wie einen Nagel

Damit wir uns nicht falsch verstehen: Alle vier genannten Bewältigungsmodi haben ihren Sinn. Dosiert und an der richtigen Stelle flexibel eingesetzt sind sie völlig in Ordnung. Wenn Sie von einem Polizisten angehalten werden, ist »Unterordnung« eindeutig die beste Reaktion! Wenn ein Hundehalter seinen Hund dauernd vor Ihrer Haustür einen Haufen setzen lässt, sollten Sie ihn in einer angemessenen Weise darauf ansprechen (also »kämpfen«) können. Manchmal muss man sich selbst bei Laune halten oder beruhigen und Gefühle »abschalten« können (z. B. vor dem Besuch beim Zahnarzt oder in einer Prüfungssituation). Das Problem besteht in der Einengung des Verhaltensrepertoires und der mangelnden *Reaktionsflexibilität*. Dann werden Bewältigungsmodi maladaptiv (also letztlich nachteilig). So ist der Titel diese Kapitels gemeint: Ein Hammer ist ein wichtiges Werkzeug. Aber eben nicht für alle Situationen.

Die Grundmuster unserer Bewältigungsreaktionen organisieren sich bereits in der Kindheit. Wer sich immer (kämpferisch) gegen seine Geschwister durchsetzen musste, damit sie einem nicht die besten Stücke wegessen, läuft Gefahr, auch später reflexhaft darauf zu achten, dass man »nicht die Butter vom Brot« genommen bekommt. So wie im Beispiel in der Warteschlange. Das kann für die Mitmenschen anstrengend werden!

Wer als Kind (vielleicht tatsächlich mit Schlägen) »eingebläut« bekommen hat, dass er sich unterzuordnen hat, wird später nicht versuchen, sich durchzusetzen. Wer sich nur durch Rückzug vor Verletzung und Beschämung schützen konnte, wird das auch später geneigt sein zu tun. Diese Muster werden zum Teil angelegt, bevor wir uns bewusst daran erinnern können. Sie sind uns »in Fleisch und Blut« übergegangen. Entsprechend erscheint es uns als das Selbstverständlichste auf der

Welt, so zu reagieren. Wir haben dann wirklich das Gefühl, »B« sagen zu müssen. Auch wenn wir es eigentlich nicht wollen! Wie der Mann im gleich folgenden Beispiel.

Wenn man mit den verschiedenen erwähnten Modi wirklich arbeiten möchte, ist es sinnvoll, sich einen Überblick zu verschaffen – sich sozusagen eine Liste der bevorzugten Schauspieler im eigenen »Lebenstheater« zusammenzustellen. Zur Veranschaulichung sind alle erwähnten Modi und ihr Zusammenwirken in Abbildung 4 in einer sog. Moduslandkarte zusammengetragen. Eine leere Moduslandkarte zum selbst Ausfüllen finden Sie im Anhang. Zugegeben, das sieht auf den ersten Blick etwas kompliziert aus. Es bildet aber lediglich auf einem Blatt zusammengefasst einfach das ab, was wir bereits besprochen haben. Es folgt ein Beispiel (in Klammern der jeweilige Modus):

IMAGINATIONSÜBUNGEN ALS ZUGANG ZUM KINDMODUS

Imaginationsübungen kommen aus der Gestalttherapie. In einer Imaginationsübung lenkt man die Aufmerksamkeit ganz nach innen und macht eine Art »innere Zeitreise«, um mit Kindheitssituationen wieder in Kontakt zu kommen, in denen man sich genauso gefühlt und reagiert hat wie heute. Dadurch können wir erleben, wie sich die Vergangenheit in das Erleben in der Gegenwart hineinschiebt. Die heutigen Reaktionsmuster werden dadurch verständlicher und man kann sie sich besser »verzeihen«. Wir erleben im Moment der Schemaaktivierung die Welt wieder aus Kinderaugen.

Außer zum Verständnis kann man Imaginationsübungen auch zur Heilung solcher alten Wunden einsetzen und dabei die Möglichkeiten des heutigen Erwachsenen in die alte Situation einbringen. Durch diese neuen »Lösungen« werden die Fixierungen »gelöst«. Heute können wir Bewältigungsmodi flexibel und erwachsenengemäß einsetzen. Dazu muss man aber im Erwachsenenmodus sein.

Ein Mann bemüht sich, es seinem Chef recht zu machen, weil er auf eine Beförderung hofft (Unterordnung). Seine inneren Antreiber (nach innen gerichtete Bewerter) verlangen von ihm, beruflich erfolgreich zu sein. (Innere Bewerter sind die dritte Modusgruppe.) Dahinter steht (mittlere Zeile rechts), dass er es seinen Eltern nie gut genug machen konnte. Er merkt nicht, dass er eigentlich noch immer seinem Vater gefallen will und dessen Anerkennung sucht. Wenn man nach seinem inneren Gefühl fragt (Kindmodi mittlere Zeile links), sagt er, dass er sich oft angespannt und einen Druck auf der Brust fühlt. Dahinter kann er auf Nachfrage Angst spüren. Und auch etwas Traurigkeit. Er schafft es mal wieder nicht, zu der verabredeten Zeit nach Hause zu kommen. Er fühlt sich schlecht. Die Stimme im Kopf sagt: »Ärger bekommst du sowieso, ob du jetzt anrufst oder nicht. Also lieber später Ärger kriegen und in Ruhe die Arbeit fertig machen.« Wenn er in sich hineinfühlen würde, könnte er eine fast kindhafte Angst vor seiner Frau spüren. Also steckt er den Kopf in den Sand (Distanzierter Beschützer bzw. passive Vermeidung). Natürlich macht ihm seine Frau Vorwürfe, als er endlich nach Hause kommt. Er versucht zunächst so zu tun, als würde er nichts hören (verstärkter Distanzierter Beschützer). Als sie nicht locker lässt, sondern ihn anschreit, platzt ihm der Kragen. In ihm steigt Wut auf (der Kindmodus kippt auf die rechte Seite, wütendes Kind) und die Stimme im Kopf sagt: »Dieser undankbaren Kuh kann ich es doch nicht recht machen!« (Bewerter drehen sich nach außen). Wenn die Angst in die Wut gekippt ist, ist die Energie zum Kämpfen da. Wenn die Bewerter das dann auch noch erlauben, ist der Weg frei in die Überkompensation. Er schreit sie an und brüllt: »Du bist doch nie zufrieden und willst mich immer nur fertigmachen. Leck mich doch!«, rennt in sein Zimmer, schließt ab und gießt sich einen doppelten Whiskey ein (Distanzierter Selbstberuhiger bzw. aktive Selbstberuhigung). Dann geht er an den Computer, setzt sich Kopfhörer auf und schießt Moorhühner ab (oder spielt GTA). Er merkt dabei nicht, dass er

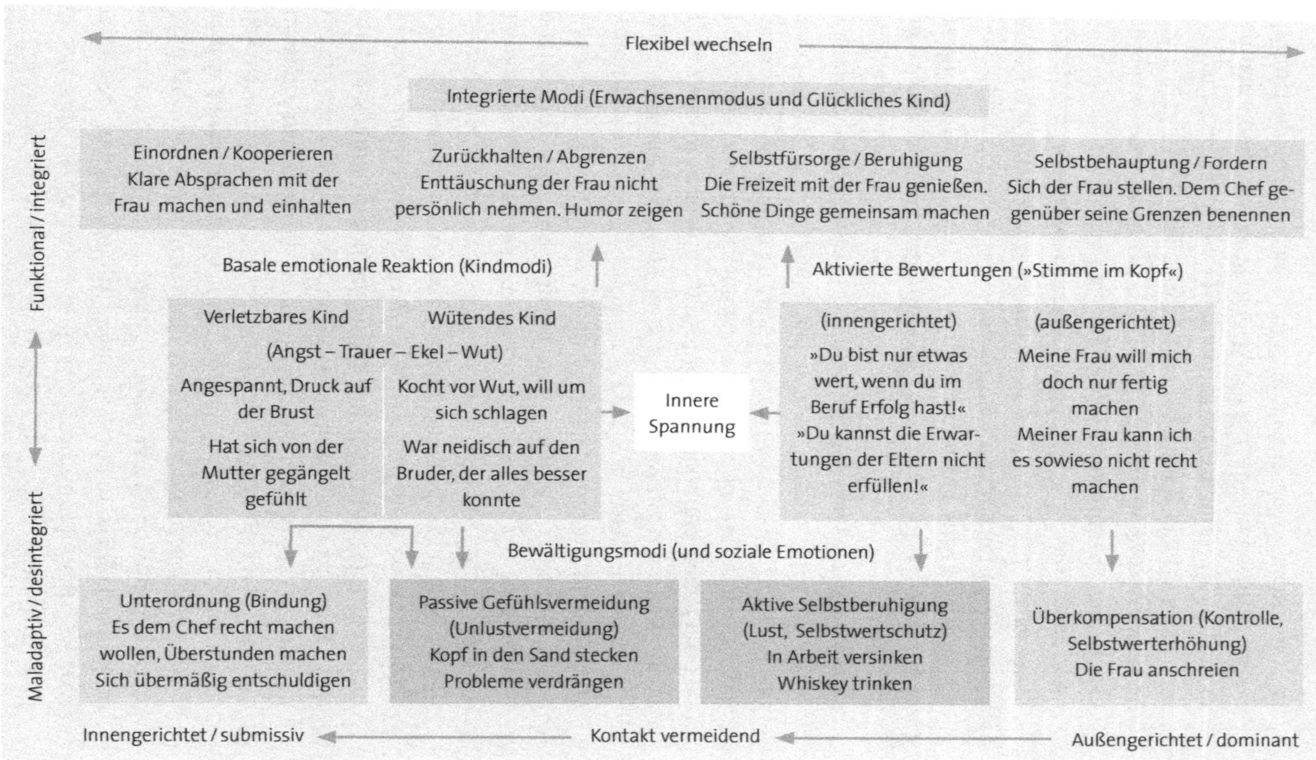

Abb. 4: Moduslandkarte

eigentlich seine Mutter angeschrien hat, die ihn immer gängelte und der er nichts recht machten konnte. Nachdem er sich etwas beruhigt hat, hört er draußen seine Frau leise weinen. Die Stimme in seinem Kopf sagt: »Du warst zu hart zu ihr und hast dich gehen lassen!« (Bewerter drehen sich wieder nach innen), Traurigkeit steigt auf (der Kindmodus kippt wieder nach links) und in ihm kommen Schuldgefühle hoch, die ihn dazu bringen, rauszugehen und sich in übertriebener Weise zu entschuldigen (Unterordnung).

Eine Anmerkung dazu: Ob eine Entschuldigung eine angemessene Form der Kooperation darstellt oder eine übertriebene Unterordnung, hängt von der Art der Entschuldigung ab. In einer angemessenen Weise aus einem erwachsenen Bewusstsein heraus ausgeführt, würde man sie in die obere Reihe links unter »Kooperation« eintragen. Es gehört auch unter Erwachsenen dazu, sich in angemessener Form zu entschuldigen. Wenn die Entschuldigung aber aus einem Gefühl kindhafter Angst vor Strafe erfolgt, dann gehört sie in das Unterordnungs-Feld links unten. Ob das Verhalten angemessen (funktional) oder übertrieben (maladaptiv) ist, ist keine Entweder-oder-Frage, sondern ein schrittweiser Übergang (siehe der senkrechte Doppelpfeil am linken Bildrand).

Folgen Sie der Bewegung zwischen den Feldern anhand der dickeren Pfeile durch diesen Ablauf. Sie werden merken, wie wir in unserem inneren System hin und her kippen und wie dadurch die Wechsel auf der »vorderen Bühne« in unserem sichtbaren Verhalten plötzlich nachvollziehbar und verständlich wirken. Daher nennen wir dieses Modusmodell »dynamisch«. Praktisch alle zunächst unverständlich erscheinenden Verhaltensweisen von Menschen werden verständlich, wenn man den Zugang zu der »hinteren Bühne« mit den Grundbedürfnissen und den Basisemotionen auf der einen und den verinnerlichten Bewertern auf der anderen Seite gefunden hat. Und was wir selbst verstanden haben, können wir auch anderen besser erklären. Das ist ein guter Anknüpfungspunkt, wenn

Sie sich mit jemandem gestritten haben. Wenn der Sie versteht, wird er Ihnen auch schneller verzeihen. Ein gemeinsames Verständnis solcher Prozesse schafft eine innere Verbindung und damit eine gute Grundlage für erfolgreiche soziale Prozesse.

Die Dosis macht das Gift: Wie wir erwachsen handeln können

An diesem Beispiel sehen Sie, wie wir zwischen verschiedenen Bewältigungsmodi (untere Reihe) hin und her kippen können, je nachdem wie sich die Modi auf der Motivebene bzw. auf der »hinteren Bühne« (mittlere Reihe) drehen. Wir werden im Weiteren noch genauer darauf eingehen, wie diese Modi sich im Alltag zeigen. Sie können sich inzwischen schon einmal Gedanken machen, welche Modi Ihnen besonders vertraut vorkommen. Wenn Sie nicht weiterwissen, fragen Sie ruhig mal Ihren Partner oder Freunde. Die sehen einen ja manchmal klarer als man sich selbst. Und was ist bitte schön die Alternative zu einem solchen Verhalten, werden Sie jetzt vermutlich fragen? Die ist gar nicht so schwer zu finden – theoretisch zumindest. Für die neuen Lösungen steht der Kasten in der oberen Zeile. Das funktionale, hilfreiche Bewältigungsverhalten setzt sich aus denselben vier Tendenzen zusammen wie die maladaptiven Bewältigungsmodi in der unteren Zeile. Wir können eben nichts anderes als kämpfen, ausweichen (aktiv oder passiv) oder uns ein- bzw. unterordnen. Aber die Dosis und die Mischung macht's! Je klarer wir uns bewusst sind, was wir gerade dabei sind zu tun, umso besser sind wir in der Lage, zu dosieren und auszubalancieren. Zumal wir nicht nur handeln, sondern auch reden können! Würde sich der Mann im obigen Beispiel nicht von der Angst vor seiner Frau (die eigentlich die Angst vor seiner Mutter ist) und den alten Bewerterstimmen lähmen lassen, könnte er als Erwachsener »mannhaft« seiner Frau rechtzeitig Bescheid sagen, dass es später wird. Aber er müsste es begründen. Und das kann er nur, wenn er sich nicht in einer ebenso kindhaften Unterwürfigkeit seinem Chef gegenüber befände, die eigentlich seinem Vater gilt. Nur wenn er diese Schema-Hintergründe durchschaut, kann er zwischen seinen Gefühlen und einer nüchtern-erwachsenen Einschätzung trennen. Kann er das nicht, hat er keine Chance, aus den Lebensfallen seiner automatischen Bewältigungsreaktionen auszusteigen. Er wird seinem Chef gegenüber immer wieder »B« sagen!

Neben der Einsicht, dass es gilt, sich von seinen inneren Bewertern zu trennen, ist es auch nötig, sich aus der verletzt-ängstlichen Kindseite zu lösen. Er muss seinen Mut zur Selbstbehauptung wiederfinden, um seiner Frau und seinem Chef als Erwachsener auf Augenhöhe zu begegnen, anstatt sich selbst klein zu machen. Es sind nicht die anderen, die ihn lähmen, es sind die alten Schemata, die er nicht durchschaut! Anstatt zwischen Unterordnung, Distanzierung und Überkompensation hin und her zu kippen, müsste er sowohl dem Chef gegenüber angemessene Grenzen setzen als auch sich seiner Frau stellen. Dann hätte die einen berechenbaren, erwachsenen Partner an ihrer Seite und wüsste, woran sie ist. Auch dem Chef nützt ein dauerhaft stabiler und konstruktiv-kritischer Mitarbeiter letztlich mehr als ein Ja-Sager, der irgendwann in einen Burn-out rutscht und ganz ausfällt.

Hier zeigt sich, dass sich in einem solchen Zusammenbruch und langen oder häufigen Krankheitszeiten nicht selten versteckter Ärger verbirgt. Aber die Betroffenen trauen sich nicht, den zu spüren oder gar zu zeigen. Dosiert vorgetragene Bedürfnisse – und dazu gehört auch Kritik im Dienste der Sache – sind aber nicht nur möglich, sondern sogar wichtig, weil Systeme sonst nichts dazulernen können. Wir haben oft nicht Angst vor den realen Personen, denen gegenüber wir uns klar äußern müssten, sondern vor den inneren Bildern, die diese Menschen in uns auslösen. Mit den damals Schema-verursachenden Menschen (z. B. unseren Eltern) konnten wir tatsächlich noch nicht reden. Die waren wirklich übermächtig. Mit den heutigen Menschen ginge es hingegen oft schon. Das sollten wir nutzen. Dazu braucht es Mut. Wenn wir uns selbst überschätzen oder zu sehr von unserer Wut mitgerissen werden, werden wir übermütig. Wenn wir uns von der Angst lähmen lassen, sind wir vielleicht zu demütig. Die richtige Dosis macht's.

Auch mal die Sau rauslassen können oder: Welche Bewältigungstypen gibt es?

Wir haben weiter oben gesehen, dass es vier wesentliche Bewältigungsreaktionen gibt, die in ihrer Grundform in uns allen angelegt sind: Kampf, Flucht (bei Menschen eher aktive und passive Vermeidung) und Unterwerfung. Durch die beiden Formen der aktiven und passiven Vermeidung bzw. Beschützer ergeben sich daraus die vier Bewältigungsmodi. In der unteren Reihe der Moduslandkarte sind sie in ihrer desintegrierten Form aufgeführt: Dominanzstreben (Überkompensation), distanzierte Selbstberuhigung, distanzierter Selbstschutz oder übertriebene Unterordnung bzw. Aufopferung. Im Idealfall können wir alle diese Tendenzen flexibel und dosiert einsetzen, so wie es die Situation verlangt. Dann befinden wir uns im Erwachsenenmodus. (Das ist die vierte Art von Modus, die uns noch gefehlt hat.) Manche Menschen haben aber als Heranwachsende nicht lernen dürfen, dieses Spektrum voll zu nutzen. Oder sie können die Bewältigungsreaktionen nicht angemessen einsetzen und kippen hin und her. Wenn man das systematisch betrachtet, lassen sich vier charakteristische Typen unterscheiden. Ich bitte zu entschuldigen, dass diese Typen etwas plakativ beschrieben sind. Das dient nur der Verdeutlichung. Es möge sich niemand beleidigt fühlen:

- Beginnen wir mit dem Typ »Krankenschwester«: Sie (oder natürlich auch er!) kann sich gut unterordnen und ihre Gefühle zurücknehmen. Vielleicht auch sich gut selbst beruhigen. Aber sie kann schlecht kämpfen (zumindest nicht für sich selbst). Wenn man auf die Moduslandkarte schaut, haben diese Menschen kaum Kontakt zu dem wütenden Teil in ihnen. Das Feld bleibt leer. Entsprechend schwer fällt die Selbstbehauptung, denn »ohne Wut kein Kampf«. Die inneren Bewerter sind in der Regel deutlich stärker nach innen gewendet als nach außen. Auch dieses Feld bleibt eher leer.
- Dann gibt es das Gegenteil, den »Cheftyp«. Der kann gut kämpfen, sich selbst beruhigen und auch seine Gefühle wegpacken, aber sich schlecht ein- oder gar unterordnen. Er (oder natürlich auch sie) fühlt eher Ärger als Verletzbarkeit. Das Feld für diese Emotionen bleibt oft leer. Selbstbehauptung liegt näher als Bindung. Entsprechend kann er oder sie sich auch schlecht anvertrauen. Die Bewertungen sind nicht nur nach innen, sondern auch deutlich nach außen gerichtet. Der Splitter im Auge der anderen fällt eher ins Auge als der Balken im eigenen. Im Zweifelsfalle sind erst mal die anderen schuld.
- Als Drittes findet sich der Typ »Elektro-Ingenieur« (oder heute vielleicht »Computer-Nerd«), der sich zurückziehen und selbst beruhigen, aber schlecht kämpfen oder sich unterordnen kann. Lieber werkelt er für sich alleine. Ihm (seltener auch ihr – Frauen sind einfach grundsätzlich sozialer orientiert und nutzen daher auch besonders ausgiebig die modernen sozialen Netzwerke) droht die Vereinsamung. Das Vertrauen in die Nähe zu anderen Menschen ist gering, aber es fehlt auch die (Wut-) Kraft zum Kämpfen. Das Interesse und die Erwartungen an andere Menschen sind klein. Entsprechend bleiben die Felder für die Unterordnung und das Kämpfen rechts und links leer.
- Zuletzt gibt es noch diejenigen, die auf der »Schuld-Wut-Wippe« sitzen. Das sind Menschen, die sich unter dem Ein-

fluss ihrer nach innen gerichteten Antreiber erst unterwerfen, doch irgendwann fühlen sie sich ausgebeutet und werden ärgerlich. Dann kippen die Bewerter nach außen, klagen die anderen an und es kann zu einem überkompensierenden Angriff kommen. Der ruft aber gleich die nach innen gerichteten Bewerter auf den Plan, die schimpfen: »Oh Gott, wie hast du dich wieder benommen!« Das daraufhin einsetzende Scham- oder Schuldgefühl lässt die Wippe wieder in Richtung »Unterordnung« kippen, bis der Person erneut die Galle überläuft. Das kann lange hin und her wippen! Den Betroffenen fehlt die Fähigkeit, ihre Gefühle auch mal wegzupacken oder sich selbst beruhigen zu können.

Sie sehen: Bei allen vier Fällen sind manche Bewältigungsmodi überrepräsentiert und andere zu schwach. Ich lade Sie herzlich ein, selbst zu überprüfen, welche Modi bei Ihnen eher stärker ausgeprägt sind und wo es »weiße Flecken« auf Ihrer Moduslandkarte gibt. Nehmen Sie dazu gerne die leere Moduslandkarte im Anhang.

Am besten kommt natürlich im Leben klar, wer das volle Spektrum an Verhaltensmöglichkeiten ausspielen kann. Sie wollen in Ihrem Auto ja auch nicht nur die ersten drei Gänge nutzen können. Wir werden noch genauer anschauen, was wir selbst tun können, um uns aus unseren Beschränkungen zu befreien. Das optimiert unsere Reaktionsmöglichkeiten. Aber damit die Krankenschwester kämpfen kann, müssen erst ihre inneren Bewerter entmachtet werden. Die verbieten ihr nämlich, wütend zu werden, und schneiden ihr damit den Weg zur gesunden Selbstbehauptung ab. Die Situation muss aus einer inneren Distanz neu bewertet und die Bewerter von innen nach außen umgelenkt werden. Wut muss erlaubt sein, denn ohne Wut kein Kampf! Die Wut ist sozusagen der Sprit in unserem Tank. Der Tank muss voll und dann auch noch der Ärgerausdruck erlaubt sein.

Umgekehrt muss der Chef realisieren, dass er verdammt einsam ist, wenn er die anderen immer nur fertigmacht. Er muss seine Einsamkeit wieder spüren, die er hinter den arbeits- (oder sonst wie) süchtigen Beschützern weggepackt hat. Er muss seine Bewerter auf sich selbst richten und sein eigenes Verhalten kritisch sehen. Dann wird er eher motiviert sein, auch mal zurückzustecken und seine Bedürfnisse hintanzustellen. Natürlich wird er sich nicht »unterordnen« wollen. Das können Sie von einem großen oder kleinen Chef nicht erwarten! Aber vielleicht ist er bereit, sich mal einzuordnen oder zu kooperieren, wie diese Qualität im linken Feld der oberen Reihe genannt ist. Selbst Ronaldo kann ein Spiel nicht alleine gewinnen. Er braucht jemand, der ihm den Ball zuspielt. Die »Expedition« zu den »weißen Flecken« der Moduslandkarte führt uns also zu den »Schätzen«, die wir brauchen, um uns weiterzuentwickeln.

Warum der Held in den dunklen Wald muss: Das Prinzip der Exposition

Uns geht es ähnlich wie den Helden in den Märchen: Die wollen auch nicht dahin gehen, wo es unangenehm ist. Aber die bereits erwähnten Gestalttherapeuten wissen es schon lange besser und sagen: Wo es wehtut, da geht es lang! Heute würde man vielleicht sagen: »No pain – no gain!« Dass sich niemand ohne Not mit seinen unangenehmen Gefühlen oder gar mit unangenehmen Erinnerungen aus der Kindheit auseinandersetzen mag, ist natürlich mehr als selbstverständlich. Wir haben unsere Bewältigungsreaktionen ja gerade deshalb entwickelt, damit es nicht mehr so wehtut. Damals war das das Beste, was wir tun konnten. Das Dumme ist nur, dass wir diese Bewältigungsmuster unbewusst immer weiter einsetzen und gar nicht merken, dass wir inzwischen auch anders reagieren könnten. Damit sitzen wir in der Lebensfalle. Was können wir tun, um aus einer solchen Falle herauszukommen? Wir müssen in der Vorstellung wieder in die Situation hineingehen und die Erfahrung machen, dass die Situation heute anders ausgehen kann. Dieses Vorgehen nennt man eine Exposition: Man setzt sich genau der Situation aus, vor der man Angst hat. Das ist im Märchen der dunkle Wald, in den keiner reinwill. Aber im dunklen Wald liegt die Lösung! Das wusste auch schon Johann Wolfgang von Goethe, der auf den Turm des Straßburger Münsters stieg, um seine Höhenangst selbst zu behandeln. Übrigens erfolgreich!

Was Goethe konnte, können Sie auch – zumindest, was eine Selbstexposition angeht. Wenn man das in kleinen Schritten macht, ist es gar nicht so schwer. Bevor es richtig losgeht und wir uns in die angstauslösende Situation hineinbegeben, machen wir uns zunächst unsere Befürchtungen und aktivierten Gefühle genau klar. In der Regel nehmen wir nur ein diffuses, ungutes Gefühl wahr. Wir können oft gar nicht genau sagen, wofür wir uns eigentlich fürchten, aber auf jeden Fall ist es etwas »ganz Schlimmes«! Dafür steht im Märchen der »dunkle Wald« mit den wilden Tieren, die einen bestimmt zerreißen. Der erste Schritt ist daher, sich dieses »Kopfkino« genau anzuschauen und die angedeuteten Gedanken wirklich zu Ende zu denken. Also z. B.: Du wirst ohnmächtig werden, du wirst völlig hilflos sein, du wirst vielleicht sterben. Wenn der Held sich nun in den Wald traut und den »Tieren« mit gutem Willen und vorurteilslos begegnet, zeigt sich, dass die Tiere gar nicht so schlimm sind. Was soll denn passieren, wenn wir ohnmächtig werden oder hilflos? Wenn man ohnmächtig wird, sinkt man in sich zusammen. Im Liegen fließt das Blut wieder vom Kopf in die Beine und wir wachen rasch wieder auf. Und Sterben? Ja, da hilft nur ein gewisser Fatalismus: Es kann Ihnen immer passieren, dass Sie sterben. Das kommt aber nicht wirklich oft vor, dass Menschen plötzlich sterben. Vor Angst übrigens schon gar nicht! Dafür schützen uns die bereits erwähnten »Notabschaltungen« in unserem Gehirn. Aber zugegeben: Ein gewisses Restrisiko bleibt. Doch das gehört zum Leben. Die meisten von uns steigen ja auch in ein Auto, obwohl dadurch jedes Jahr Tausende von Menschen sterben. Wir leben mit diesem Risiko, weil das Leben sonst deutlich weniger lebenswert wäre.

Wenn Sie Ihre Gedanken konkret benannt haben, begeben Sie sich ganz langsam und in kleinen Schritten in die Situation hinein. So langsam, dass Ihr Erwachsenenmodus mit den aufsteigenden Gefühlen Schritt halten kann – wie beim Bergsteigen immer auf den sicheren Halt achten. Erleben Sie sich bewusst wie zwei Personen: Der Kindmodus darf Angst haben. Der Erwachsenenmodus rückt die Dinge zurecht und beruhigt den Kindmodus, z. B.: »Das Herzklopfen ist Ausdruck der körperlichen Aktivierung. Wie beim Sport oder beim Sex. Da macht dir das Herzklopfen ja auch keine Angst. Wir gehen jetzt ganz langsam weiter. Wir haben keine Eile, aber ich bestimme in der Situation, nicht du!« Es ist wie beim Autofahren: Kinder kommen in den Kindersitz und der Erwachsene fährt. Wichtig: Die Angst muss nicht weg. Sie fahren nur *trotz* der Angst im Kindersitz weiter. Ruhig und gleichmäßig. Das ist der Schlüssel: Die Angst ist nicht das Problem, sondern wenn wir uns von der Angst lähmen lassen. Wir trennen daher konsequent die Gefühle vom Verstand und handeln aus dem Verstand heraus. Oder lassen Sie Ihre Kinder ans Steuer? Im schlimmsten Fall bleiben Sie stehen, aber Sie gehen auf keinen Fall einen Schritt zurück! Akzeptieren Sie das ängstliche Kind an Ihrer Hand und sagen Sie nicht: »Du brauchst keine Angst haben!« Doch, ein Kind darf Angst haben. Aber ein Erwachsener kann trotz Angst weitergehen. Das nennt man Mut.

Wenn Sie diese Trennung von Fühlen und Handeln geschafft haben und auf Kurs bleiben, passiert etwas ähnlich Spannendes wie im Märchen: Sie werden ruhiger! Als ob ein Bann gebrochen wäre. Und jetzt kommt Ihnen eine innere Kraft entgegen. Das sind im Märchen die helfenden Gestalten. Kennen Sie die Geschichte von Jim Knopf und Lukas dem Lokomotivführer? Dort verwandelt sich der Drache Frau Malzahn in den goldenen Drachen der Weisheit. Diese Wesen helfen dem Helden, seine

Aufgabe zu lösen. Die so gewonnene Kraft unterstützt uns im Alltag bei der Selbstbehauptung. Es geht also nicht darum, die Angst mit zusammengebissenen Zähnen auszuhalten. Das wäre wieder so eine »männliche« Lösung. Salopp sagt man im Volksmund manchmal: Was uns nicht umbringt, macht uns nur noch stärker oder: Nur die Harten kommen in den Garten! Das ist hier nicht gemeint.

Das Entscheidende bei der Exposition scheint vielmehr zu sein, dass wir jenseits unserer Befürchtungen unvoreingenommen neu hinschauen.[34] Also nicht mit den Augen eines ängstlichen Kindes, sondern mit denen eines wohlwollenden Erwachsenen. Im Märchen werden Figuren mit dieser unvoreingenommenen Haltung manchmal als »Dummling« beschrieben. Der ist aber nicht im eigentlichen Sinne »dumm«, sondern eher unvoreingenommen-naiv. Er schaut ganz neu hin. Das ist gewissermaßen das Gegenteil von »Augen zu und durch«. Es geht darum, trotz Angst besonnen zu handeln. Wenn wir den Mut haben, in die Situation hineinzugehen, können wir sehen, dass gar nichts Schlimmes passiert. So kann es sein, dass wir im Dunkeln einen Schatten für einen Menschen halten. Wenn wir mutig weitergehen, können wir entdecken, dass es sich nur um einen Busch handelt. Die Angst steckt in *uns*, nicht in der äußeren Situation. Der Wald ist gar nicht schlimm. Es sind unsere alten, unverarbeiteten Erfahrungen, die wir unkritisch auf den »Wald« projizieren. Die Tiere, vor denen wir Angst haben, leben nicht im Wald draußen, sondern in uns selbst. Die Angst kommt, weil wir im Kinderleben feststecken. Oder anders ausgedrückt: Wenn wir mit den Augen eines Erwachsenen in uns hineinschauen, finden wir keine schlimmen Tiere. Nur Gefühle, die kommen und gehen.

Die Ängste sind alt. Es sind die Ängste, die wir unverarbeitet aus der Kindheit in die Gegenwart mitgenommen haben. Wenn wir ihnen begegnen, verlieren sie ihren Schrecken. Dazu müssen wir aber in den »Wald« in uns eintreten.

Was machen Männer, wenn sie sich verfahren haben? Oder: Mehr vom selben hilft nicht weiter

Kennen Sie das Bonmot von Männern, die lieber stundenlang in der Gegend herumfahren, als jemanden nach dem Weg zu fragen? Ein etwas drastischeres Beispiel ist das Huhn, das immer wieder gegen den Zaun rennt, anstatt ein paar Meter weiter rechts oder links die Lücke im Zaun zu suchen. (Die männlichen Leser mögen mir diesen Bezug verzeihen!) Huhn und Autofahrer teilen die gleiche Strategie: Beide behalten den eingeschlagenen Lösungsweg stur bei und versuchen durch verstärkten Einsatz ihrer Kräfte, den »Durchbruch« zu erzielen. Sie können nicht aus ihrem einmal eingeschlagenen Lösungsversuch »aussteigen« bzw. loslassen. Aber eine »Lösung« hat eben auch manchmal mit sich lösen bzw. loslassen zu tun. Eben nicht automatisch »B« sagen! Warum fällt das gerade Männern (und Hühnern) so schwer? Bei den Hühnern liegt es unter anderem daran, dass ihnen die Stirnhirnregion fehlt, die man braucht, um einen einmal aktivierten Verhaltensimpuls bremsen bzw. unterbrechen zu können. Bei den Männern dürfte es eher das Testosteron sein.

Am Stirnhirn allein sollte es bei den Männern jedenfalls nicht liegen. Denken können sie ja grundsätzlich. Es liegt eher daran, dass zumindest manche Männer eine Grundtendenz haben, sich festzubeißen. Seit der Steinzeit sind sie auf Erfolg durch Vorwärtsgehen, Durchhalten, Sichdurchbeißen und Dranbleiben geeicht. Dabei hilft ihnen ihr Testosteron. Außerdem scheinen Männer häufiger auf »Kontrolle« und Dominanz hin sozialisiert zu sein als auf Bindung. Solange sie für diese Tugenden durch soziale Anerkennung belohnt werden, brennen diese sich weiter ein. Denken Sie nur an die vielen Action-Filme, in denen die Helden sich in scheinbar aussichtslosen Lagen »durchschlagen«. In der heutigen Zeit ist diese »Einzelkämpferhaltung« aber zunehmend out. Möglicherweise sind

Frauen daher inzwischen immer erfolgreicher. Es ist unter Umständen vernünftiger, seine eigenen Grenzen zu erkennen, den eingeschlagenen Lösungsweg zu verlassen und vielleicht sogar Hilfe anzunehmen. Das fällt vielen Männern schwer. Ist das einer der Gründe, warum relativ wenige Männer in eine Psychotherapie gehen?

Doch es sind nicht nur wir Männer, die dazu neigen, auf den alten Trampelpfaden weiterzulaufen. Nicht umsonst spricht man von »Bahnungen« in unserem Nervensystem, die uns immer wieder in eben solche alten Bahnen locken. Erst wenn wir buchstäblich oft genug gegen die Wand gelaufen sind oder die Herausforderungen durch gravierende Lebensereignisse (Krankheit, Trennung oder auch eine berufliche Beförderung) hoch genug werden, kommen wir an den Punkt, wo wir bereit sind, etwas Neues zu probieren oder uns sogar helfen zu lassen. Das ist dann der Unterschied zwischen Mensch und Huhn.

4.

Wie kann man aus Lebensfallen herauskommen? Vom guten Umgang mit Gedanken und Gefühlen

Sackgassen sind nach oben offen: Was ist eine Lösung »zweiter Ordnung«?

Was ist gemeint mit dem Satz: »Sackgassen sind nach oben offen«? Er bringt ziemlich genau auf den Punkt, was wir tun können, um aus Lebensfallen auszusteigen: Wir müssen zuerst einmal unseren Blickwinkel ändern, eine neue Perspektive einnehmen. Das ist ungewohnt und manchmal kommt man darauf nicht von alleine. Im Gegenteil: Unser Gehirn ist ja eben so aufgebaut, dass es eine starke Tendenz hat, sich selbst zu stabilisieren. Wenn man also seinen gewohnten Gefühlen und Gedanken vertraut, besteht die Gefahr, dass man auch nur zu den alten Lösungen gelangt und »mehr desselben« versucht. Die sog. Intuition basiert letztlich auf unbewusst verarbeiteten früheren Erfahrungen.[35]

Glücklicherweise ist uns Menschen (im Gegensatz zum Huhn) ein solcher Perspektivwechsel möglich. Gott sei Dank, möchte man sagen. Denn dadurch können wir neue Aspekte in unsere Lösungsversuche einbeziehen und »über unseren Schatten« springen. Wir können auch aus den Erfahrungen anderer Menschen lernen. Wir können in unserer Fantasie verschiedene Lösungen durchspielen und mögliche Konsequenzen erahnen. In unserem Stirnhirn befindet sich gewissermaßen ein kleines Labor zum Probehandeln. Hier sind wir – zumindest in einem gewissen Ausmaß – frei für »Gedankenspiele«. Diese innere Beweglichkeit steht im Gegensatz zu der »Versklavung« in den tieferen Hirnregionen. Hier ist der Ausgangspunkt für neue Lösungsentwürfe, die wir von »oben« durchsetzen können.

Diese neuen Lösungen fühlen sich anfangs allerdings oft ungewohnt und fremd an. Wir müssen uns daher nicht selten zu ihnen zwingen (so wie in den »dunklen Wald« zu gehen). Es ist nämlich nicht immer alles gut, was sich für uns so gut und vertraut anfühlt.

ÜBER INNERE PERSPEKTIVWECHSEL

Der größte Teil unserer neuronalen Prozesse wird von »unten« gesteuert, d.h. von den früh in uns angelegten Mustern (bzw. Attraktoren) aus. In der Synergetik sagt man ganz plastisch: Die Attraktoren »versklaven« die neuronale Aktivität. Wenn man also seinen spontanen Intuitionen folgt bzw. aus dem Bauch heraus handelt, wirken darin in der Regel die alten Attraktoren. Um aus den alten Bahnen herauszukommen, brauchen wir eine Haltung bzw. einen Blickwinkel in uns, der nicht versklavt ist. Eine solche Lösung »zweiter Ordnung« können wir finden, wenn wir wie von außen bzw. aus einer »höheren Warte« auf die Situation schauen.

Wenn Sie das nächste Mal irgendwo gedanklich oder gefühlsmäßig festhängen, stehen Sie doch einfach einmal auf und gehen ein paar Schritte auf und ab. Äußere Bewegung erleichtert innere Bewegung. Dann betrachten Sie die Situation wie einen Film. Sie sitzen im Zuschauerraum eines Kinos. Nehmen Sie dort Platz und betrachten den Film mit sich selbst in der Hauptrolle. Eine andere Möglichkeit ist, sich selbst wie aus den Augen eines anderen Menschen zu betrachten, z.B. eines guten Freundes. Für die eher technisch veranlagten Leser kann man auch sagen: wie durch eine Kamera. Manchen gefällt vielleicht das Bild der Vogelperspektive besser. In der Therapie benutzen wir oft das Bild eines »weisen Menschen«. Vielleicht gibt es eine – evtl. ältere – Person in Ihrem Leben, die Sie als »weise« empfinden. Schließen Sie die Augen, versetzen sich in diese Person hinein, schlüpfen Sie in deren Haut. Was denkt, fühlt, sagt sie in Bezug auf Ihre Situation? Oder stellen Sie sich einmal vor, was Ihre beste Freundin in dieser Lage an Ihrer Stelle machen würde. Manchmal hilft das weiter!

Die »Lügen« des Gefühls: Warum nicht alles, was sich gut anfühlt, auch gut ist

Es würde mich nicht wundern, wenn meine Empfehlung, lieber dem Verstand als dem Gefühl zu vertrauen, bei Ihnen auf Widerspruch stößt. Ich gebe zu, das ist eine etwas unpopuläre Position, die ich genauer begründen muss. Sie finden vermutlich – wie die meisten Mitmenschen –, dass es eine gute Idee ist, den eigenen Gefühlen zu vertrauen. Stimmt auch oft. So entscheiden sich Käufer eines Autos, die nur wenige Informationen und wenig Zeit zum Nachdenken haben, häufig richtig. Das ist wissenschaftlich untersucht.[36] Aber Bauchentscheidungen können auch trügen, denn zu viel Gefühl macht blind. Bevor wir uns weiter mit Emotionsregulation und Verhaltensveränderungen beschäftigen, möchte ich Sie daher auffordern, sich ein interessantes Phänomen bewusst zu machen:

Sie sind verliebt. Sie fühlen sich gut! Sie sind sich sicher, dass es Ihnen auch wirklich gut geht. (Ihre Freunde sind das nicht. Die denken, dass man mit Ihnen keinen vernünftigen Satz mehr reden kann, seit Sie verliebt sind. Aber die haben ja keine Ahnung und sind vermutlich nur neidisch.) Sie selbst sind sich auch ganz sicher, dass es diesmal der oder die »Richtige« ist. Außerdem wird es diesmal »für immer« sein, weil es »ganz anders« ist als die Male davor. Sie fühlen das doch ganz deutlich! Das ist ja auch der Stoff, aus dem die Liebeslieder gemacht sind, die wir so gerne hören. Aus medizinischer Sicht allerdings handelt es sich bei der Verliebtheit eigentlich um eine Art »Glückspsychose« bzw. eine »vorübergehende wahnhafte Störung«. Zugegeben, das sind harte Worte. Aber lachen Sie nicht, ich meine das ernst: Der Zustand der Verliebtheit zeigt tatsächlich wichtige Kriterien eines Wahns, z. B. die »abnorme Überzeugungsgewissheit« und »Unkorrigierbarkeit«: Die Betroffenen sind sich ohne weitere Überprüfung absolut sicher, dass ihre Einstellung stimmt, und weisen alle nicht passenden Informationen von sich. Sie sind »Sklaven« ihrer Hormone. Das kann sich erstaunlich gut anfühlen. Zumindest kurzfristig.

Denn ein paar Wochen später sieht das ganz anders aus: Die Beziehung ist zerbrochen und Sie sind verzweifelt. Sie schwören sich: »Nie wieder!« Sie sind sich dessen wieder genauso sicher. (Ihre Freunde weniger.) Billigen Trost dieser Freunde lehnen Sie ab, denn die haben ja keine Ahnung. Das war der Partner Ihres Lebens. Den trifft man nur einmal im Leben. So ein Glück kommt nie wieder. Das fühlen Sie doch ganz klar! Das ist der Stoff, aus dem guter Blues gemacht wird.

Es ist schon erstaunlich, wie sehr uns Gefühle an der Nase herumführen können. Nicht nur bei den »großen Gefühlen«. Auch schon beim Wetter. Wenn ein paar Tage schönes Wetter war, können wir uns kaum vorstellen, dass es je wieder schlecht werden könnte (und gehen ohne Schirm los, woraufhin es ganz sicher zu regnen beginnt. Entsprechend empört reagieren wir.)

Eine kritische oder sachlich-distanzierte Haltung den Gefühlen gegenüber ist nicht neu. Wie nützlich diese sein kann, ist bereits den Buddhisten vor 2500 Jahren aufgefallen, die auch die spontan auftretenden Gedanken mit einbeziehen. Daher sagen buddhistische Lehrer: Ein Gefühl ist nur ein Gefühl, es kommt und geht. Ein Gedanke ist nur ein Vorschlag.[37] Nur weil wir ihn denken, müssen wir ihn noch lange nicht glauben! Wie quälend allerdings hereindrängende Gedanken sein können, weiß jeder Mensch, der unter depressiven Grübelspiralen bzw. an Angst- oder Zwangsgedanken leidet. Das Bild der »Versklavung« bekommt da eine manchmal grausame Konkretheit. Seelische Gesundheit zeichnet sich dadurch aus, dass wir aus dem Sog der Gefühle oder der automatisch auftretenden Gedanken aussteigen können, wenn sie uns nicht guttun. Das ist nicht ganz einfach, aber das kann man üben! Genauso, wie man eine neue Sportart oder ein Musikinstrument lernt. Üben verändert das Gehirn – egal, was Sie üben. Und damit kann man auch aus den im Gehirn angelegten Lebensfallen aussteigen.

Nicht immer das tun, was sich vertraut anfühlt: Über kontraintuitives Handeln

Zugegeben: Automatisierte Prozesse in unserem Gehirn entlasten uns enorm. Stellen Sie sich doch einmal vor, Sie müssten bei jedem Schritt Ihre Muskeln bewusst bewegen! Sie kämen nicht weit. Die meisten Prozesse in uns laufen ohne unser bewusstes Zutun ab – und das ist auch gut so. Dies gibt uns den Freiraum, uns mit den wirklich wichtigen Entscheidungen zu beschäftigen. Wie in einem gut geführten Unternehmen, wo der Laden läuft, auch wenn der Chef nicht dauernd reinschaut. Aber wenn es kritisch wird, müssen wir die Fähigkeit haben, auf die Entscheidungsprozesse Einfluss nehmen zu können, gewissermaßen den »Autopiloten« abzuschalten. Das ist manchmal gar nicht so leicht: Die älteren Leser werden sich vielleicht noch an die Zeit erinnern, als es noch keine Antiblockiersysteme (ABS) im Auto gab. Was mussten wir da tun, wenn wir auf ein anderes Auto aufzufahren drohten? Genau: Wir machten eine »Stotterbremse«. Damit die Räder nicht blockierten und das Auto unlenkbar wurde, musste man immer wieder kurz den Fuß von der Bremse nehmen. Das war aber ungeheuer schwer, weil die Angst unseren Fuß wie gelähmt auf der Bremse festhielt. Man konnte das sogar in extra Trainings üben.

Vor ein paar Jahren zeigte ein noch dramatischeres Beispiel aus dem Verkehrssektor, dass es tödlich sein kann, wenn man automatisch handelt: Bei den Autos einer gewissen japanischen Marke war tatsächlich nichts unmöglich. Bei denen gaben die Motoren aus unerfindlichen Gründen plötzlich Gas, ohne dass die Fahrer auf das Gaspedal drückten. Man sprach von den »entfesselten Motoren«. Was passierte dann? Vor lauter Schreck traten manche Fahrer reflexartig auf die Bremse. Das half aber nicht, denn die Motoren zogen das Auto weiter und die Fahrer bremsten umso fester. (Sie erinnern sich an die Lösung erster Ordnung: mehr desselben?) Nach kurzer Zeit waren die Bremsen überhitzt und fielen aus. Das kostete einige Fahrer das Leben. Was hätten sie tun sollen? Ganz einfach: Sie hätten den Wählhebel ihrer Automatik auf »neutral« stellen und dann das Fahrzeug abbremsen müssen. Dann hätte vielleicht der Motor überdreht und wäre kaputt gegangen, aber das Fahrzeug wäre ohne Probleme anzuhalten gewesen. Die betroffenen Fahrer hätten gegen ihre Gewohnheit während der Fahrt den Gang rausnehmen müssen. Aus einem automatischen Programm aussteigen zu können, kann lebensrettend sein!

Zwei Seelen wohnen, ach, in meiner Brust! Was hat es mit »Kopf« und »Bauch« auf sich?

Viele von uns haben Schwierigkeiten, ihre ursprünglichen Gefühle überhaupt wahrzunehmen oder in Worte zu fassen. Das liegt daran, dass wir seit der Kindheit daran arbeiten, uns und unsere Umgebung zu bewerten und Zusammenhänge herzustellen. Wir – bzw. unsere im Hintergrund ablaufenden Denkprozesse – können gar nicht anders. Dadurch legt sich immer eine Schicht von verarbeiteten Gedanken und Bewertungen über unsere spontanen, grundlegenden Gefühle. Das entfernt uns aber von unserer emotionalen Basis, bei rational orientierten Männern trifft das wohl noch mehr zu als bei Frauen. Wenn ein Paar in Therapie kommt, kann sich das dann wie folgt anhören. Die Frau sagt: »Mein Mann versteht mich einfach nicht!« Worauf dieser erwidert: »Stimmt nicht. Ich kann jeden Satz wiederholen, den du gesagt hast!« Fragt man ihn nach seinen Gefühlen, antwortet er mit Gedanken, Erklärungsversuchen oder Handlungsimpulsen. Um unsere inneren Motive wirklich zu verstehen und damit erwachsen umgehen zu können, ist der Zugang zu der hintergründigen Ebene der Emotions- und Bewertermodi notwendig.

Man kann verschiedene Formen von Emotionen bzw. Gefühlen unterscheiden. Für uns ist es am interessantesten, die ursprünglichen, grundlegenden (basalen) Gefühle von denjenigen zu trennen, die durch die Einflüsse der Umwelt modifiziert (und damit auch verformt) sind. Um an die basalen Gefühle heranzukommen, ist es hilfreich, die Aufmerksamkeit nach innen auf den Körper zu lenken und sich zu fragen: »Was fühle ich in der Brust oder im Bauch?« Dafür haben wir meistens keine fertigen Antworten und mancher wird leicht irritiert sagen: »Hm, das ist eine gute Frage, keine Ahnung …« Durch diese Frage kommen wir aus den Denkautomatismen heraus in eine Haltung, die es ermöglicht, wirklich neu und interessiert hinzuschauen. Wir nehmen uns so ernst, wie gute Eltern ihr Kind ernst nehmen. Wir lernen, uns selbst (also den Emotionsmodus) wie ein liebevoller Erwachsener zu sehen und anzunehmen. Das hilft uns, uns von unseren inneren Bewertungsmodi zu distanzieren und uns selbst unsere Schwächen zu verzeihen.

Nicht selten kommen beim Blick nach innen zuerst Scham- oder Schuldgefühle ins Sichtfeld. Das sind keine basalen Emotionen! In ein Schuldgefühl geht bereits eine Bewertung mit ein. Da gilt es sehr genau aufzupassen. Dazu trennen wir das Schuldgefühl auf und fragen: »Was sagt denn die Stimme im Kopf, die das Schuldgefühl macht?« Aus der erlernten Emotion »*Ich* bin schuld« wird dann eine Innere-Bewerter-Stimme gemacht, die sagt: »*Du* bist schuld.« Dieses Aufteilen kann unterstützt werden, indem Sie diesen schuldauslösenden Teil auf einen eigenen Stuhl setzen, um ihn von dem ursprünglichen Gefühl wieder abzutrennen. Das mag zunächst befremdlich klingen, aber im Grunde spielt sich dieser Prozess beim Entstehen der Schuldgefühle in uns in umgekehrter Reihenfolge ab:

Wir reagieren zunächst aus der Tiefe unseres Körpers mit einer spontanen, basalen Emotion,[38] z. B. Freude oder Ärger. Für viele Menschen ist es schwer, diese erste ursprüngliche Gefühlsreaktion wahrzunehmen, da sie das oftmals bereits als Kind oder auch später »verlernt« haben. Aber diese spontanen, inneren Reaktionen bleiben zeitlebens erhalten. Es schiebt sich jedoch ganz schnell eine aus der Hirnrinde kommende, von den Bezugspersonen erlernte Bewertung darüber und verzerrt das ursprüngliche Gefühl. Wenn Sie jetzt auch für Ihre ursprüngliche Gefühlsseite einen Stuhl dazustellen, können Sie sich daraufsetzen und in sich hinein fragen: »Was macht das denn für ein Gefühl im Körper, wenn die Stimme sagt: ›Du bist schuld‹?« Viele von uns fühlen dann eine Last auf den Schultern, eine Enge in der Brust und manchmal auch einen Knoten im Hals oder einen Druck im Bauch. Der Last auf den Schultern entspricht der Vorwurf der Bewerter-Stimme. Die Enge in der Brust geht einher mit einem Gefühl der Angst. Im Druck im Bauch stecken blockierte Wutgefühle drin, die der Knoten im Hals nicht rauslässt. Letzteres wäre dann bereits das Körpergefühl für einen distanzierten Selbstschutzmodus. (Ich werde Ihnen später in einer Übung dieses Vorgehen genauer vorstellen, damit Sie es selbst ausprobieren können.)

Es ist erstaunlich, wie stark diese Körperrepräsentanzen zwischen uns Menschen übereinstimmen. Wir lernen solche Zuordnungen gleich mit dem Spracherwerb kennen. Das ist ein Teil des uns miteinander verbindenden »sozialen Gehirns«. Wir durchlaufen alle mehr oder weniger die gleiche »Mentalisierungsschule«.[39] Um sich klarer zu werden, welche basalen Emotionen hinter den zuerst wahrgenommenen Emotionen tatsächlich stecken, hilft uns die Wissenschaft. Der große Psychologe Paul Ekman, Fachmann für nonverbale Kommunikation, hat nämlich untersucht, welche Grundgefühle bei Menschen vorkommen: Es sind nur sechs![40] Und übrigens überall auf der Welt die gleichen. Die zeigen sich deutlich in unserem Gesichtsausdruck: Ängstliche, traurige, angeekelte, wütende, überraschte oder fröhliche Menschen sehen überall auf der Welt gleich aus. Das liegt daran, dass diese Reaktionen tief in unserem Körper angelegt sind. Diese emotionalen Basisreaktionen bleiben auch zeitlebens erhalten. Sie werden jedoch durch unsere Lernerfahrungen überdeckt, sodass wir sie oft gar nicht mehr wahrnehmen. Stattdessen fühlen wir im Bewältigungsmodus zunächst die durch die Erziehung veränderten, gewissermaßen »erlernten« Gefühle, wie z. B. Schuld, Scham, Hoffnungslosigkeit, aber auch Verachtung und Neid. Da stecken überall Bewertungen drin.

Um basale von erlernten Emotionen zu trennen, hilft eine einfache Frage: »Sind Sie mit diesen Gefühlen auf die Welt gekommen? Wie sieht die allererste, unbeeinflusste Reaktion eines Kindes aus?« Sozial vermittelte Emotionen entstehen erst durch den Einfluss der Bezugspersonen, die sich später als innere Bewerter in uns melden. Sie sind dadurch gekennzeichnet, dass sie sozusagen erst »gelernt« werden müssen. Daher kann man aus diesen Emotionen auch immer die Stimme der inneren Bewerter heraushören. Wollen Sie also die verinnerlichten Bewertungen von den ursprünglichen Gefühlen unterscheiden, hilft die Trennung »Was ist Kopf, was ist Bauch?« enorm.

Lebensfallen auflösen: Imaginationsübung zum Bewältigen alter Gefühle

Eine gute Technik, die Verbindung zwischen der Verstandes- und der Gefühlsebene zu stärken und die Ursprünge der Lebensfallen kennenzulernen, sind *Imaginationsübungen*. Mit etwas Geduld können Sie die folgende Übung auch für sich alleine machen. Sie sollten sich dabei aber in einem emotional stabilen Zustand befinden. Wenn Sie bereits wissen, dass es in Ihrer Biografie belastende Ereignisse gab, die Sie nicht wirklich bearbeitet haben, sollten Sie diese Übung nur in Begleitung eines Therapeuten machen. Es ist nämlich sehr wahrscheinlich, dass Sie dabei in genau diesen belasteten Situationen landen und dabei starke Gefühle auftreten. Das ist beim therapeutischen Einsatz dieser Übung ja auch beabsichtigt, denn so können diese Gefühle bearbeitet und aufgelöst werden. Für emotional stabile Menschen kann diese Übung eine interessante Selbsterfahrung sein und tiefgreifende Wirkungen haben. Sie machen die Übung sozusagen auf eigene Verantwortung.

Wenn Sie beginnen möchten, begeben Sie sich an einen Ort, an dem Sie für ca. eine halbe Stunde ungestört sind. Dann schließen Sie die Augen und wenden Ihre Aufmerksamkeit nach innen. Um zur Ruhe zu kommen, atmen Sie in den Bauch und fühlen, wie sich der Bauch beim Einatmen etwa einen Zentimeter nach außen schiebt. Es hilft am Anfang, wenn Sie eine Hand in Höhe des Nabels quer flach auflegen und gegen diese Hand atmen. Wenn Ihre Kleidung eng sitzt, lockern Sie sie. Sie sind ja allein. Ich werde Sie am Ende der Übung daran erinnern, sich wieder ordentlich anzuziehen.

Gehen Sie nun Ihre inneren Bilder der letzten Tage und Wochen durch und wählen Sie eine Situation, in der Sie auffällig stark emotional reagiert haben. Das sind genau die Momente, wo Schemata aktiviert waren. Vielleicht haben sich Menschen in Ihrer Umgebung über Ihre Reaktion gewundert. Dann ist es eine gute Stelle, um einzusteigen. Diese unerwartet starke Gefühlsreaktion zeigt an, dass Gefühle aus einer alten Schublade aktiviert wurden und sich daher nicht allein aus der Gegenwartssituation verstehen lassen. Die verstärkten Gefühle sind sozusagen der Kompass, der uns zu den Schemata in der Schublade führt. Alternativ können Sie auch eine länger zurückliegende Szene auswählen, die Sie immer noch stark beschäftigt und die Sie lebendig vor Augen haben.

Anleitung zu einer Imaginationsübung

Stellen Sie sich zunächst den Ort, an dem Sie sich während dieser Situation befinden, ganz genau vor. Was sehen Sie alles … Was hören Sie … Gibt es etwas zu riechen oder schmecken … Wie sind die Lichtverhältnisse … Wie ist Ihr Körpergefühl? Dann lassen Sie die Szene wie einen Film langsam wieder ablaufen. An welcher Stelle genau sind Ihre Gefühle am stärksten?

Begeben Sie sich in Ihrer Vorstellung in diesen Moment und nehmen Sie aufmerksam wahr, wie sich das in Ihnen anfühlt. Gehen Sie ganz nach innen, bis in den Körper hinein.

Dann lassen Sie die äußere Szene verblassen, bleiben ganz in den Gefühlen, lassen sich innerlich zurücktreiben in die Jugend- und Kindheitszeit und warten, bis Bilder aufsteigen, die zu diesem Gefühl passen. Oft sind das Szenen, an die Sie jahrelang nicht gedacht hatten und die Ihnen auch nicht besonders wichtig erscheinen. Wenn man Details der Szenen vergleicht, ergeben sich aber oft erstaunliche Übereinstimmungen. Die bei Imaginationsübungen aktivierten Hirnregionen stellen mehr als die sprachverbundenen Gedächtnissysteme auf eine bildhafte Weise Bezüge her. Dadurch kommen manchmal in Sekunden entsprechende Bilder auf, die sich sozusagen hinter den aktuellen Bildern »verstecken«. Jetzt können Sie erleben, dass hinter den gegenwärtigen Gefühlen eine alte Schublade steckt. Sie haben Kontakt zu dem verletzbaren Gefühlsmodus in Ihnen bekommen. Wir halten das Bild nun an. Egal, wie unangenehm es sein mag: Es kann nichts mehr passieren, das Bild steht. Und Sie haben die Fernbedienung in der Hand.

Zur *Auflösung der Lebensfalle* spüren Sie zunächst, was Sie als Kind in dieser Situation eigentlich gebraucht hätten und was andere Kinder vielleicht auch bekommen haben. Und nun machen Sie etwas Spezielles: Sie betreten jetzt als der erwachsene Mensch, der Sie heute sind, ebenfalls die Szene. Sie sind sozusagen in zwei Zuständen in dem Bild anwesend. Keine Sorge, in einer solchen Übung geht das! Können Sie sehen, wie und wo Sie in das stehende Bild hineinkommen? Und dann wechseln Sie aus der Perspektive des Kindes in die des Erwachsenen. Lassen Sie sich einen Moment Zeit dafür. Schauen Sie genau hin, was dort mit dem Kind geschieht. Welche Gefühle spüren Sie in sich aufsteigen? Es ist gut, wenn Sie jetzt neben Mitgefühl für das Kind auch Ärger auf die Personen spüren, die das Kind in diese Situation gebracht haben und so behandeln. Dieser Ärger zeigt die Aktivierung Ihres Selbstbehauptungssystems an und gibt

Ihnen die gesunde Kraft, für sich zu sorgen. Und jetzt als erwachsener Mensch können und dürfen Sie diese Kraft spüren und für das Kind einsetzen. So soll es sein!

Wundern Sie sich bitte nicht, falls Sie keinen Ärger spüren. Dann lauschen Sie in sich hinein, was Ihre inneren Bewerter in diesem Moment sagen. Vielleicht: Das Kind ist ja selbst schuld o. Ä. Bitte machen Sie sich klar, dass diese Bewerter Sie von dem Kind wegführen wollen. Wenn Sie den Bewertern glauben, verraten Sie das Kind und stellen sich auf die falsche Seite! Um den angemessenen, liebevollen Blickwinkel auf das Kind zu finden, wenden Sie daher einen Trick an: Stellen Sie sich doch bitte an der Stelle des Kindes in der Imagination Ihr eigenes leibliches Kind vor. Oder ein anderes Kind, das Sie sehr lieb haben. Was spüren Sie jetzt? *Das* sind die angemessenen, erwachsenen Gefühle! Erst wenn Sie Mitgefühl mit dem Kind und Ärger auf die verantwortlichen Bezugspersonen fühlen, können Sie dem Kind helfen und für es sorgen. Dieser Trick funktioniert übrigens deshalb so gut, weil wir wieder auf einen biologisch angelegten Reflex zurückgreifen. Alle Säugetiere verteidigen ihre Brut! Das dient der Arterhaltung.

Wenden Sie sich bitte zunächst an die Bezugspersonen von damals, um diese zu *entmachten*. Wenn diese abwesend sind, »beamen« Sie sie einfach herbei. In einer Imagination geht alles! Wenn Sie sich nicht stark genug fühlen, »pumpen« Sie sich auf drei Meter Größe auf. Sie können auch Waffen einsetzen oder Polizisten als Hilfe holen. Alles geht! Dann sagen Sie den Bezugspersonen die Meinung. Können Sie sehen, wie Sie das machen? Schauen Sie bitte auch genau hin, wie diese reagieren. Wenn sie keine Reue zeigen, ist das nicht schlimm. Es geht nicht darum, dass sich diese Menschen ändern. Es geht darum, dass *Sie* die Situation ändern und anders auflösen. Sozusagen den alten Film mit einem neuen Ende überschreiben. Wenn es sein muss, entfernen Sie die Person aus dem Bild, sodass sie nicht mehr wiederkommen kann. Wenn Sie das gemacht haben, spüren Sie bitte bis in Ihren Körper hinein, wie Sie sich jetzt fühlen. *Das* ist der kräftige Erwachsenenmodus in Ihnen. Falls sich in Ihnen Zweifel melden, sind das Ihre inneren Bewerter. Hören Sie genau zu, was die sagen, aber glauben Sie denen kein Wort! Merken Sie sich stattdessen deren Aussagen oder besser noch: Schreiben Sie sie auf. (Die brauchen wir noch, um sie später in Modusdialogen auf Stühlen zu entmachten.)

Nachdem Sie diese Aufgabe erledigt haben, wenden Sie sich bitte wieder dem Kind zu. Was fühlen Sie nun für das Kind? Wenn Sie liebevolles Mitgefühl spüren, können Sie mit der *Versorgung* des Kindes fortfahren. Wenn nicht, haben sich wieder Ihre Bewerter eingemischt. Dann nochmal genau hinhören und aufschreiben. Denken Sie sich zur Not wie vorhin ein eigenes oder ein anderes geliebtes Kind an dessen Stelle. Wir wollen wieder den Löwenmutterreflex nutzen. Folgen Sie anschließend Ihrem Gefühl und machen und sagen das, was dem Kind guttut. Können Sie sehen, wie Sie das tun? Dann wechseln Sie bitte in die Rolle des versorgten Kindes. Was brauchst du jetzt noch? An welchem Ort möchtest du jetzt am liebsten sein? Was möchtest du tun? Alles ist möglich. Sage es der Erwachsenen! Schlüpfen Sie wieder in die Perspektive der Erwachsenen und gehen Sie mit dem Kind zu Ihrer persönlichen »Villa Kunterbunt«. Wie fühlen Sie sich nun – auch im Körper? Wenn die Übung gut geklappt hat, spüren Sie sowohl den Erwachsenenmodus als auch den zufriedenen Kindmodus. So soll es sein. Dieser Ort ist übrigens auch Ihr »sicherer innerer Ort«. Sie können sich auch unabhängig von dieser Übung immer wieder dorthin begeben, um sich einen »Kurzurlaub« von Ihrem Alltag zu nehmen.

Für den letzten Schritt der Übung gehen Sie ganz in Kontakt mit diesem Gefühl in Ihnen, lassen den sicheren inneren Ort verblassen und »blenden« dann ganz langsam das Bild der Szene auf, in der Sie vorhin eingestiegen sind. Aber bitte so langsam, dass Sie das veränderte Gefühl in sich aufrechterhalten können. Wenn Sie in der Ausgangszene angekommen sind, versuchen Sie mit diesem kräftigeren Gefühl auch dort, die Situation zu einem besseren Ende zu bringen. Hier sollte die

Lösung aber realistisch sein. Vergleichen Sie am Ende der Übung Ihr Gefühl jetzt mit dem am Anfang, als Sie zum ersten Mal in die Situation hineingegangen sind. Zum Schluss können Sie versuchen, Ihre Erfahrung in einem griffigen Merksatz zusammenzufassen, z. B.: »Heute kann ich mich wehren« oder: »Heute kann ich Hilfe holen«. Dann machen Sie die Augen wieder auf, strecken sich und kommen in Ihrem Tempo wieder an den Ort zurück, an dem Sie sich befinden. (Und vergessen Sie nicht, Ihre Kleidung ggf. wieder zu richten.)

Eine Kurzanleitung zum Herauskopieren finden Sie im Anhang. Eine Audio-Anleitung finden Sie unter https://schematherapie-frankfurt.de/index.php/materialien-3/uebungsanleitungen. Sie können diese Übung mehrmals machen, sowohl mit einer Situation als auch mit verschiedenen. Sie können dabei verschiedene Lösungen durchspielen und den Film sozusagen mehrmals überschreiben. Durch diese Übung bekommen Sie einen lebendigen Zugang zu den schemaauslösenden Situationen Ihrer Kindheit und besseren Kontakt zu Ihren untergründigen Gefühlen. Außerdem werden durch das Überschreiben mit der Entmachtung und der Versorgung neue Lösungsschemata aufgebaut, mit denen Sie reale Alltagssituationen besser lösen können. Zudem haben Sie Ihren inneren sicheren Ort kennengelernt, der auf Ihren Besuch wartet. Eine Anmerkung noch: Es ist sinnvoll, erst zu entmachten und dann das Kind zu versorgen. Das Kind soll sehen, wie kompetent Sie im Erwachsenenmodus sind. Dann vertraut es Ihnen auch.

Achtsamkeit ist nicht alles, aber ohne Achtsamkeit ist alles nichts

Wir haben gesehen, wie wichtig es für einen Veränderungsprozess ist, neu und unvoreingenommen hinzuschauen und nicht fertigen Gedanken- und Gefühlskonserven auf den Leim zu gehen. In einer Imagination kann man die Ursprünge dieser automatisierten Reaktionen kennenlernen und die Kraft aufbauen, aus diesen auszusteigen. Dazu müssen wir zunächst lernen, fertige Gedanken bzw. Denkautomatismen von einer bewusst geführten, neuen Denktätigkeit zu unterscheiden. Aus dem Buddhismus entlehnt kann man für diese andere Art der Wahrnehmung und Bewusstheit das Wort »Achtsamkeitshaltung« verwenden. Versuchen Sie doch einmal aus dieser Haltung heraus, mit einem ruhigen inneren Blick auf alles zu schauen, was als Gefühl, Gedanke oder Handlungsimpuls in Ihnen auftaucht, ohne sich davon in den Bann ziehen oder festhalten zu lassen. Sie bleiben innerlich ein freundlich-distanzierter Beobachter.

ÜBER DIE ACHTSAMKEITSHALTUNG

Gedanken und Gefühle können uns sehr quälen, etwa bei Ängsten, Zwängen oder Depressionen, und es scheint uns dann manchmal, dass wir diese Gedanken nicht abstellen können. In der Achtsamkeitshaltung erleben wir, dass das, was wir denken, nicht das ist, was wir sind. Es gibt uns auch noch jenseits unserer Gedanken, die üblicherweise wie ein nicht enden wollendes Tonband plappern und unsere Aufmerksamkeit auf sich ziehen. Wir haben in uns sozusagen eine Parallelspur entdeckt. Wenn wir uns in unserem Bewusstsein als innerer Beobachter erleben, sind wir »da«, auch wenn wir den Gedanken loslassen. Unser Alltagsbewusstsein erlebt sich immer in irgendwelchen Gedanken. Wir können praktisch nicht nichtdenken. Rasch fällt uns der Philosoph Descartes ein: »Ich denke, also bin ich.« Innere Anwesenheit in Gedankenruhe kennen die meisten Menschen nicht. Sie wird in Meditationen geübt und kann ein Gefühl von Zentrierung und Ruhe entstehen lassen.[41]

In der Vipassana-Meditation übt man sich als innerer Beobachter der eigenen Gedankeninhalte. Man sieht, wie die Gedanken kommen und gehen, aber bleibt so gut als möglich unbeteiligter Beobachter: wie ein Passant, der Autos vorbeifahren sieht. Dieser ruhige, nichtwertende Blick, das ist eine freie Denktätigkeit. Wir können aus dieser Beobachterperspektive einen auftauchenden Gedanken bemerken und ihn sofort wieder loslassen, bevor er sich so richtig in unserem Bewusstsein festgesetzt hat. So entsteht der Raum für einen neuen Gedanken, der auch nicht lange auf sich warten lässt. Das innere Auge kann sehen, wie sich ein Gedanke nach dem anderen ins Bewusstsein schiebt, ein endloses Kommen und Gehen. Gerade zu Beginn drängen die Gedanken förmlich in das Bewusstsein, erst nach einer Weile lässt der Druck nach. Aus dieser Zentrierung lässt sich dann die Aufmerksamkeit auf einen selbst gewählten positiven Inhalt lenken, z.B. eine beruhigende Erinnerung oder das Bild eines »sicheren Ortes«. Am Ende der Imaginationsübung weiter vorne in diesem Kapitel haben Sie einen solchen sicheren Ort kennengelernt.

Doch auch ohne Meditation gibt uns die Erfahrung, dass wir nicht all unseren Gedanken folgen müssen, innere Freiheit und mehr Gelassenheit. Wir erleben uns innerlich doppelt: »Ich **habe** Angst, aber ich **bin** nicht Angst!«[42] Auf der Ich-Ebene entdecken wir ein neues, stabiles Existenzgefühl, unabhängig vom Kommen und Gehen der Gedankeninhalte. Und Achtsamkeit zeigt uns: **Alle** Gedanken und alle Gefühle kommen und gehen, zumindest wenn ich nicht daran hafte. Leider auch die angenehmen! Das Gute ist: Niemand kann uns zwingen, ein Gefühl oder einen Gedanken zu haben. Oder wie die Buddhisten sagen: Sie müssen einen Gedanken nicht denken. Genauer gesagt: Wir können zwar nicht verhindern, dass schwierige Gefühle oder Gedanken in uns auftauchen. Doch wenn wir sie bemerken, können wir aktiv entscheiden, ob wir sie loslassen und wie Blätter auf einem Fluss oder Wolken am Himmel vorüberziehen lassen wollen. Schon Martin Luther sagte: »Dass die Vögel der Sorge und des Kummers über deinem Haupt fliegen, kannst du nicht ändern. Aber dass sie Nester in deinem Haar bauen, das kannst du verhindern.«

Wenn Sie also von immer wiederkehrenden Grübel- oder Angstgedanken gequält werden, können Sie es ja einmal mit einer der Übungen versuchen, die im Kapitel 7 beschrieben werden. Der Ausgangspunkt all dieser Übungen ist es, zunächst die achtsame Haltung des inneren Beobachters einzuüben, damit wir überhaupt merken, dass wir grübeln. Die meisten Grübler denken, sie könnten mit dem Grübeln Probleme lösen oder dadurch die immer wiederkehrenden Angstgedanken beruhigen. Dem inneren Beobachter zeigt sich rasch, dass dennoch stets die gleichen Gedanken auftauchen – von wegen »Problemlösung«! Es handelt sich schlicht um automatisierte Gedanken, die *uns* denken, und nicht um gerichtetes Denken oder sachliche Klärung. Der erste Schritt ist daher die aus der achtsamen Beobachtung gewonnene gelassene Distanz zu diesen Gedanken. Aus der so entstehenden inneren Beweglichkeit können dann neue Lösungen eingeleitet werden.

Über den Wolken muss die Freiheit wohl grenzenlos sein: Wie kann ich die Perspektive wechseln?

Nun: Im Grunde ist die Freiheit in unserem Denken tatsächlich grenzenlos. Wir können buchstäblich alles denken, wenn wir uns innerlich beweglich genug machen, also uns von unseren vertrauten Denkgewohnheiten lösen. Sonst wäre ja Lernen gar nicht möglich. Beim Lernen vollführen wir neue Denkbewegungen und bilden dabei neue Gedankenformen. Das ist zwar anstrengend, bereichert aber unsere innere Welt.

Tatsächlich ist unser Gehirn ungeheuer aktiv, wenn wir etwas Neues lernen, und verbraucht dabei sehr viel Sauerstoff. Nicht umsonst wird 20 % des vom Körper aufgenommenen Sauerstoffs im Gehirn verbraucht, obwohl es nur mit zwei Prozent

BEISPIELE FÜR »INNERES AUSSTEIGEN«

Wer beispielsweise eine Sirene hört, will spontan aufspringen. Aus einer inneren Distanz können Sie sich sagen: »Moment, das kann auch ein Probealarm sein. Mach erst mal langsam.« Oder Sie gehen auf den Dachboden und halten Ihren alten Mantel, der dort zum Lüften hängt, für ein Gespenst (oder einen Einbrecher). Lachen Sie nicht: Sie müssen nur genug Horror- oder Kriminalromane lesen und Ihr Gehirn wird Ihnen diese Interpretation anbieten. Sie wissen doch: Man sieht, was man kennt, und man projiziert seine innere Welt nach außen. Aus einer kritischen Distanz können wir diese Verknüpfungen wieder auflösen. Wir blicken wie von außen auf unsere Gedanken und Gefühle und können uns fragen, was wohl unser bester Freund dazu sagen würde (oder jemand mit viel Lebenserfahrung oder Weisheit). Wir wechseln bewusst die Perspektive und schauen durch die Augen eines anderen Menschen auf die Situation. Stellen Sie sich einmal vor, was passieren würde, wenn Sie bei einem Streit mit Ihrem Partner sich wirklich von Ihrer Sicht der Dinge lösen und die Situation aus seinen Augen betrachten? Oder wenn die eine Konfliktpartei sich wirklich in das Erleben der anderen hineinversetzte? Vermutlich hätten wir weniger Streit und kriegerische Auseinandersetzungen. Üblicherweise hängen wir jedoch alle in den einmal gefundenen Bahnen fest. Dafür zahlen wir einen hohen Preis.

zum Körpergewicht beiträgt. Von dieser Anstrengung können wir etwas spüren, wenn wir uns beim Lernen »den Kopf zerbrechen«. Dafür wachsen die Hirnregionen, die wir trainieren. Die Energie wird in Gehirnstruktur umgesetzt. Neues zu lernen erweitert das Bewusstsein und baut neue Körperstrukturen auf.[43] Unsere Handlungsmöglichkeiten sind komplexer geworden.

Die so gewonnenen neuen Erfahrungen helfen uns, den Kopf über die Wolken zu heben und bislang unbekannte Lösungsmöglichkeiten für unsere Probleme zu entdecken. Wenn wir über eine Achtsamkeitshaltung erst einmal Abstand zu unseren Gefühlen und Gedanken verspüren, können wir diese neu bewerten. Wir können prüfen, was ihre langfristigen Konsequenzen sind, ob sie unsere Grundbedürfnisse wirklich befriedigen, wie sie sich zu unseren Werten und Zielen verhalten. Hier können wir den Gang wechseln.

Für eine solche Neubewertung werden auch Unternehmensberater von außen in die Firma geholt, damit eine unbefangene Bestandsaufnahme und Neubewertung erfolgen kann. Das Dumme ist, dass dem Auftraggeber das Ergebnis oft nicht gefällt und die Berichte in der Schublade verschwinden. Auch hier: Veränderung ist anstrengend. Da muss es uns schon ganz schön schlecht gehen, dass wir unsere Trampelpfade (und Lebensfallen) verlassen. Aber über den Wolken, da wäre die Klarheit da …

Weniger ist manchmal mehr: Die »emotionale Drehmomentkurve«

Was macht es uns denn so schwer, die Dinge mit einem »kühlen Kopf« zu betrachten? Die Formulierung weist uns bereits den Weg. Je erhitzter unser Gemüt ist, umso mehr wird unser Denken und Verhalten von den Gefühlen gesteuert. Wir folgen dabei dem Motto: Wenn ich Angst habe, muss es gefährlich sein.[44] Die meisten Menschen vertrauen ihren Gefühlen stärker als ihrer kritischen Wahrnehmung. Bei einer Zwangspatientin kann es z. B. passieren, dass sie hinter sich die Tür ins Schloss fallen hört. Sie traut jedoch nicht ihren Sinnen, sondern lässt sich von ihren Gedanken irritieren, die sagen: Ja, aber es könnte Dreck in der Türritze stecken, der verhindert, dass das Schloss richtig einrastet. Mit dieser Art des Denkens kommen Sie in Teufels Küche, denn so können Sie sich alles zusammendenken. Und genau das tun Angst- oder Zwangspatienten und erschrecken dann vor ihren eigenen Gedanken. In dieser Art des Denkens finden wir keinen Halt. Da helfen nur kritische Distanz und die bedingungslose Einnahme einer Außenperspektive. Das Problem ist nur: Je aufgeregter und angespannter wir sind, umso weniger können wir in dieser klaren und sachlichen Weise denken. Der klare Kopf gerät buchstäblich »unter Wasser«. Der Verstand ertrinkt in den Wogen der Emotion.

Aus einer emotionalisierten Situation heraus sollte man keine wichtigen Entscheidungen treffen. Weder sollte man aus einer Verliebtheit sein Vermögen übertragen, noch sich aus einer depressiven Krise heraus umbringen (oder sonst wann!). Daher müssen Ärzte depressive Patienten notfalls einweisen, denn nachher bewerten diese die Situation anders und die allermeisten bereuen ihre Suizidversuche. Auch in weniger dramatischen Momenten sollten wir uns erst einmal selbst beruhigen, um wieder mit klarem Kopf Lösungen zu finden.

Ein nettes Beispiel dazu finden Sie in dem Lied von Herbert Grönemeyer »Womit habe ich das verdient?«, als er auf seinen Nebenbuhler trifft und sagt: »Meine Faust will unbedingt in sein Gesicht – und darf nicht!«. Ohne ein Minimum an Achtsamkeit hätte er zugeschlagen.

DAS »TOLERANZFENSTER« BEI DER EMOTIONSREGULATION

Geraten wir in Panik, handeln wir sprichwörtlich »kopflos«. Unsere Fähigkeit, vernünftig zu denken, verhält sich wie die Drehmomentkurve eines Automotors: Bei niedriger Drehzahl (sprich Anspannung) strengen wir uns nicht an, und die Gedanken dümpeln so vor sich hin. Am klarsten können wir denken, wenn wir eine mittlere Anspannung und entsprechende Motivation erleben. Geraten wir unter Stress, fällt die Denkleistung wieder ab und das automatische, »bauchgesteuerte« Denken dominiert. Von daher ist es wichtig, dass wir uns zunächst »abregen«, bevor wir ein Urteil fällen.[45]

Setzen Sie sich doch mal bitte mit sich selbst auseinander! Dialoge auf mehreren Stühlen

Fühlen Sie sich manchmal verwirrt und innerlich hin und her gerissen? In solchen Situationen ist es hilfreich, aus der Not eine Tugend zu machen. Wenn also wieder einmal »zwei Seelen in Ihrer Brust wohnen«, dann trennen Sie diese beiden siamesischen Zwillinge doch einfach einmal auf, indem Sie sie auf zwei getrennte Stühle setzen. Bitte nicht erschrecken: Das hat mit Schizophrenie nichts zu tun. Wir tragen alle in unserem Gehirn Repräsentationen für ganz verschiedene Erlebenszustände in uns, die zunächst nicht miteinander verbunden sind. Wir sind also alle in uns »viele Personen« (oder zumindest Erlebenszustände). Das ist ja gerade die neurobiologische Grundlage des Modusmodells. Unser Gehirn muss sozusagen immer dafür arbeiten, dass wir uns als einheitliche Person erleben.[46] Um einen inneren Zwiespalt aufzulösen und einen klaren Blick auf sich selbst zu bekommen ist es hilfreich, die inneren Anteile tatsächlich auf zwei Stühle zu verteilen. In der Schematherapie nennt man diese Technik »Modusdialoge mit mehreren Stühlen«. Wie geht das?

Es handelt sich um eine Therapietechnik, bei der verschiedene innere Anteile ganz buchstäblich auf jeweils einem eigenen Stuhl »auseinandergesetzt« werden. Besonders geeignet ist die Methode, um die emotionalen Kindmodi und die inneren Antreiber und Bewerter klarer zu sehen. Es wird sozusagen ein äußerer Ort für einen inneren Prozess geschaffen. Wenn die beiden Teile in uns »ineinander purzeln«, sind wir blockiert. Es ist, als würden wir beim Autofahren Gas und Bremse gleichzeitig treten: Dann geht gar nichts mehr. Also trennen wir das zuerst einmal. Dadurch werden die einzelnen Modi im Hintergrund deutlicher erlebbar und man kann gezielt mit ihnen arbeiten. So entsteht Raum für ein tieferes Verständnis und etwas Neues.

Wenn Sie diese Übung lesen, wird sie Ihnen vielleicht kompliziert oder künstlich vorkommen. Das ist normal, denn so etwas machen wir ja im Alltag sonst nicht. Ich würde mich freuen, wenn Sie nicht Ihrer Selbstbehauptungstendenz folgend die Übung gleich entwerten. Schöner wäre es, wenn Sie etwas mehr das neugierige Kind in sich hervorholen könnten und sich einfach einmal darauf einlassen. Oder sogar die Übung mit einer harmlosen Situation ausprobieren, z. B.: Soll ich das Stück Kuchen noch essen oder nicht? Im Vergleich mit der im vorigen Kapitel beschriebenen Imaginationsübung ist diese Übung auch weniger emotional belastend bzw. »sicher«. Diese Übungen sind sehr hilfreich, um ein tieferes Verständnis für das eigene Innenleben zu gewinnen, um sich innerlich zu entkrampfen und wieder beweglich zu werden. Daher meine Bitte, sich nicht zu schnell abschrecken zu lassen, nur weil es erst einmal ungewöhnlich klingt.

Anleitung für eine Dialogübung auf mehreren Stühlen

Fangen wir also einfach an. Wann immer Sie in einem blockierten oder innerlich zerrissenen Zustand sind, befinden Sie sich in einem Bewältigungsmodus. Konkret lockt Sie vielleicht gerade ein Stück Kuchen. »Soll ich oder soll ich nicht?« Dann können Sie das ja einmal ausprobieren. Sie setzen sich auf einen bestimmten Stuhl, der für Ihren momentanen Zustand steht (Schritt 1 in Abb. 5). Wichtig ist zunächst nur, dass Ihr innerer Beobachter so klar ist, dass Sie sich sagen können: »Okay, du bist jetzt hin und her gerissen.« Das ist aber lediglich die »vordere Bühne«, die auf den ersten Blick sichtbar ist. Wir werden jetzt mal schauen, was auf der »hinteren Bühne« eigentlich los ist. Das Bewusstsein, dass der aktuelle Zustand nicht »absolut« ist, sondern dass es ein »Dahinter« gibt, ist schon der erste Schritt raus aus der Lebensfalle.

Dann fragen Sie sich bitte in einem inneren Zwiegespräch (so als würden Sie mit einer anderen Person sprechen), welche Bewertungen im Moment aktiv sind, vielleicht: »Wenn ich das

Stück Kuchen esse, werde ich mindestens ein halbes Kilo zunehmen!« (Stimmt zwar nicht, aber so fühlt es sich an.) Oder Sie hören je nach Situation, die Sie gewählt haben, etwas wie: »Ich muss funktionieren« oder: »Ich darf keine Schwächen zeigen« oder: »Ich muss machen, was die anderen erwarten, sonst mögen die mich nicht mehr (oder der Chef schmeißt mich raus).« *Das* sind Ihre inneren Bewerter!

Besonders spannend ist nun, mit diesen Innere-Bewerter-Modi weiterzuarbeiten. Dazu stellen Sie in der gleichen Anordnung wie auf der Moduslandkarte einen Stuhl rechts hinter dem Bewältigungsmodus auf, von vorne (bzw. unten) gesehen. Denken Sie jetzt bitte nicht: »So ein Quatsch. Das ist doch Kinderkram.« Das finden unsere Patienten in der Therapie zwar anfangs auch manchmal. Aber wenn wir sie dafür gewinnen, es einfach einmal auszuprobieren, gibt es große Aha-Effekte. Vorher kritisieren ist Vermeidung (also ein distanzierter Selbstschutzmodus). Wenn Sie es ausprobiert haben, dürfen Sie gerne Kritik üben. Aber nicht vorher. Einverstanden? Also los. Es sieht ja keiner! (Die Anordnung der Stühle und die hier beschriebene Bewegung ist zur besseren Übersicht in drei Schritten in Abb. 5 dargestellt.)

Gegenüber dem Stuhl des Inneren Bewerters, also links hinter den Bewältigungsmodus, stellen Sie einen Stuhl für den Kindmodus mit den basalen Emotionen. Den Bewältigungsstuhl können Sie jetzt rausnehmen (Schritt 2). Dann setzen Sie sich auf den Bewerterstuhl. Von dort aus sprechen Sie die Bewertungen in direkter Rede zum Kindstuhl gerichtet hin aus, jetzt jedoch nicht in Ich-Form, sondern in Du-Form (Schritt 3). Aus »Ich muss funktionieren« wird dann »Du musst funktionieren«. Und aus »Wenn ich nicht mache, was die anderen wollen, werde ich abgelehnt« wird: »Wenn *du* nicht machst, was die anderen wollen, wirst *du* abgelehnt!« Sie übersetzen das einfach ganz mechanisch. In unserem Beispiel: »Wenn du das Stück Kuchen isst, wirst du fett (und damit auch hässlich). Dann bist du unattraktiv!«

Ablauf des Stühle-Dialogs in der Übersicht

1. Bewältigungsmodus (Bew.-Modus) erkennen, inneren Bewerter (Inn. Bew.) raussetzen
2. Stuhl für den Bewältigungsmodus rausnehmen
3. In der Stimme des inneren Bewerters zum verletzbaren Kind (VK) sprechen
4. Aufstehen, andere Perspektive finden (z.B. im Selbstgespräch mit dem besten Freund, BF)
5. Wut spüren, sich auf Stuhl für das wütende Kind (WK) setzen und von dort
6. Den inneren Bewerter entmachten
7. Mit neuem Gefühl auf Erwachsenenstuhl setzen
8. Von dort aus wütendes Kind beruhigen, verletzbares Kind versorgen

Schritte 1 bis 3

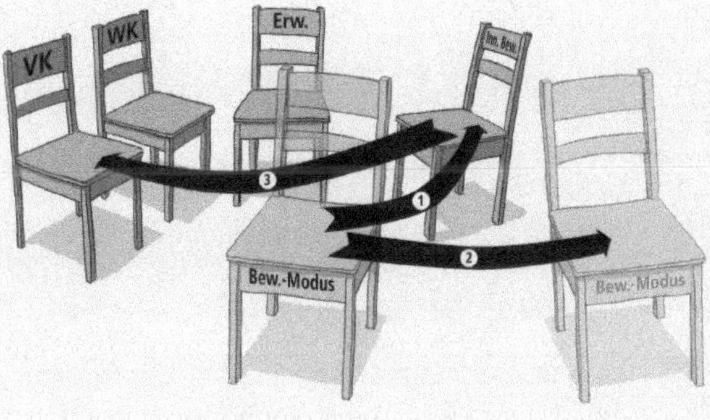

Abb. 5: Ablauf des Stühledialogs

Abb. 5: Ablauf des Stühledialogs

Wenn Sie sich darauf wirklich einlassen, kommt manchmal eine erschreckende Brutalität und Lieblosigkeit zutage, z. B.: »Am besten wäre es, wenn du ganz weg wärst. Diese Verletzbarkeit ist doch ekelhaft. So jemanden kann man nicht mögen. Du bist sowieso zu blöd, diese Prüfung zu schaffen. Aus dir wird nie was.« In unserem Kuchen-Beispiel vielleicht: »Wenn du fett und unattraktiv bist, wird dich keiner mögen und am Ende werden sich alle von dir abwenden und du wirst alleine sein.« Im Hintergrund bewegen sich in uns oft solche »katastrophisierenden« Gedanken.[47] Diese »Stimmen im Kopf« sind letztlich der Niederschlag von Aussagen, die wir als Kind vielleicht wirklich gehört haben: »Wenn du dick bist, findest du nie einen Mann«. Oder: »Siehst du die Dicke da? Mann, ist die hässlich. Das sieht ja ekelhaft aus!« Ein Kindergehirn speichert das alles.[48] Und später können sich diese eingebrannten Sätze als Stimme unseres inneren Bewerters gegen uns wenden.

Vielleicht hören wir auch etwas wie: »Diese Wut ist gefährlich. Das muss weggesperrt und bestraft werden. Das darf man keinem Menschen zeigen! Du musst weg. Am besten bringst du dich um!« Oder bezogen auf das Kuchen-Beispiel: »Mein Gott, wie kannst du nur so gierig sein. Du bist ja wie ein Tier! Ekelhaft!« Diese Dinge müssen in der Kindheit nicht unbedingt explizit gesagt worden sein. In manchen Familien gibt es unausgesprochene Bewertungen, die trotzdem wirken, etwa durch Gesten oder Blicke. Eine depressive Mutter muss gar nichts laut sagen. Ihr leidender Blick sagt stumm: »Bitte gehe mir nicht auf die Nerven. Kümmere dich um dich selbst und belaste mich nicht!« Oder auch das Gegenteil: »Kümmere dich um mich. Du musst mir helfen.« Das sitzt!

Nachdem die Bewertungen ausgesprochen wurden, wechseln Sie auf den Kindstuhl und spüren, welches Gefühl diese Stimmen in Ihnen auslösen – bis in den Körper hinein. Wird es eher eng in der Brust? Das wäre der verletzbar-ängstliche Kindmodus. Bildet sich eher ein Druckgefühl im Bauch? Das könnte ein ärgerlicher Kindmodus sein, der sich gegen diese Bewertungen wehren möchte. Es kann helfen, für diese beiden Pole zwei Kindstühle dicht nebeneinander hinzustellen, um diese Gefühle getrennt spüren zu können. Lassen Sie sich Zeit, die Emotionen in Ihnen aufsteigen und sich ausbreiten zu lassen, auch oder gerade, wenn diese unangenehm sind. Wenn Sie merken, dass Sie weinen müssen, dann lassen Sie es zu … Versuchen Sie, aufkommenden Verboten oder Drohungen (»So darfst du nicht fühlen«) nicht zu folgen, sondern sich ganz dem Gefühl hinzugeben.

Für eine wirkliche Selbsterfahrung ist es wichtig, dass alle Emotionen der Kindseite auftauchen dürfen, also auch Ärger oder Ekel (der zeigt sich seelisch eher in »Genervtsein«). Sie geben uns Lebendigkeit und Kraft zur Selbstbehauptung. Widmen Sie sich daher dem Gefühl des Ärgers und lassen Sie ihn stärker werden. Vielleicht taucht der Impuls auf, zu treten oder zu schreien, lassen Sie auch das zu. Es sind nur Gedanken und innere Bilder. Die machen nichts kaputt und tun niemand weh. Es weiß niemand. Aber für Sie kann es befreiend sein, die Gedanken einmal laufen zu lassen und zu *merken*, dass nichts passiert. Menschen neigen auch im Erwachsenenalter nicht selten noch zu magischem Denken: »Wenn ich dem anderen etwas Schlechtes wünsche, dann passiert das auch.« Mit etwas Abstand betrachtet können Sie rasch erkennen, dass das Aberglaube und Unsinn ist. Doch wenn man es nicht erlebt, können einen solche Reste von Aberglauben ganz schön lähmen! Menschen, die von ihren aggressiven Gefühlen abgeschnitten sind, fühlen sich daher oftmals auch lust- und kraftlos. Das ist z. B. bei Depressionen oder Schmerzstörungen ohne fassbare körperliche Ursache der Fall. Für diese Menschen ist es besonders wichtig, über die Gefühle von Verletzbarkeit an ihre früher verbotenen Ärger- oder sogar Wutgefühle heranzukommen. Erweitert man den inneren Gefühls- und Erlebensraum auch um solche Gefühle, ist das so, als wenn sich eine zusammengedrückte Blechdose von innen wieder entfaltet.

Anfangs sind viele von uns derart mit der Stimme der Bewerter identifiziert, dass wir spontan auf dem Kindstuhl sagen:

»Die haben ja recht!«, und wir fühlen uns beschämt oder schuldig. Das sind aber keine ursprünglichen Kindgefühle (sog. basale Emotionen), sondern erlernte, sozial vermittelte Gefühle. Wie schon angesprochen lautet eine hilfreiche Frage, um ursprüngliche von übernommenen Gefühlen zu trennen: »Sind wir mit diesen Gefühlen bereits auf die Welt gekommen?« Das ist bei den übernommenen Emotionen natürlich nicht der Fall!

Sobald sowohl die Gefühle auf der Kindseite als auch die Bewertungen der Stimmen im Kopf klar sind, können Sie aufstehen und sich die »Bescherung« von »oben« anschauen (Schritt 4). Das können Sie übrigens auch im Alltag einmal ausprobieren. Wenn Sie in irgendeiner Situation festhängen, stehen Sie auf und gehen auf die Toilette oder auch nur ein paar Schritte auf und ab. Rasch werden Ihnen andere Gedanken kommen. Das Aufstehen »entblockt« Ihr Denkvermögen. Aus dem gleichen Grund hilft es auch, bei großer Anspannung (z. B. bei einem Streit) einmal »um den Block« zu gehen.

Wenn Sie stehend Ärger und den Impuls fühlen, dem Kindmodus zu helfen, dann fahren Sie fort. Ansonsten beenden Sie bitte die Übung und entspannen sich. Wenn Sie Ärger spüren, stellen Sie einen weiteren Stuhl für den wütenden Kindmodus neben den des verletzbaren Kindes (Schritt 5). Dann haben Sie einen Stuhl für beide Kindpole, die ja durchaus nebeneinander vorhanden sind. Sprechen Sie zur Entmachtung in direkter Rede zu dem Bewerterstuhl (Schritt 6). Sagen Sie z. B.: »Ich lasse mich von euch nicht mehr fertigmachen! Ich bestimme selbst, wie viel ich arbeite und wann das Ergebnis gut genug ist. Ihr seid unersättlich und wollt mich nur immer weiter hetzen. Das habe ich nicht verdient!« Achten Sie danach darauf, wie es sich bis ins körperliche Erleben anfühlt, diese Macht zu haben.

Abschließend setzen Sie sich wieder auf die »Stühle-Ebene« und zwar auf einen dritten Stuhl für den Erwachsenenmodus (Schritt 7). Sie können dazu gerne den alten Bewältigungsstuhl nehmen, auf dem Sie anfangs gesessen haben. Den Erwachsenenstuhl stellen Sie etwas weiter nach hinten zwischen Kind-

AUFSTEHEN FÜR NEUE LÖSUNGEN

Aufstehen schafft Distanz zum emotionalen Erleben, das hatten wir zu Beginn von Kapitel 4 bereits gesehen. Aus dieser Distanz ist es leichter, die Situation aus der Perspektive eines wohlwollenden Erwachsenen neu zu bewerten und zu erkennen, wie unangemessen die übernommenen Bewertungen aus heutiger Sicht sind. In einer Therapie können Therapeut/in und Patient/in aus dieser distanziert-herausgehobenen Ebene spielerisch Ideen austauschen und z.B. überlegen, was der beste Freund oder die beste Freundin dazu sagen würde. Das können Sie jetzt auch machen: Stellen Sie sich dazu eine ganz konkrete Person an Ihrer Seite vor. Also nicht nur als Gedanke, sondern wirklich als Bild. Und führen Sie ein inneres Gespräch mit dieser Person. So können auf der gedanklichen Ebene relativ leicht Lösungen gefunden werden.

Umgekehrt können Sie ein Foto von sich als Kind auf den Stuhl stellen. Oder setzen Sie in Ihrer Vorstellung doch einmal Ihr eigenes (leibliches) Kind oder ein anderes Kind, dass Sie sehr mögen, auf den Kindstuhl. Sie werden merken, dass Sie dann viel leichter in den Löwenmutter-Modus kommen und sich für das Kind einsetzen wollen. Der »Umweg« über das Auseinandersetzen auf die verschiedenen Stühle schafft gesunden Abstand und einen Freiraum, in dem neue Lösungen »zusammengesetzt« werden können.

und Bewertermodus, so wie auf der Moduslandkarte. Die Moduslandkarte steht nun sozusagen in Form der Stühle im Raum. Nehmen Sie dabei das veränderte Gefühl (und Körper- bzw. Kraftgefühl) mit. Spüren Sie einen Moment, wie sich das jetzt hier unten, im Sitzen, anfühlt. Richtig: Von oben war es leichter. Sie können übrigens jederzeit wieder aufstehen, um innerlich »Anlauf zu nehmen«. Jetzt gilt es nämlich, die neu gefundene Lösung auf dieser Ebene »innenpolitisch durchzusetzen«. Das fällt meist deutlich schwerer, als gelassen von »oben« darüber zu reden. Hier muss geübt werden, in inneren Dialogen die Antreiber und Bewerter konsequent zu entmachten, bis sie nachgeben. Es kann helfen, den Bewerterstuhl vor die Tür zu stellen. Das wirkt zunächst befreiend. Oft wird dann rasch deutlich werden, wie sehr Sie sich auch auf diese inneren Stimmen verlassen haben. Es macht Angst, plötzlich selbst die volle Verantwortung zu übernehmen. Doch das gehört zum Erwachsenwerden dazu (und muss trainiert werden)!

An diesem Punkt taucht oft eine wichtige Falle auf: Sie werden sich vielleicht dabei ertappen, dass Sie manches, was die Bewerter sagen, richtig finden. Das ist kein Problem! Alles, was Ihnen angemessen und hilfreich erscheint, dürfen Sie sich zu eigen machen und auf den Erwachsenenstuhl mitnehmen. Aber die »giftigen«, entwertenden, lähmenden oder überfordernden Gedanken werfen Sie bitte konsequent raus. *Sie* entscheiden jetzt ganz frei über Ihre neuen Wertmaßstäbe.

Danach wird die Kindseite beruhigt, bis die Emotionen wirklich nachgelassen haben (Schritt 8). Genauso, wie ein guter Elternteil das eigene Kind beruhigt. Rutschen Sie ruhig näher an den Kindstuhl heran, damit Sie das Kind auf den Arm nehmen können. Wenn es Ihnen hilft, sich in diese Situation besser einzufühlen, können Sie auch die Augen schließen und einen dicken Teddy oder ein großes, festes Kissen in den Arm nehmen. Dadurch wird die Situation realistischer und entsprechende positive Schemata werden in uns aktiviert. Dabei können Sie gerne auf Ihre guten Erfahrungen mit den eigenen Kindern zurückgreifen. Die werden oft besser behandelt, als man mit sich selbst umgeht. Mit welchem Recht eigentlich? Hinter der Antwort stecken Ihre inneren Bewerter! Sagen Sie lieber: »Du bist ein gutes Kind. Du hast dir Mühe gegeben und jetzt eine Pause verdient, auch wenn wir noch nicht fertig sind. *Good is good enough*. Du musst nicht perfekt sein!« Spüren Sie auch jetzt nach, wie sich das im Körper anfühlt, damit sich die neuen Regeln als Muster bis in den Körper hinein einprägen können.[49]

Nun können Sie sich noch einmal auf den Kindstuhl setzen und fühlen, wie es Ihnen jetzt auf diesem Stuhl geht. Machen Sie gerne auch hier die Augen zu und spüren in sich hinein, wie es sich anfühlt, so gehalten zu werden. Dadurch wird der Wechsel in positive Schemata bzw. Attraktoren erleichtert. Spüren Sie, was Sie noch von der oder dem Erwachsenen brauchen, und bitten Sie darum. Schließlich wechseln Sie wieder auf den Erwachsenenstuhl und treffen eine Absprache, wie Sie in Zukunft mit der oder dem »Kleinen« umgehen wollen. Sie können z. B. einen Tagesrückblick oder eine andere Übung aus Kapitel 7 vereinbaren. Machen Sie diese Zusage auch wieder in direkter Rede, wie zu einem realen Kind. Das verpflichtet!

Zum Abschluss vergleichen Sie Ihr Gefühl jetzt am Ende der Übung mit Ihrem Gefühl vom Anfang. Gibt es einen Satz oder einen Vorsatz, den Sie aus der Übung mitnehmen möchten? Das könnte z. B. sein: »Heute darf ich eine Pause machen, wenn ich erschöpft bin« oder »Ich darf meine Bedürfnisse und Grenzen äußern und kann erwarten, respektiert zu werden«.

Eine übersichtliche Kurzanleitung finden Sie im Anhang, eine Audioanleitung zum Download unter https://schematherapie-frankfurt.de/index.php/materialien-3/uebungsanleitungen.

So. Wenn Sie das bis hierher geduldig durchgelesen haben, möchte ich Ihnen ein großes Kompliment machen. Genau genommen Ihrem neugierigen und weltoffenen Kindmodus. Schön, dass Sie den haben. All denen, deren Selbstbehauptungsimpuls zu groß war und die daher ausgestiegen sind, sei gesagt: Es ist wie bei dem Foto mit den erhabenen Füßen. Ärgern Sie sich nicht. Weder über mich, der so seltsame Dinge schreibt, noch über sich, der oder die keine Lust hatte. Vielleicht probieren Sie es später noch einmal. Oder Sie fragen sich, welche Stimme in Ihrem Kopf die Übung bewertet oder kommentiert, vielleicht in der Weise: »Das ist doch lächerlich, was du da machen sollst.« Spüren Sie, was dies in Ihnen auslöst, vielleicht ein Gefühl der Scham. Möchten Sie dieser Stimme folgen und sich weiterhin beschämen lassen? Oder möchten Sie sich von den inneren Zügeln befreien und ausprobieren, was letztlich Ihnen selbst hilft?

Falls es für Sie alleine zu schwierig ist, die Übung durchzuführen, Sie aber Lust dazu haben, »leisten« Sie sich vielleicht für ein paar Stunden einen Schema-Coach, mit dem Sie an einem konkreten Problem mit dieser Technik arbeiten, z. B. wenn Sie seit einiger Zeit in einer schwierigen Entscheidung hin und her gerissen sind. Weil Sie nicht wissen, ob Sie den Arbeitsplatz wechseln sollen oder nicht. Oder wenn Sie überlegen, sich zu trennen. Besonders wenn Sie an einem für Ihr Leben entscheidenden Punkt stehen, könnte das gut investiertes Geld sein.

Wer mit sich selbst redet, ist nicht so allein: Die Bedeutung innerer Dialoge zur Selbstberuhigung

Die Vorstellung, in der oben beschriebenen Weise mit sich selbst zu sprechen, befremdet Sie? Keine Sorge, derartige Selbstgespräche sind ganz normal. Damit beruhigen wir uns sehr effektiv selbst. Als Kinder haben wir das sowieso alle gemacht. Erinnern Sie sich einmal an eine Situation, wo Sie etwas Wichtiges verlegt haben. Was machen Sie dann? Die meisten von uns werden sich erst einmal gut zureden, um sich zu beruhigen, indem sie z. B. zu sich selbst sagen: »Nun mach erst mal langsam und reg dich nicht auf! Du hast den Schlüssel eben noch gehabt und irgendwo hier muss er sein. Das Haus verliert nichts!« Merken Sie, was Sie da machen? Genau: Sie reden mit sich selbst. Wer redet denn da mit wem? Der oder die »Erwachsene« mit dem »aufgeregten Kind«. Tatsächlich werden in uns in solchen Situationen alte Schemata von Ohnmacht und Hilflosigkeit aktiviert und wir geraten schnell in Panik. Und wie reden wir im Erwachsenenmodus? Eben genau so, wie ein außenstehender vernünftiger Mensch reden würde! Diese Außenperspektive hilft uns, unsere Erregung herunterzuregulieren. Wir holen uns

WAS KÖNNEN WIR VON EINER GUTEN MUTTER LERNEN?

Was macht eine Mutter, die ihr Kind beruhigen will, wenn es z.B. hingefallen ist und das Knie blutet? Vermutlich zum Kind hingehen, es auf den Arm nehmen und mit ihm sprechen. Das ist wichtig: Das Trösten ist immer auch von Worten begleitet! Keine Mutter tröstet ein Kind stumm! Selbst wenn das Kind noch gar nicht sprechen kann, wird sie dennoch mit ihm reden. Das Kind merkt dadurch, dass es gemeint ist, und fühlt sich »angesprochen«. Das **Gefühl** der Tröstung wird dadurch mit **Worten** des Trostes verbunden. Wenn wir uns später diese tröstenden Worte selbst sagen, stellt sich auch wieder das damalige Beruhigungsgefühl ein. Kinder nutzen diesen Effekt schon früh selbst. So trösten sie sich, wenn die Mutter weggeht: »Mama ist nur kurz weg, Mama kommt gleich wieder.« Diese Worte hat die Mutter vermutlich vorher dem Kind gesagt und das Kind sagt sie nun zu sich selbst. Das Kind hat die gute Mutter in seinen Spiegelneuronen abgebildet.[51] Durch diese »innere Mutter« fühlt sich das Kind nicht so allein und kann die Trennung besser verkraften. In der gleichen Weise nehmen die Patienten in der Therapie die Worte der Therapeuten in sich auf und erzählen: »Und dann habe ich mich gefragt, was Sie in dieser Situation sagen würden. Dann habe ich mir das selbst gesagt und es hat funktioniert.« So wie früh in uns die inneren Eltern nach dem Modell der äußeren Eltern aufgebaut wurden, wird in der Therapie der gesunde Erwachsene bzw. Erwachsenenmodus nach dem Modell der Therapeuten aufgebaut. Dieser Vorgang wird »Nachbeelterung« genannt.[52]

sozusagen innerlich eine andere Person dazu und inszenieren in uns ein Zwei-Personen-Stück. So wie uns früher eine gute Mutter oder eine andere Person beruhigt hat.[50]

Im Bild von Pferd und Reiter sind innere Dialoge die »Zügel«, mit denen wir als Erwachsene auf unsere Gefühle einwirken, so wie ein Reiter sein Pferd lenkt. Man kann diesen Prozess der Selbstregulation mit dem Bild eines *Gangwechsels* vergleichen.[53] Hier die nötigen Schritte: Aus der Achtsamkeitshaltung heraus machen wir uns klar, was gerade los ist. Durch die bewusste Selbstbeschreibung distanzieren wir uns vom spontanen Impuls: Wir nehmen den Gang raus. Aus der Distanz können wir die Situation neu bewerten und die Perspektive wechseln (einen neuen Gang auswählen). Dabei hilft das Aufstehen. Durch die Selbstgespräche wirken wir wieder auf den Organismus ein (legen einen neuen Gang ein). In Abbildung 6 sind diese Schritte noch einmal zusammengefasst.

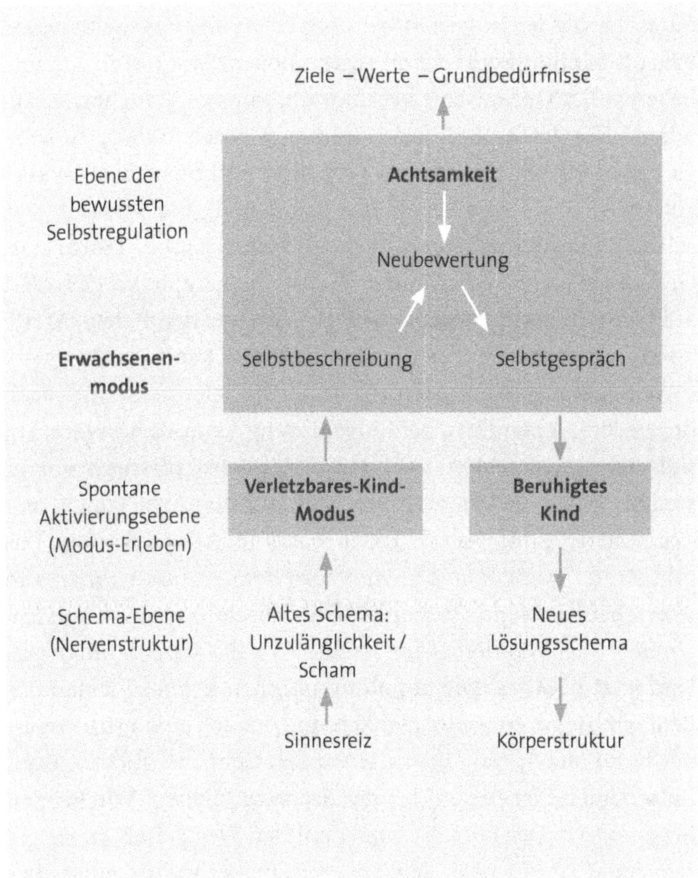

Abb. 6: Die Bewegung des Erwachsenenmodus

Es gibt nichts Gutes, außer man tut es: Über die Bedeutung des Ausprobierens

Einen neuen Gang einlegen ist aber nur die »halbe Miete«! Nun müssen Sie noch die Kupplung kommen lassen, damit sich das Auto in Bewegung setzt. Es ist wohl kein Zufall, dass das für den Fahrschüler der schwierigste Moment ist. Wie oft haben Sie am Anfang den Motor abgewürgt? Genauso ist es bei den Verhaltensänderungen: Der neue Gang ist schnell eingelegt – ein guter Vorsatz leicht gefasst! Am besten wissen das die Raucher. Wie oft wollten sie da schon einen »neuen Gang« einlegen und haben voller Optimismus beschlossen, mit dem Rauchen aufzuhören? Das größte Problem ist, einen Menschen dazu zu bringen, sich wirklich anders zu verhalten und nicht nur darüber zu reden. Worte sind Schall und Rauch und gute Vorsätze bzw. selbst die besten Selbstgespräche sind zunächst nur Worte bzw. Gedanken. Daher wird in der Verhaltenstherapie so viel Wert auf Verhaltensexperimente gelegt, entsprechend dem Motto von Erich Kästner in der Überschrift dieses Kapitels.

Wie kommen Menschen ins Tun? Der nächste Schritt nach der gedanklichen Entscheidungsbildung kann darin bestehen, sich den angestrebten *Zielzustand* möglichst plastisch vorzustellen. Wer von uns motiviert sich bei der Arbeit nicht mit dem inneren Bild, wie schön wir es uns am Abend machen. Das gibt Kraft! Dann können wir versuchen, uns den Prozess in überschaubare (und leistbare) kleine Abschnitte zu unterteilen, ähnlich dem Wanderer, der seinen Weg in Etappen unterteilt. Und jetzt heißt es: Die Kupplung wirklich kommen lassen, indem wir aufhören nachzudenken und einfach anfangen. Das ist der berühmte Sprung ins kalte Wasser. Geht aber nicht anders! Entscheidend ist es nun, bei der Sache zu bleiben. Wie bei den Bergsteigern: Der Blick ist immer auf den Weg gerichtet. Sie gehen einen Schritt nach dem anderen. Immer weiter, ohne über jeden nachzugrübeln. Und wenn Sie eine halbe Stunde gegangen sind, wo schauen Sie dann hin? Genau: Auf keinen Fall nach oben, denn der Gipfel ist immer noch endlos weit weg. Aber wenn Sie nach unten schauen, werden Sie erstaunt und erfreut sein, wie klein der Kirchturm geworden ist. Der Blick auf den bereits erfolgreich bewältigten Weg ermutigt mehr als der Blick auf das noch ferne Ziel.

Wer schreibt, der bleibt: Warum aufschreiben hilfreich ist

Um den Erwachsenenmodus in uns zu stärken, bedarf es Übung. Am besten gelingt das, wenn man auf Erfolge zurückschauen kann, auch wenn sie scheinbar nur klein sind. Das motiviert, weiterzumachen. Daher ist es richtig, dass Eltern ihre Kinder bei den ersten Gehversuchen so überschwänglich loben. Uns Erwachsene lobt in dieser Weise leider niemand mehr, also müssen wir das selbst machen. Ein erster Schritt in diese Richtung ist ein sog. »Tagesrückblick«, wie er am Ende von Kapitel 6 beschrieben wird.

Viel tiefer wirkt es allerdings, wenn wir Erlebnisse und Lernerfahrungen aufschreiben. Beim Denken sind nur wenige Regionen des Gehirns beteiligt. Und das Denken ist oft recht flüchtig und nicht selten ungeordnet. Beim Schreiben werden sehr viel mehr Hirnregionen aktiviert, die z. B. mit dem Sehen und dem Bewegen der Hände zu tun haben. Diese umfassendere Aktivierung führt zu einer stabileren Verbindung der Nervenzellen.[54]

Die »Übersetzung« von Gefühlen in Sprache scheint für die Verarbeitung, das Einsortieren und auch das gezielte spätere Wiedererinnern sehr hilfreich, vielleicht sogar zentral zu sein. Erleben in Sprache zu übersetzen klärt und beruhigt die Gefühle. Zudem prägen sich positive Lernerfahrungen so viel tiefer ein und führen zu neuen »Regeln«, auf die in Zukunft zurückgegriffen werden kann.[55] Vielleicht hören wir innerlich noch die alte Antreiber-Regel: »Wenn man etwas anfängt, macht man es auch zu Ende«, doch als Erwachsene lernen wir gesunde Geduld: »Rom wurde auch nicht an einem Tag erbaut«. Neben der starken Wirkung der früher nicht selten »eingebläuten« alten Regeln gehen uns auch die neuen Regeln »in Fleisch und Blut« über. Dann herrscht »Waffengleichheit«. Doch an das Aufgeschriebene kann man sich in neuen Entscheidungssituationen besser erinnern als an das »nur Gedachte«. Daher hilft es auch beim Lernen für Prüfungen, wenn man wichtige Inhalte zusätzlich aufschreibt. Dadurch werden die Inhalte tiefer eingebrannt und können besser erinnert werden, besonders wenn sie in konkreten Beispielen oder bildhaften Metaphern verpackt sind. Entsprechend merken sich die Zuhörer in Vorträgen meistens die Beispiele und Bilder. Das wird in diesem Buch nicht anders sein (und darum sind so viele darin enthalten). Um etwas aufzuschreiben, muss das diffuse Erleben präziser erfasst und in Worte geformt werden. Man kann einfach nicht so chaotisch schreiben wie man fühlt! Außerdem müssen beim Schreiben verschiedene Regeln befolgt werden und dazu muss der Erwachsenenmodus ein Stück weit mit aktiviert sein.

5.
Der Geist ist willig, das Fleisch ist schwach: Warum ist es so schwer, unser Verhalten zu verändern?

Du bist zu zweit, und einer wird schon schwach: Grundlagen von Regulationsprozessen im Gehirn

Dieses Zitat stammt aus einem Lied von Konstantin Wecker, der sich mit süchtigem Verhalten und gebrochenen Vorsätzen vermutlich gut auskennt. Wir haben zwar immer wieder das Gefühl, dass wir in dem Moment, wo wir einen Entschluss fassen, das auch wirklich wollen. Tatsächlich laufen in unserem Gehirn jedoch neben oder unterhalb dessen, was uns bewusst wird, jede Menge anderer Prozesse ab. Für unsere Alltagstüchtigkeit ist es natürlich absolut notwendig, dass wir von diesen parallel arbeitenden Prozessen nichts mitbekommen, sonst würden wir von all den Informationen völlig überflutet und blieben entscheidungsunfähig.

Der Nachteil dieser Reizabschirmung ist, dass wir nicht mitbekommen, welche parallel sich anbahnenden Prozesse unsere im »inneren Elfenbeinturm« gefasste Entscheidung sabotieren können. Soweit wir das heute wissen, werden die verschiedenen bewussten und unbewussten Impulse in den tieferen Regionen des Vorderhirns in einer bestimmten Hirnregion zusammengeführt. Die sitzt tief hinter der Stirn in Höhe der Nasenwurzel.[56] Hier werden alle emotionalen und gedanklichen Einflüsse abgewogen und der stärkste setzt sich durch. Und das muss natürlich nicht der bewusst gefasste Entschluss sein.

Schauen wir uns einmal ein Beispiel für unbewusste Entscheidungsbildung an: Ihr Partner hat eine angebrochene Tafel Schokolade auf dem Küchentisch liegen lassen. Im Vorbeigehen spüren Sie tief in sich ein Zucken und Ihre Hand möchte schon ein Stück abbrechen. Ihr Verstand schreitet ein und sagt: »Du wolltest doch abnehmen!« Sie gehen weiter an Ihre Arbeit. Kurz danach klingelt das Telefon. Sie nehmen ab, es wird ein längeres Gespräch mit Ihrer besten Freundin. Beim Telefonieren laufen Sie auf und ab, gehen ganz nebenbei auch mal in die

Küche und – zack – ist ein Stück Schokolade in Ihrem Mund verschwunden.

Unser Gehirn ist also gewissermaßen korrupt. Es reagiert nicht moralisch, sondern auf den, der am meisten zahlt. In diesem Fall sind Neurotransmitter die »Währung des Gehirns«. Diese biochemischen Botenstoffe übertragen die Erregung von einer Nervenzelle zur nächsten und der stärkere Impuls wird weitergeleitet. Hier herrscht freie Marktwirtschaft – der Stärkste setzt sich im Verdrängungswettbewerb durch. Sobald die bewusst hemmenden Einflüsse des Stirnhirns geschwächt werden, gewinnen die emotionalen Impulse sofort die Überhand: Wenn die Katze aus dem Haus ist, tanzen die Mäuse. Gute Vorsätze hängen buchstäblich in der Luft, wenn sie nicht aus der Perspektive der emotional gesteuerten Prozesse »befürwortet« werden. Die wichtigste Instanz in dieser Frage ist das »Belohnungssystem« im limbischen System. Hier wird vorauseilend geprüft, als wie belohnend vor dem Hintergrund der früheren Erfahrungen ein Verhalten eingeschätzt wird (daher der Name).

Ihr Belohnungssystem hat sich sehr wohl gemerkt, wie lecker Schokolade schmeckt. Seine Aufgabe ist, sich zu merken, was uns guttut. Und als es noch keinen Überfluss an Nahrungsmitteln gab, war hochkalorische bzw. süße Nahrung überlebenswichtig. Heute ist das eine ausgesprochene Fehlsteuerung, wie die dramatische Zunahme von krankhaftem Übergewicht besonders in den entwickelten Ländern zeigt.[57] Daher muss der Verstand, der in der Hirnrinde sitzt, die Kontrolle übernehmen, weil wir in vielen Bereichen unserem »Autopiloten« nicht mehr trauen können. Und es gibt noch viel verführerischere Dinge als Schokolade: Amphetamin oder Kokain löst etwa zwanzigmal stärkere Glücksgefühle aus als ein gutes Essen.[58] Damit ist auch klar, warum die Freigabe von Drogen das Stirnhirn der meisten Jugendlichen (und nicht nur derer) erheblich überfordern könnte. Um derartigen Versuchungen begegnen zu können, brauchen wir einen gut trainierten Erwachsenenmodus.

Worte sind Schall und Rauch: Wie aus guten Vorsätzen tatsächlich Handlungen werden können

Im Bereich der bewussten Handlungsplanung stehen wir gewissermaßen auf der Kommandobrücke unseres Ozeandampfers. Bei Schiffen gibt es einen Hebel, mit dem die Befehle von der Brücke an die Mannschaft im Maschinenraum weitergegeben werden. Einen solchen direkten Draht gibt es im Gehirn nicht. Spontan möchte man vielleicht sagen: leider nicht. Aber überlegen Sie einmal genauer: Was wäre, wenn wir jeden Wunsch sofort in eine Handlung umsetzen würden? Bedenken Sie, wie oft Sie schon irgendwelche aggressiven Fantasien hatten!

Lassen Sie uns ein Bild verwenden, um zu verstehen, wie aus Gedanken und Vorsätzen konkrete Handlungen werden. Unseren Körper können wir mit den Elementen der Erde vergleichen, unsere Gedanken ähneln dann Luftbewegungen. Tatsächlich sind wir in unseren Gedanken maximal beweglich. Wir können buchstäblich alles denken. Doch Luftbewegungen bewirken nicht viel. (Zumindest, solange es keine Stürme sind. Und auch hier stimmt das Bild, denn manche Gedanken haben schon Revolutionen losgetreten.) Unser Gefühlsleben gleicht den »emotionalen Wellen«, die unseren Körper in Bewegung bringen – manchmal so weit, dass sich neue Gewohnheiten und damit auch Körperstrukturen bilden. Das wäre die Struktur des Meeresbodens.

Luftbewegungen allein können auf dem Grund des Meeres jedoch nicht viel ausrichten. Im ersten Schritt bewegt die Luft die Wasseroberfläche und erzeugt Wellen. Im Gehirn entspricht dies dem Übergang von der rein gedanklichen Ebene hin zur emotionalen Beteiligung. Wenn wir uns das zu erreichende Ziel (z. B. eine Belohnung am Ende eines Arbeitstages) konkret bildlich vorstellen, bewegt uns das tiefer. Bilder schlagen eine Brücke von der gedanklichen zur emotionalen Ebene. Sobald die emotionale Bewegung tief genug geht, springt unser Belohnungssystem an und hilft, den Körper in Bewegung zu setzen: Der Sand auf dem Grund des Meeres wird aufgewühlt, es kommt zu einer Handlung. Bleibt es bei dieser einmaligen Bewegung, wird sich der Sand wieder an derselben Stelle absetzen. Wir müssen also Handlungen so lange wiederholen, bis sich Gewohnheiten bilden und sich die Gehirnstruktur nachhaltig verändert: Der aufgewirbelte Sand wird an einer neuen Stelle abgelagert und bildet dort eine Sandbank. Erst dann haben wir etwas Neues gelernt, ist uns etwas »in Fleisch und Blut« übergegangen.

Aller Anfang ist schwer: Von der Qual der Wahl und der Schwierigkeit, sich zu entscheiden

Kennen Sie das Gefühl, einen großen Supermarkt zu betreten und sich von dem Angebot geradezu erschlagen zu fühlen? Aber nicht nur dort: Wir haben dauernd die Qual der Wahl und müssen Entscheidungen treffen, die nicht selten unser Leben entscheidend beeinflussen können. Denken Sie nur an die Wahl Ihrer Freunde oder des Berufes. Manche sind schon vom Kauf eines Autos überfordert, geschweige denn von der Wahl der Ehefrau. Tatsächlich bieten die Kontaktforen im Internet diesbezüglich eine enorme »Auswahl« an möglichen Partnern. Um damit umgehen zu können, muss man sich aber auch gut abgrenzen und sich entscheiden können.

Je mehr Gedanken wir uns über derartige Entscheidungen machen, desto verwirrter werden wir meist. Alles ist denkbar, alles hat Vor- und Nachteile. Zu viel Denken lähmt. Das kann man gut bei Menschen mit Depressionen, generalisierten Angststörungen, Zwängen oder bei Hypochondern beobachten. Die Betroffenen sind gefangen in ihren eigenen Gedanken. Auch der

Versuch, das »Beste« oder das »Richtige« zu tun, endet in Entscheidungsunfähigkeit. Es gibt immer ein Für und Wider, immer neue Aspekte, immer neue Testberichte, immer neue Sonderangebote.

Zum Entscheiden muss man daher ab einem gewissen Punkt innerlich loslassen und die Entscheidungsschwelle überschreiten und einfach ausprobieren. Zum Glück ist ein Großteil unserer Entscheidungen auch wieder korrigierbar. Man kann in Gedanken nicht alles vorhersehen, man muss sich letztlich dem Lebensstrom anvertrauen und »eintauchen«. Danach weiß man mehr. Ein schönes Bild dazu ist der erwähnte »Dummling« im Märchen. Er blickt nicht durch, marschiert einfach los und reagiert offen auf das, was ihm begegnet. Und siehe da: Alles fügt sich zum Besten. Leider klappt das im wirklichen Leben nicht immer so einfach …

Beim Beginn einer neuen Aufgabe ist es letztlich genauso: Anfangs steht man davor und weiß nicht, wo man anfangen soll. Für einen Moment fühlt man sich wie gelähmt. Das ist der kritische Punkt! Jetzt heißt es: Augen zu und einfach irgendwo anfangen. Das kennen wir alle, wenn man nach dem Urlaub wieder zur Arbeit muss. Man hat das Gefühl: Das geht *gar* nicht! Hat man erst einmal losgelegt, »lässt der Schmerz nach«. Fängt man hingegen an, die Dinge aufzuschieben, wird der Berg größer und größer und die Schwelle anzufangen immer höher.

Dass wir uns nicht entscheiden können, liegt oftmals an bremsenden oder strafenden inneren Bewertern, die uns drohen: »Du darfst nichts falsch machen, sonst hast du versagt!« Wer bemerkt, dass er dadurch gebremst wird, kann sich vor Augen führen, wie es wäre, es ganz bewusst darauf ankommen zu lassen und den Bewertern entgegen zu handeln (»Ich tue es mit dem Risiko, es falsch zu machen«) und sich sogar im Detail die größtmögliche Katastrophe vorzustellen (Was könnte schlimmstenfalls passieren?). Durch solche Gedankenexperimente können wir uns ein Stück weit aus dem inneren Gefängnis befreien. Das schafft schon einmal Luft. Jetzt können wir auch leichter ins Tun kommen. Egal, ob es um ein Festhängen in Gedanken, das Ringen um Entscheidungen oder ums Handeln geht: Wir müssen raus aus dem Denken und rein ins Tun. Wer sich nicht diesen »Ruck« geben kann, einfach loszulegen, bleibt in den Trampelpfaden der automatischen Gedankenschleifen hängen. Nur neue Erfahrungen legen neue Bahnungen in unserem Nervensystem an und wir entwickeln uns weiter.

WAS HABEN LERNPROZESSE UND DAS GARTENBAUAMT GEMEINSAM?

Für diese nachhaltige »Verformung« unseres Nervensystems hat sich der Begriff der Neuroplastizität etabliert: Unser Gehirn ist veränderbar. Die wiederholte Erregung einer Nervenzelle führt dazu, dass diese dauerhaft neue Aussprossungen bildet und dadurch mehr Transmitter ausgeschüttet werden können. Für diese Erkenntnis erhielt der Neurowissenschaftler Eric Kandel einen Nobelpreis.[59] Durch intensive Benutzung werden kleine Straßen zu immer größeren Autobahnen ausgebaut. Umgekehrt werden nicht genutzte Bahnen zurückgebaut. Der Körper geht sparsam mit Baumaterial um, so wie im Mittelalter die Steine aus verfallenden Bauten für neue Häuser wiederverwendet wurden. Auch der Körper »recycelt«. In der so unvergleichlich prägnanten englischen Sprache nennt man dieses Prinzip: »Use it, or loose it!«

Was das alles mit dem Gartenbauamt zu tun hat? Auch in unseren Grünanlagen gibt es Wege. Aber manchmal ändern sich die Ziele der Menschen und dann passen die angelegten Wege nicht mehr zu deren Bedürfnissen. Und was machen die Menschen dann? Sie laufen einfach quer über die Wiese und trampeln einen neuen Pfad. Den Zuständigen vom Gartenbauamt bleibt irgendwann gar nichts anderes übrig, als diese Trampelpfade irgendwann zu neuen Wegen zu erklären. Letztlich sind es nicht unsere Pläne, sondern unsere tatsächlichen Handlungen, die die Wirklichkeit schaffen. Im Gehirn genauso wie auf der grünen Wiese.

Was liegt, das liegt! Von der Löschung zur Hemmung und die Rückfallgefahr

Diesen Spruch benutzen Kartenspieler, wenn es sich ein Mitspieler anders überlegt und eine gelegte Karte zurücknehmen möchte. Ebenso verhält es sich mit den emotional bedeutenden Erlebnissen im Gehirn: Was einmal eingebrannt ist, kann nicht mehr »ungeschehen« gemacht werden. Diese Einsicht ist relativ neu. Bis vor etwa zwanzig Jahren galt in der Lernpsychologie das »Löschungsprinzip«: Wenn Verhalten konsequent unterbunden wird, so glaubte man, wird das Muster gelöscht und das Verhalten verschwindet. Durch neurobiologische Untersuchungsergebnisse wissen wir heute allerdings, dass in vielen Fällen die alten Impulse nur gehemmt und nicht wirklich »gelöscht« werden.[60] Zeigen kann man das beispielsweise bei Spinnenphobien: Werden Menschen mit einer Angst vor Spinnen behandelt, können diese danach eine Spinne auf ihrer Hand herumkrabbeln lassen, ohne dabei äußerlich sichtbare Anzeichen von Angst zu zeigen. Leitet man aber die Erregungen in der Hirnrinde direkt ab, findet man dort immer noch Hinweise, dass die Betroffenen innerlich stärker auf die Spinnen reagieren.[61] Sie haben gelernt, sozusagen nur kurz innerlich zu »zucken«, aber den Impuls, in die alten Angstkreisläufe einzusteigen, zu hemmen. Das ist durchaus ein guter Therapieerfolg.

Entsprechend reagiert das Belohnungssystem von Alkoholabhängigen auch nach sechs Monaten Abstinenz immer noch verstärkt auf alkoholbezogene Reize.[62] Die Versuchung bleibt also und damit auch die Rückfallgefahr. Man darf sich daher nie zu sicher fühlen, wie die Rückfälle auch nach vielen Jahren eindrucksvoll belegen. Das gilt übrigens nicht nur für Abhängige, sondern für alle psychischen Störungen. Entsprechend müssen wir eine gewisse Restaufmerksamkeit bzw. Achtsamkeit behalten, um die Frühwarnzeichen der alten Verhaltensmuster rechtzeitig zu bemerken und gegensteuern zu können.

Angst ist der Schwindel der Freiheit: Wie Selbstwirksamkeit entsteht

Neue Wege durch das hohe Gras zu gehen ist am Anfang viel anstrengender, als auf den breiten Wegen zu bleiben. Das fängt schon bei der Geburt an. Man kann sich (zumindest aus der Perspektive eines gestressten Erwachsenen) vorstellen, dass Säuglinge am liebsten in der Gebärmutter drinbleiben wollen. Aber selbst wenn das so wäre: Das Kind muss raus! Und später wiederholt sich das mit jedem Entwicklungsschritt bis zur Ablösung aus dem Elternhaus. Man muss die Eltern loslassen und kann nicht immer »weiterkuscheln«. Und umgekehrt. Sonst würden sich die Kinder nicht entwickeln, würden nie wirklich selbstständig. Die Eltern dürfen darauf vertrauen, dass die Kinder von sich aus wachsen und sich zur Selbständigkeit entwickeln wollen. Dafür sorgt schon das bereits in den Kindern angelegte Grundbedürfnis nach Autonomie und Kontrolle, wenn wir sie nur lassen.

ÜBER DAS LAUFENLERNEN

Anstatt die Kinder sich in ihrem eigenen Tempo selbst aufrichten zu lassen, sodass sie aus eigener Kraft »selbst stehen« lernen, meinen manche Eltern, den Kindern dabei helfen zu müssen. Doch »Selbst stehen können« legt die körperliche Grundlage zu einer umfassenden »Selbstständigkeit« an.[63] Was vermitteln Eltern ihren Kleinen unbewusst, wenn sie sie wie kleine Äffchen an den Händen halten? »Offensichtlich bin ich zu blöd, alleine laufen zu lernen.« Das fördert nicht gerade das eigene Selbstvertrauen und verstärkt innere Abhängigkeitstendenzen. Was sehen Sie hingegen in den Augen von Kindern, die gerade ihre ersten eigenen Schritte gegangen sind? Einen unbändigen Stolz auf die eigene Leistung. Darauf lässt sich aufbauen! Das fördert das Vertrauen, Herausforderungen bewältigen zu können und an Aufgaben zu wachsen.

In der Sozialpsychologie spricht man von »Selbstwirksamkeitserwartung«. Dieses etwas sperrige Wort meint: Ich kann etwas bewirken! Das Zutrauen zur eigenen Selbstwirksamkeit ist einer der wichtigsten Prognosefaktoren für sozialen Erfolg.[64] Dieses grundlegende Selbstvertrauen ist wichtig, denn alle neuen Herausforderungen machen zunächst Angst. Dies meint das Zitat von Søren Kierkegaard am Anfang dieses Abschnitts. Ohne die Überwindung dieser Anfangsangst gibt es keine neuen Erfahrungen und keine Entwicklung. Im Idealfall vermitteln Eltern ihren Kindern zuerst eine sichere emotionale Basis und entlassen sie dann schrittweise in die Selbstständigkeit, indem sie ihnen etwas zutrauen und sie aus ihren eigenen Fehlern lernen lassen. Dann können sie später gut für sich sorgen und machen sich nicht zu sehr von anderen abhängig.

Nur selber essen macht stark!
Oder: Jeder hat das Recht auf seine eigenen Fehler

Es ist ein wichtiges Ziel in der Erziehung (und auch in einer Therapie), Menschen zu helfen, für sich selbst zu sorgen. Die dazu notwendige Selbstwirksamkeit wird schon in der Kindheit angelegt. Ich gebe zu: Es ist eine echte Herausforderung an die eigene Selbstbeherrschung, morgens früh auf dem Weg zum Kindergarten die Kinder sich selbst anziehen und am Ende gar die Schnürsenkel selbst binden zu lassen. In diesem Moment wird einem sofort klar, warum Klettverschlüsse an Kinderschuhen erfunden wurden. Leider sind diese pädagogisch nicht so wertvoll, wie die Kinder die Bändel selbst zubinden zu lassen. Dieses Dilemma setzt sich dann durch die ganze Kindererziehung fort: Wer die Selbstständigkeit der Kinder fördern will, muss mit den Kollateralschäden leben: vollgekleckerte Kleidung, Löcher in den Hosen und aufgeschrammte Knie, verlorene Mützen und Handschuhe, Erkältungen, später Alkoholintoxikationen und Beulen in unseren Autos. Erfahrung ist durch nichts zu ersetzen, außer durch mehr Erfahrung. Oder wie in der Überschrift des Kapitels: Nur selber essen macht stark. Das dürfen Sie allerdings dicken Menschen nicht sagen, denn die antworten sofort: Stimmt nicht, selber essen macht dick! Stimmt leider auch.

Für unseren Zusammenhang hier gilt der Gedanke, dass Selbstentwicklung und Selbstveränderung nur dort geschehen, wo wir unser Gehirn mit neuen Herausforderungen belasten. Das bloße Nachdenken, wie schön es wäre, ein anderer Mensch zu sein, oder etwas darüber zu lesen, bringt da leider nichts. Dennoch scheint es uns Spaß zu machen, in Gedanken in die Schuhe anderer Menschen zu schlüpfen. So funktionieren Romane, Kinofilme und die Regenbogenpresse. Träumen ist erlaubt und lässt uns unseren Lebensalltag kurz vergessen. Dennoch bleibt die Frage: Inwieweit will ich raus aus meinen Lebensfallen und mich weiterentwickeln? Das geht eben nur durch Blut, Schweiß und Tränen.

Na gut, das ist natürlich übertrieben. Aber nicht ganz! Auch in Psychotherapien leiden Therapeuten darunter, dass sie manchmal am liebsten selbst den Patienten »die Schuhe zubinden würden«. Es reicht leider nicht, wenn Patienten brav jede Woche in die Therapie kommen. Nur das, was sie von sich aus im Alltag anders machen, wirkt verändernd auf ihr Gehirn. Was ist eine Therapiestunde pro Woche gegenüber den 167 verbleibenden Stunden? Selbst wenn Sie die verschlafenen ca. 50 Stunden abziehen, bleibt da der beste Therapeut alleine chancenlos. Nein: Nur der persönliche Einsatz im Alltag bringt den Erfolg. Wir lernen alle letztlich nur durch unsere persönlichen Erfahrungen und Fehler.

6.
Einstieg zum Ausstieg
Was wir konkret tun können

Wollen Sie sich denn ändern?

Wollen Sie wirklich raus aus Ihren Lebensfallen? »Natürlich!«, möchten Sie spontan antworten. Die Frage mag etwas provozierend klingen, aber so unkompliziert ist das leider nicht. Denn jedes Verhalten hat seine (offenen oder verdeckten) Vorteile. Sonst gäbe es das Verhalten schlicht nicht. Genau diesen Nutzen könnten Sie verlieren, wenn Sie Ihr Verhalten ändern. Letztlich geht es darum: Das Verhältnis von Aufwand und Nutzen des neuen Verhaltens muss besser sein als das des alten. Man kann weniger psychologisch sagen: Das Preis-Leistungs-Verhältnis muss stimmen!

Auch abgesehen von diesen motivationalen Aspekten stoßen wir möglicherweise früher oder später an Grenzen, wenn wir uns verändern wollen. Es geht nämlich nicht nur um die Situation heute. In viele unserer Verhaltensweisen fließen unbewusst frühere Erfahrungen ein, weil wir die schon erwähnte Kinderbrille aufhaben. Um das Verhältnis von Vor- und Nachteilen bewusst abschätzen zu können, hilft es zu verstehen, wofür das Verhalten, das wir heute ändern wollen, früher einmal sinnvoll war. Wenn wir z. B. durch eine Imaginationsübung wieder Anschluss an den Entstehungszusammenhang finden, verstehen wir besser, wo das Verhalten herkommt. Dann ist es auch leichter, es loszulassen. Denn oft war der Nutzen früher deutlich größer, während heute die Nachteile überwiegen. Also Brille runter und im Erwachsenenmodus neu hinschauen.

Die in den Körper eingebrannten Muster arbeiten jedoch einer Veränderung entgegen. Bildlich gesprochen: Die »seelische Schwerkraft« zieht uns zurück in unsere Komfortzone. Es bedarf mitunter anhaltender Anstrengung, dieser Tendenz entgegenzuarbeiten. Wen wundert es, wenn manche von uns früher oder später resignieren. Das ist nicht unbedingt ein Grund, mit sich zu hadern. Früher hieß es in der Suchtbehandlung, wenn ein Patient rückfällig wurde: »Er war nicht ausreichend motiviert.« Wie wir gesehen haben, greift das jedoch zu kurz.

DER »KRANKHEITSGEWINN« – KURZFRISTIGE UND LANGFRISTIGE FOLGEN

Wenn ich beispielsweise wegen einer Angststörung arbeitsunfähig geschrieben werde, besteht mein »Krankheitsgewinn« in der Entlastung von der Arbeit. Wenn ich dadurch mehr Zuwendung durch den Partner bekomme, habe ich einen zusätzlichen Krankheitsgewinn (den ich mir im Regelfall nicht bewusst ausgerechnet habe, der sich aber trotzdem gut anfühlt.) Dieser kurzfristige Gewinn muss aber mit möglichen langfristigen »Kosten«, wie z.B. einem Arbeitsplatzverlust, »aufgerechnet« werden. Und da liegt der Hase im Pfeffer: Der kurzfristige Nutzen wird von unserem »Bauch« höher gewertet als der langfristige Schaden. Sonst würde weniger geraucht, getrunken und gegessen. Auch hier ist der bessere Ratgeber der »Kopf«, denn er kann die langfristigen Konsequenzen voraussehen und in die Entscheidungen einbeziehen.

Es macht also Sinn, sich kritisch zu prüfen, *wer* in uns die Veränderung überhaupt will. Wenn wir das Modusmodell zur Motivationsklärung anwenden, stellt sich die Frage nämlich anders: Welcher Teil will was? Im Kapitel über die Dialoge auf Stühlen haben wir gesehen, dass die Motive der inneren Bewerter nicht selten genau im Gegensatz zu unseren emotionalen Bedürfnissen stehen. Eine solche »Befragung« der einzelnen Modi kann schon manches Scheitern klären. Probieren Sie das ruhig einmal aus, indem Sie sich im Falle eines Konfliktes oder nach einem Scheitern abwechselnd auf einen Bewerterstuhl und dann auf einen Kind- bzw. Gefühlsstuhl setzen und in sich hineinhorchen, ob Sie tief in sich drin wirklich die Aufgabe angehen wollen.

Wenn nicht, könnten Sie mit den folgenden Schritten Ihrem Kindmodus entgegenkommen.

Weniger ist mehr! Alles eine Frage des Fingerspitzengefühls

Eltern und, falls Sie den Wunsch nach nachhaltiger Selbstveränderung hegen, auch Ihr »gesunder Erwachsener« müssen also mit viel Fingerspitzengefühl vorgehen. In der Bindungsforschung nennt man das »Feinfühligkeit«. Sie müssen einerseits »fordern um zu fördern«, dürfen andererseits aber auch nicht überfordern. Sonst bricht die Motivation zur Veränderung zusammen und man bleibt lieber im alten Trampelpfad bzw. seiner »Komfortzone«.

Diese Balance lässt sich gut am Beispiel einer Holzeisenbahn veranschaulichen, bei der die Wagen mit Magnetkupplungen verbunden sind. Zieht man zu schnell oder versucht, zu viele Wagen auf einmal zu ziehen, reißen die Kupplungen ab. Dann muss man wieder zurück. Das ist das Prinzip der kleinen Schritte: Weniger ist manchmal mehr. Lieber einen kleinen Schritt sicher gegangen, als einen großen Sprung versucht und dabei ausgerutscht und hingefallen.

Auch bei Verhaltensveränderungen brauchen wir also ein gutes Gespür dafür, was wir uns zumuten können und wollen. Sich zu viel vorzunehmen ist eine beliebte (unbewusste) Strategie, sich »das Scheitern leicht zu machen«. Typische Beispiele sind überzogene Diätversuche oder sportliche Aktivitäten mit Strohfeuercharakter. Der Wunsch nach (möglichst rascher) Veränderung ist menschlich verständlich. Er sollte aber mit einer gewissen Akzeptanz ausbalanciert sein. Denn grundlegende Veränderungen dauern lange. Die psychologische Forschung zeigt, dass es etwa zwei Jahre dauert, bis Verhaltensänderungen einigermaßen stabil bleiben.[65] Am besten ist das für das Rauchenaufhören untersucht, gilt aber im Grunde für alle Veränderungen. Dabei gehören Rückfälle dazu und sollten nicht als Anlass genommen werden, die Entscheidung in Frage zu stellen.

ÜBER DEN UMGANG MIT RÜCKFÄLLEN IN DER SUCHTBEHANDLUNG

In der modernen Suchttherapie wird zwischen »lapse« (auf Deutsch: Ausrutscher) und »re-lapse« (zu Deutsch: Rückfall) unterschieden.[66] Ausrutscher sind normal. Jede Veränderung folgt dem Prinzip: Ein Schritt vor und zwei zurück. Das muss man wissen und entsprechend auf Rückschläge mit einem neuen Anlauf reagieren. Was macht ein Reiter, der vom Pferd fällt? Genau: Er muss wieder rauf aufs Pferd. Und zwar so schnell wie möglich. Erst wenn man Ausrutscher als Anlass nimmt, die Flinte ins Korn zu werfen, ist man wirklich »zurückgefallen«. Die alten Vorstellungen in der Suchtbehandlung, dass ein Rückfall beweise, dass der Patient nicht richtig motiviert bzw. »noch nicht tief genug gesunken« sei, sind aus heutiger wissenschaftlicher Sicht schlicht Blödsinn.[67] Dafür haben sich diese Mythen erstaunlich lange gehalten.

Eine sehr schöne Zusammenfassung dieser Balance von Veränderungshaltung und Akzeptanz beschreibt das »Gelassenheitsgebet«, das die Anonymen Alkoholiker stets zu Beginn ihrer Meetings vorlesen:

Herr, gib mir den Mut,
die Dinge zu ändern,
die ich ändern kann.
Gib mir die Gelassenheit,
die Dinge anzunehmen,
die ich nicht ändern kann.
Und gib mir die Weisheit,
das eine vom anderen zu unterscheiden.

Gerade die Gelassenheit, die es ermöglicht, aus einer gewissen inneren Distanz die Situation wie mit den »Augen eines weisen Mannes« zu betrachten, scheint wichtig. Von daher könnte sich ein kurzer Blick auf die buddhistische Haltung lohnen.

Der Dalai Lama hat gut lachen: Warum uns etwas Buddhismus guttun kann

Die westliche Grundhaltung ist vom Glauben an Entwicklung und äußeren Fortschritt geprägt. Wir meinen, durch Wissen die Welt verstehen und kontrollieren zu können. Erfolgreiche Mondlandungen haben uns in unserer Fortschrittsgläubigkeit bestätigt, Katastrophen wie Tschernobyl oder Fukushima nur kurzfristig irritiert. Dieser Glaube ist die Triebfeder des wissenschaftlichen und wirtschaftlichen Fortschritts und beschenkt uns z. B. mit immer windschlüpfrigeren Autos. Dummerweise gleichen die sich dann mehr und mehr wie ein Ei dem anderen. Zugegeben, das ist etwas geringschätzig formuliert, profitieren wir doch alle von den Segnungen des Fortschritts. Erlauben Sie mir dennoch eine gewisse kritische Haltung, denn die Grenzen und »Nebenwirkungen« dieser Annehmlichkeiten werden leider auch immer deutlicher. Daher sei ein kurzer Blick in ein fast gegenteiliges Menschen- und Kulturverständnis erlaubt, nämlich in das buddhistische.

Der Buddhismus lenkt den Blick von der äußeren Veränderung und Entwicklung der Welt zur inneren Veränderung und Entwicklung des Menschen selbst. Begründet wurde der Buddhismus vom indischen Prinzen Siddharta Gautama, nachdem dieser erkannt hatte, dass auf alle von uns Alter, Krankheit und Tod warten. Warum sich also in der äußeren Welt verlieren und materiellen Gütern hinterherlaufen, wenn »das letzte Hemd doch keine Taschen hat«? Vielleicht könnte man sich gerade dann den sinnlich-leiblichen Genüssen verschreiben? Doch der Buddhismus verweist darauf, dass Genuss nach immer mehr Genuss verlangt und uns nie anhaltend zufriedenstellt. Verlangen führt letztlich immer zu Enttäuschung und Schmerz. In diesem Sinn nehmen Buddhisten eine gegenteilige Haltung zur Fortschrittsorientierung ein: Sie versuchen nicht, die Welt ihren Vorstellungen anzupassen, sondern passen ihre Vorstellungen und Wünsche der Welt an, so wie sie ist: eine Haltung von Akzeptanz. Interessanterweise können theoretisch beide Wege dazu führen, dass meine Vorstellungen und die Welt zusammenpassen und dann bin ich zufrieden. Die Mischung macht's; das Richtige zur richtigen Zeit zu tun. Zumindest ist das Einüben einer gewissen Akzeptanzhaltung ein guter Plan B, wenn wir mit unserer Veränderungshaltung an Grenzen stoßen. Und das dürfte uns in der zweiten Lebenshälfte immer öfter passieren.

Es mag uns abendländische Menschen zunächst verblüffen, aber wenn wir genau hinschauen, hat die buddhistische Haltung durchaus ihren Charme. Natürlich fühlen wir uns kurzfristig gut, wenn wir ein Ziel erreicht haben. Aber es geht uns wie beim Besteigen eines Berges: Kaum ist ein Gipfel erklommen, sieht man nicht weit entfernt einen noch höheren (oder schöneren). Und schon »muss« man da auch hinauf. Das Begehren ist erneut erwacht und damit fühlt man sich schon wieder schlechter, statt sich über den erreichten Zustand zu freuen. Klar, ohne Begehren kein Fortschritt und keine Steigerung des Bruttosozialproduktes. Aber wir müssen feststellen, dass wir mit steigendem Einkommen eben nicht immer glücklicher werden. Im Gegenteil: Jenseits der Sicherung der Existenz macht uns mehr Geld nicht wirklich glücklicher. Glauben Sie nicht? Ist wissenschaftlich untersucht![68] Daher hat der Dalai Lama gut lachen. Er steckt nicht (oder zumindest weniger) im Hamsterrad von Begehren und Verpflichtungen.

Selbstredend ist meine Absicht nicht, uns alle zum Buddhismus zu bekehren. Aber eine gute Mischung aus Veränderungs- und Akzeptanzorientierung könnte für die Weiterentwicklung unseres Planeten vorteilhaft sein. In der Abbildung 7 ist dieser Zusammenhang graphisch dargestellt: Wenn unsere Erwartungen nicht mit dem Zustand der Welt zusammenpassen, signalisiert uns unser Gehirn: Da geht was nicht zusammen. Das erleben wir als Unzufriedenheit. Wir fühlen uns innerlich irgendwie unangenehm angespannt. Diese »Schieflage« zeigt sich im Kreis in der Mitte.

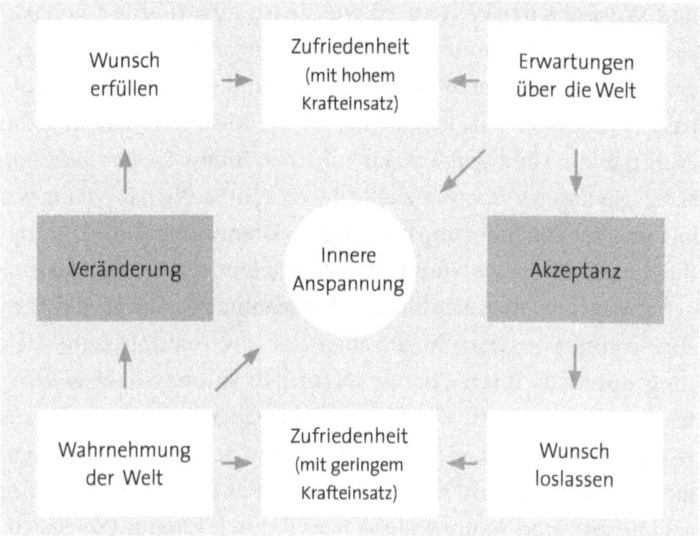

Abb. 7: Wege zur inneren Zufriedenheit

In eine ausgeglichene Befindlichkeit können Sie jetzt auf zwei Wegen kommen: Sie können sich anstrengen, um den erwünschten Zustand herzustellen. Das wäre die erwähnte Veränderungsorientierung. Das kann relativ viel Kraft kosten. Und kann auch scheitern. Wenn es klappt, sind Sie zufrieden. Aber für einen relativ hohen Preis – auf welcher Ebene auch immer.

Die Buddhisten wählen den anderen Weg. Sie sagen sich: Alles ist gut so, wie es ist. Sie lassen also die Wünsche und Ziele los. Auch das bringt einen in eine Übereinstimmung von Wunsch und Wirklichkeit. Das klappt jedoch nur, wenn Sie das innerlich ehrlich machen und nicht so wie der Fuchs in der Fabel von Lafontaine mit den »sauren Trauben«: Weil der Fuchs nicht an die Trauben herankommt, sagt er sich: Die sind bestimmt sauer! Aber er glaubt es nicht wirklich. Deshalb lässt das Begehren nicht nach. Sie können Ihr gieriges Kind im Inneren nicht so einfach austricksen. Da müssen Sie sich schon etwas mehr Mühe geben.

Mit 66 Jahren, da fängt das Leben an …
Glauben Sie das wirklich?

Auch wenn Udo Jürgens tatsächlich bis ins hohe Alter rüstig geblieben ist, so ist diese Liedzeile sicher übertrieben. Zugegeben: Menschen zwischen 50 und 65 gelten heute als »Best ager«. Durch gesunde Lebensführung und mentale und körperliche Fitness ist da einiges zu gewinnen und man kann bis Mitte 60 noch ganz gut in Schuss bleiben. Dennoch: Spätestens beim Überschreiten der 50er-Schwelle verändert sich etwas im Lebensgefühl. Es ist eben klar, dass mehr als die Hälfte des Lebens vorbei ist. Selbst bei der optimistischen Haltung eines Udo Jürgens! Und der Blick in den Spiegel zeigt die Spuren des Lebens ebenso unbarmherzig wie die immer häufigere Steifigkeit beim morgendlichen Aufstehen. Klar, man kann dagegen ankämpfen: Noch mehr Sport, etwas Botox vielleicht? Aber egal, wie Sie es drehen und wenden wollen: Das Älterwerden wird plötzlich Thema. Irgendwann wird einem klar, dass es eben nicht mehr bergauf, sondern letztlich bergab geht. Sie müssen nur die zeitliche Perspektive lange genug wählen. Wie kann man dieser Situation begegnen?

Nun, Sie können es sich nach dem vorher Gesagten ja schon fast denken. Aus meiner Sicht ist der Versuch, an Fitness und Aussehen der vergangenen Jahre festhalten zu wollen, ein aussichtsloses Unterfangen. Vielmehr geht es darum, sich rechtzeitig auf das Älterwerden vorzubereiten. Je früher wir damit anfangen, umso plastischer reagiert der Organismus. Nicht nur körperlich, sondern besonders von der geistigen Einstellung her. Denn auch die Seele »verkalkt« – nicht nur der Körper. Das bedeutet jedoch eine zunehmende Abkehr von unserer »Bigger-better-faster-more«-Einstellung ewigen Wachstums. Es geht um die radikale Akzeptanz immer enger werdender Grenzen. Das gelingt nicht ohne inneres Loslassen, nicht ohne Trauer und das Annehmen schmerzhafter Gefühle. Dies fällt uns meist schwer, weil wir und mit uns unser ganzes Werte- und Wirtschaftssystem einfach komplett anders gestrickt sind. Wir haben keine Trauerkultur. Niederlagen und Rückschläge sind Anlass, baldmöglichst wieder »voll anzugreifen«. Alles Krieger, alles Sieger! Eben nicht! Bloß keiner will Verlierer sein. Ganz im Sinne des Ex-Präsidenten des Fußballvereins Bayern München, Uli Hoeneß: »Der Zweite ist der erste Verlierer«. Da bleibt wenig Raum für jede Menge Verlierer. Und doch werden wir alle den Wettlauf mit dem Altern verlieren. Da gibt es keinen Sieger. Also: Bei nüchternem Verstand betrachtet kann der Ausweg nur sein, sich rechtzeitig mit dem Gedanken anzufreunden, dass es eine zentrale Lernaufgabe für uns alle ist, Alter und Leistungsverlust als natürlichen Prozess (wirklich!) anzunehmen. Genauso wie die Abenddämmerung oder den Herbst. Es ist einfach so! Wir können uns genauso wenig gegen das Altern wehren wie gegen die Schwerkraft.[69]

Aber ist diese Perspektive nicht deprimierend? Eben nicht! Ein Leben ohne Altern wäre deprimierend, weil alles beliebig wäre. Durch die Begrenzung bekommen Dinge (und auch Zeit) ihren besonderen Wert. So kann der Gedanke an den Tod der Lehrmeister für ein bewussteres und damit auch intensiveres Leben sein. Er hilft, Prioritäten zu setzen und sich zu entscheiden. Die meisten von uns geben der Arbeit eine hohe Priorität. Was wird jedoch von Ihrem Arbeitsleben nach Ihrer Pensionierung bleiben? Erschreckend wenig! Dazu zwei Übungen, die auf Ignatius von Loyola zurückgehen[70] und die ich persönlich meiner Kollegin Anke Handrock verdanke:

Übung: Mein 80. Geburtstag

Schließen Sie die Augen, nehmen ein paar tiefe, entspannende Atemzüge und lassen, so gut es geht, innerlich los, was Sie gerade umtreibt. Dann stellen Sie sich vor, wie Sie auf einem Zeitstrahl zu Ihrem 80. Geburtstag fliegen. Wenn Sie angekommen sind, schauen Sie zunächst auf den Boden. Wo sitzen Sie? Was ist das für ein Untergrund, in welchem Raum, an welchem Ort befinden Sie sich? Wie fühlen Sie sich körperlich? Wie ist Ihre Stimmung? Wer ist da noch? Wer wird Sie besuchen?

Merken Sie, warum es wichtig ist, nicht den 70., sondern den 80. Geburtstag zu nehmen? Wie fühlt sich das jetzt an?

Anschließend gleiten Sie auf dem Zeitstrahl zurück in die Gegenwart. Was erscheint Ihnen jetzt wichtig? In welche Beziehungen möchten Sie investieren? Was wird Ihnen bleiben, was wird vergehen, auch wenn es heute so nah wirkt? Übertragen Sie diese Erkenntnis in konkrete Entscheidungen und Pläne. Machen Sie nicht einfach so weiter. Setzen Sie Ihre Prioritäten aus dieser Perspektive heraus. Denken Sie an den oder die Alte!

Für viele von uns ist Arbeit tatsächlich mehr als nur Broterwerb. Nein, ich meine nicht, dass Arbeit auch eine erfüllende Berufung sein kann. Das würde ich von meiner Arbeit auch sagen. Ich will auf etwas anderes hinaus: Unsere Arbeit ist ein zentrales Merkmal unserer Persönlichkeit. Was ist spätestens die dritte Frage, wenn Sie jemanden neu kennenlernen? Genau: Was arbeiten Sie? Nicht nur aus finanziellen Gründen ist Arbeitslosigkeit daher kaum zu ertragen, sozusagen sozial tödlich, und wird in der Regel verschwiegen oder schöngeredet. Für manche von uns ist Arbeit auch der große Selbstberuhiger. Das erkennen Sie daran, dass Sie unruhig werden, wenn Sie länger als ein paar Tage nicht arbeiten (oder etwas anderes Spannendes machen). Wenn das bei Ihnen auch so ist, dann vermeiden Sie die innere Auseinandersetzung mit Einsamkeits- und Ohnmachtsgefühlen. Aber die werden Sie einholen. Spätestens, wenn Sie aus dem Beruf ausscheiden oder Ihre Kinder aus dem Haus sind und weit entfernt wohnen. Daher für Sie noch eine Reflexionsmöglichkeit.

Übung: Wenn ich noch sechs Monate zu leben hätte

Stellen Sie sich vor, Sie bekommen heute vom Arzt die Diagnose, dass Sie unheilbar an Krebs erkrankt sind und noch etwa ein halbes Jahr zu leben haben. Was tun Sie? Interessant wäre, ob Sie sofort nach dem Wunderheiler suchen wollen. Das ist das Festhalten an der Veränderungs- und Machbarkeitsidee! Irgendwas muss da doch noch gehen … Nein, eben nicht. Sie haben noch ein halbes Jahr, nicht mehr!

Was wollen Sie noch tun? Wen möchten Sie noch einmal treffen? Was möchten Sie ihm oder ihr sagen? Dann tun Sie das auch in der Realität. Was werden Sie lassen? Warum lassen Sie es nicht jetzt? Wenn Sie alles so weitermachen würden wie bisher, dann haben Sie vermutlich in Ihrem Leben einiges richtig gemacht. Ansonsten: Sie werden nicht jünger, nicht gesünder, vermutlich auch nicht freier. Worauf warten Sie? Sie leben jetzt.

Es ist schon erstaunlich, wie klar diese Zusammenhänge eigentlich sind und wie wenig die meisten von uns dennoch danach leben. Wir verhalten uns sogar in der zweiten Lebenshälfte so, als ob wir noch eine dritte im Kofferraum hätten. Haben wir aber nicht! Auf eine merkwürdige Weise nehmen wir viele Dinge wichtiger und ernster als uns selbst. Das ist sicherlich zum Teil Folge unserer Leistungsgesellschaft, möglicherweise aber auch Ausdruck mangelnder Selbstliebe. Wenn Sie genauer hinschauen, werden Sie vermutlich entdecken, dass sich da im Hintergrund die Stimme Ihrer inneren Bewerter bemerkbar macht. Wie Sie mit denen umgehen können, wurde ab Seite 111 beschrieben.

Wenn du mich nicht lieben willst, dann lieb ich mich alleine: Mitgefühl mit sich selbst haben

Der erste Teil der Überschrift dieses Abschnitts stammt von Georg Danzer, der das natürlich ironisch meint. Das Thema »Mitgefühl mit sich selbst« hat der Psychologe Paul Gilbert[71] ins Gespräch gebracht. In den folgenden Abschnitten möchte ich zeigen, wie man auf mitfühlende Art und Weise mit den eigenen schmerzhaften Gefühlen umgehen kann.

Viele von uns neigen dazu, unsere Einsamkeitsgefühle damit zu betäuben, dass wir uns dauernd in Kontakte stürzen. Kaum kommen wir von der Arbeit nach Hause, greifen wir zum Telefon. Ich muss mich korrigieren: So war das früher! Im Zeitalter der Smartphones reißt der Kontakt erst gar nicht ab. Irgendjemand der 500 Facebook-Freunde schickt immer eine Nachricht. Wir sind dauernd mit Menschen verbunden. Jedoch ist das keine Bindung, sondern die Illusion von Bindung. Das ist wie ein Schnuller. Nehmen Sie doch den Schnuller mal raus, schalten das Smartphone aus und setzen sich hin. Und dann tun Sie *nichts!*

Was passiert? Vermutlich werden Sie nach einer recht kurzen Zeit unruhig und es setzen Gedankenspiele ein. Der nächste Selbstberuhiger! Nun winken Sie die auch noch durch und lauschen nach innen. Winken Sie ebenso alle Bewerter und Antreibergedanken vorbei. Lassen Sie Ihre Gefühle einfach einmal aufsteigen. Meist kommen zuerst die sozialen Gefühle wie Scham, Schuld, Verachtung, Empörung, Lähmung, Resignation, Hadern oder Verzweiflung. Da stecken überall noch versteckt Bewertungen mit drin – über sich, andere oder die Situation. Schicken Sie auch die raus vor die Tür. Gehen Sie ganz nach innen, in Ihren Brust- oder Bauchbereich. Das braucht etwas Ruhe und Zeit. Dann steigen die Basiscmotionen hoch. Die sind unser emotionaler Kern. Mit allen diesen Gefühlen müssen wir in Kontakt sein, wenn wir unsere Grundbedürfnisse ausgewogen wahrnehmen und befriedigen wollen. Bisher haben Sie vermutlich im Alltag diese Gefühle mithilfe Ihres distanzierten Beschützers eher unter dem Teppich gehalten – weil Sie ja funktionieren wollen oder müssen.

Manchmal kommt zunächst Ärger. Nehmen Sie ihn wahr. Erkennen Sie an, dass da viel Wut in Ihnen steckt, die Sie vielleicht nie zeigen durften. Weil Sie dann »böse« waren oder die Eltern belastet hätten. Jetzt darf der Ärger gespürt werden. Dieser Ärger ist wichtig, denn in ihm findet Ihre Wut-Kraft einen Ausdruck. Gehen Sie in Kontakt mit Ihrer inneren Kraft. Sie ist gut. Sie ist der Ausdruck Ihrer Selbstbehauptungsimpulse. Das ist die energetische Grundlage Ihres Selbstvertrauens und Ihrer Autonomie. Lassen Sie sich die nicht mehr nehmen. Klar, die darf nicht ungebremst raus. Das Feuer muss in den Ofen, damit es keinen Schaden anrichtet. Aber schreiben Sie sich doch einmal den ganzen Ärger vom Leib und sagen allen, denen Sie schon immer die Meinung geigen wollten, was da jetzt in Ihnen hochkommt. Abschicken sollten Sie so einen Wutbrief natürlich nicht. Wie gesagt: Die Kontrolle sollte beim Erwachsenenmodus liegen. Wichtiger ist aber, dass das jetzt alles einmal raus darf – wie der Eiter aus einer schwärenden Wunde, damit die endlich heilen kann. Es geht nicht darum, alte Geschichten aufzurollen. Was passiert ist, ist passiert. Aber wer aus der Geschichte und alten Fehlern nicht lernt, ist verdammt, sie zu wiederholen. Es geht darum, einen neuen Blick auf die Situation zu bekommen und es in Zukunft besser zu machen. Dazu brauchen Sie die Kraft zur Selbstbehauptung.

Cry a river: Trauern, aber richtig!

Und dann lauschen Sie weiter. Wenn es ruhiger geworden ist, kommt meist eine leise, warme Traurigkeit. Lassen Sie auch die zu. Diese Traurigkeit ist nicht neu. Sie ist nicht jetzt entstanden. Sie ist ein stummer Begleiter, der Ihr ganzes Leben lang neben Ihnen herläuft. Wie Ihr Schatten. Sie können auch vor Ihrem Schatten nicht weglaufen. Nehmen Sie diese Traurigkeit an. Vielleicht kommen sogar Tränen. Versuchen Sie vom Hadern, von dem Gefühl, schlecht behandelt worden zu sein, von der Kränkung zum Kern des Schmerzes, zur Traurigkeit vorzudringen. Dann wird es ruhiger in Ihnen. Die emotionalen Wogen glätten sich. Etwas Neues kann kommen. Sie haben Kontrolle abgegeben, sind aber wieder offen für neue Bindungen. Diesen Prozess aus dem Hadern über die Trauer in die Akzeptanz der Situation als Basis für eine neue Lösung hat auch Elisabeth Kübler-Ross in ihren Trauerphasen beschrieben.[72]

TRAUERPHASEN

In dem bekannten Modell der Trauerphasen umreißt Elisabeth Kübler-Ross den Ablauf einer Trauerreaktion. In ihrer Arbeit mit an tödlich verlaufendem Krebs erkrankten Patienten hat sie folgende vier Phasen gefunden, die typischerweise durchlaufen werden, bis die Betroffenen wieder emotional stabil sind.

1. Verleugnung der Erkrankung. »Die Ärzte haben sich bestimmt geirrt«, »Der Tumor ist bestimmt gutartig« oder: »Ich gehöre zu dem einen Prozent, das den Krebs besiegt«.
2. Hadern mit dem Schicksal. »Warum ich, wo ich doch immer so gesund gelebt habe« oder: »Der Nachbar ist doch viel verbissener drauf, der hätte den Krebs viel eher verdient!« Dazu kann man auch die verzweifelte Suche nach alternativen Heilmethoden zählen, denn die erkennt den unausweichlichen Ausgang nicht an.
3. Verhandeln. Manchmal wird nach einer Phase von Ärger und Trotz versucht, einen Handel mit Gott oder dem Universum zu schließen, nach dem Motto: »Wenn ich ganz brav bin, dann ...«
4. Trauer zeigt, dass das Unausweichliche angenommen wird. Man hat aufgehört zu kämpfen und fügt sich in sein Schicksal. Die Verkrampfung löst sich, auch die körperliche Aktivierung lässt nach. Es kehrt innere Ruhe ein. Neuorientierung in der jetzigen Situation. Wir lösen uns aus der Selbstbezogenheit und können außen neue Anregungen finden. Wenn es sich nicht gerade um eine tödliche Krankheit handelt, können wir uns sagen: Das Leben geht trotz allem weiter. Aus einer Enttäuschung kann etwas Neues wachsen. Jedes Ende ist ein neuer Anfang. Und sogar bei Krankheiten, die zum Tode führen, kann durch die Trauer und die Annahme des Unausweichlichen die Chance zur Gestaltung eines guten Lebensabschlusses erwachsen.

Während Sie zu Beginn des Trauerprozesses noch um Kontrolle ringen, nimmt in der Mitte das Gefühl der Ohnmacht zu. Die Wut geht in Schmerz über. Wenn Sie hier hängen bleiben, droht Verbitterung.[73] Das Modell ist allerdings etwas idealtypisch. Die Forschung hat gezeigt, dass die einzelnen Prozesse nicht immer in dieser Reihenfolge durchlaufen werden. Es kommt zu Schleifen und Sprüngen. Man spricht daher inzwischen von »Trauer-Aufgaben«.[74] Manchmal laufen die Prozesse parallel. Flüsse fließen auch mal in mehreren Armen. Wichtig ist aber, den Fluss der Emotionen nicht aufzuhalten, sondern allen Gefühlen Raum zu geben. Der Ärger-Seite genauso wie dem Schmerz. Beide Bedürfnisse sind wichtig: Kontrolle und Bindung. Wir sollten versuchen, beide auszubalancieren. Dazu müssen wir sie jedoch beide überhaupt wahrnehmen. Lauschen Sie also so weit wie möglich nach innen – wie wenn Sie Ihr geliebtes Kind in seinen Gefühlen wirklich tief verstehen wollen.

Halten Sie nichts fest, aber nehmen Sie alles an. Das ist die Haltung des Mitgefühls. Nicht mit-*leiden*, sondern mit-*fühlen*. Was ist hier bitte der Unterschied, möchten Sie fragen? Beim Mit-Leid wird man in das Gefühl hineingezogen und vielleicht überwältigt. Man droht in den emotionalen Wogen mit unterzugehen, wie ein Rettungsschwimmer, der vom Ertrinkenden mit hinabgezogen wird. Beim Mit-Gefühl ist man emotional beteiligt, bleibt aber dennoch achtsamer Beobachter – innerlich oder äußerlich. Das ist wichtig, um den inneren Abstand zu halten, den es braucht, um die Situation »erwachsen« einzuschätzen und angemessene Lösungsideen zu entwickeln.

Wenn sich die innere Verkrampfung löst, wird die Trauer »warm«. Wir werden weicher, offener für Neues. Im Trauerprozess öffnet sich das Gefängnis der Selbstbezogenheit. Der Raum in unserem Inneren, der im Schmerz ganz eng und zusammengezogen ist, weitet sich. Das ist ein zentraler Unterschied zwischen Depression und Trauer: Der oder die Depressive ist in seinem Fühlen blockiert und erstarrt. In der Trauer können die Gefühle wieder fließen. Trauern ist das Verbrennen des Begehrens im Zulassen des Schmerzes! Das führt zur Lösung und Entspannung.[75] Irgendwann tritt dann eine innere Ruhe und »Gleich-Gültigkeit« ein. Das meine ich im eigentlichen Wortsinn: gleich gültig. Die Dinge relativieren sich, alles erscheint weniger dramatisch und absolut. In der Trauer verlassen wir unsere übermäßige Selbstbezogenheit, mit der wir an Grenzen gestoßen sind. Die wiedergewonnene Empfindsamkeit öffnet uns für die Welt, für die anderen Menschen. Manchmal hilft es, sich den Kummer von der Seele zu schreiben, davon war ja bereits in Kapitel 4 die Rede.

Es ist wichtig, einerseits die Gefühle zuzulassen und andererseits Wege zu finden (oder zu erlernen), mit diesen Gefühlen gut umzugehen. Starke Emotionen halten uns in den alten Mustern fest, dann fallen uns auch nur alte Lösungen ein. Innerer emotionaler Abstand macht auch die Denkfähigkeit wieder frei und beweglich,[76] mit einem »kühlen Kopf« kommen wir auf neue Lösungen. Oft haben wir diese längst im Kopf! Sie müssen nur die Emotionen loslassen und innerlich zurücktreten: Sie sind mit dem Gefühl verbunden, aber nicht mit dem Gefühl

PUTTING STRESS INTO WORDS: SCHREIBEN ALS TRAUMA-THERAPIE

Der amerikanische Psychologe James Pennebaker hat das Aufschreiben von Gefühlen als Therapietechnik erforscht,[77] in Deutschland hat die Arbeitsgruppe um Frank Neuner diese Technik bei jugoslawischen Kriegsflüchtlingen mit gutem Effekt eingesetzt.[78] Bemerkenswerterweise funktioniert das sogar in Afrika, wenn die Betroffenen ihre Erlebnisse nicht selbst aufschreiben (weil sie gar nicht schreiben können), sondern im Kreis der Dorfbewohner nur schrittweise erzählen, während die Helfer das Aufschreiben übernehmen. Wirksam scheint das Versprachlichen des Erlebens in langsamem Tempo zu sein, sodass eine dosierte gefühlsmäßige Verbindung entsteht – aber eben keine Überflutung.

identisch. Der Kopf bleibt über Wasser. Wenn Sie genauso viel Angst haben wie Ihr Kind, können Sie ihm nicht helfen. Aus einer mitfühlenden Haltung behält man den Überblick, während man im Mitleid in die emotionale Enge mit abzusinken droht und sich dann in innere Distanzierung und billigen Trost rettet (»Wird schon wieder«). Das hilft keinem. Im Gegenteil: Das vergrößert das Gefühl, nicht gesehen und verstanden zu werden. Im Gegensatz dazu schaut Mitgefühl ohne Erwartung und mit einem liebevollen, warmen Blick nicht-wertend hin. Alles, was ist, ist ok. Einfach weil es da ist. Weil es so ist, wie es ist. Das ist eine Tür zur Aussöhnung mit sich selbst. Zu einem wirklichen Selbst-Bewusstsein. Man will und muss kein anderer sein, als man ist. Liebevoll-nüchtern. Fühlt sich gut an!

Wenn Sie im Selbstmitleid stecken, sinken Sie auch körperlich in sich zusammen. Dann befinden Sie sich ganz im Modus des traurigen, einsamen Kindes. Versuchen Sie einmal, aus dieser Haltung aufzustehen und in einen Spiegel zu schauen. Aber bitte liebevoll und nicht-wertend! Und dann sprechen Sie zu sich selbst. So, wie ein guter Freund oder eine gute Freundin spricht. Schauen Sie sich dabei in die Augen. Sie werden merken, dass Sie dann auch der Wirklichkeit in die Augen schauen können. Sie sind wieder im Erwachsenenmodus. Sie können wechseln. Neben dem Kindmodus ist auch der oder die Erwachsene immer da.

Sobald wir in die Erwachsenenperspektive wechseln, relativieren sich die Dinge, geht es irgendwie weiter. Wir können erkennen, dass wir nicht die einzigen Menschen mit Problemen sind. Irvin Yalom nennt das die »Universalität des Leides«.[79] Diese Haltung hilft uns aus unserer Selbstzentrierung und macht uns wieder anschlussfähig an andere Menschen. Diese Übung vor dem Spiegel kann uns dabei genauso helfen wie das wirkliche Gespräch mit guten Freunden. Mit dem oder der Erwachsenen haben wir aber immer einen »guten Freund« in uns. Das macht uns etwas weniger abhängig von anderen Menschen. Wenn wir versuchen, unsere Kindseite anderen Menschen »auf den Schoß zu setzen«, riskieren wir, dass sie immer wieder fallen gelassen wird. Wenn wir uns selbst um sie kümmern, können wir das verhindern.

Können Sie sich aus diesem Blickwinkel des Erwachsenenmodus verzeihen, was Sie getan haben oder was geschehen ist? Können Sie sich liebevoll sagen: »Du hast es halt nicht besser hinbekommen, auch wenn du das gerne gewollt hättest«? Oder mit dem Wissen um Ihre Schemata: »Du hast eben ein Misstrauensschema, und deshalb ist es dir so wichtig, immer alles unter Kontrolle zu behalten, auch wenn du andere damit nervst. Dein Verlassenheitsschema springt an, wenn du auf andere warten musst, deshalb fühlst du dich so unendlich traurig, ungeliebt und einsam. Oder du reagierst umgekehrt (kompensierend) gereizt, wenn jemand zu spät kommt. Dein Unerbittliche-Ansprüche-Schema setzt dich unter Druck und lässt dich genervt reagieren, wenn sich jemand bei einer Arbeit offensichtlich keine Mühe gibt«, usw.

Fragen Sie sich: Was soll mir das bringen? Zuerst einmal sinkt Ihre Anspannung. Sie denken nicht mehr, dass die *anderen* schuld an Ihrer Anspannung sind. Sie können das Problem bei sich lassen, ohne sich schlecht zu machen. Und Sie können anderen erklären, dass es *Ihr* Schema ist, das Sie so angespannt (oder verzweifelt) reagieren lässt. Dann fühlen sich die anderen nicht so angegriffen und reagieren ihrerseits lockerer. Aus dieser mitfühlenden Haltung heraus lässt sich ein sich anbahnender Streit mit einem kurzen erklärenden und beschwichtigenden Satz schon im Keim aus der Welt schaffen. Ist das kein Gewinn?

Let it be! Übungen zum Loslassen

Wenn das mit dem Loslassen so einfach wäre! Wie oft hören wir: »Du musst dir das aus dem Kopf schlagen« oder: »Du musst jetzt einfach mal einen Strich ziehen«. Viele Menschen schaffen das aber nicht. Dann droht innere Erstarrung oder sogar Verbitterung. Alle Kulturen haben Rituale erfunden, um diese Übergänge und das Loslassen zu erleichtern, z. B. Trauer- oder Abschiedsrituale. Die sind tatsächlich hilfreich. Unser Bewusstsein braucht solche Hilfestellungen, um aus einer emotionalen Sackgasse herauszukommen – so wie früher alte Vinyl-Schallplatten einen kleinen Schubs brauchten, wenn sie an einem Kratzer festhingen. Rituale sind so ein kleiner Schubs, den wir uns selbst geben können. Zwei möchte ich Ihnen vorstellen: Der »Abschiedsort« soll helfen, sich von einer lieben Person zu lösen. Das »Abschiedssymbol« hilft, wenn Sie selbst etwas verloren haben, wie z. B. einen Lebenstraum oder eine Fähigkeit. Beide Übungen habe ich von meiner Kollegin Anke Handrock. Ich habe sie etwas modifiziert, damit sie besser in dieses Buch passen.

Der Abschiedsort

Setzen Sie sich an einem ruhigen Ort bequem hin. Sie sollten mindestens eine Viertelstunde ungestört sein können. Stellen Sie in etwa einem Meter Abstand einen zweiten Stuhl gegenüber und schließen Sie die Augen. Entspannen Sie sich körperlich mit ein paar tiefen Atemzügen und wenden Sie Ihre Aufmerksamkeit nach innen, z. B. in Ihren Brustbereich oder Bauch, also weg von Ihrem Kopf.

Stellen Sie sich einen schönen, ruhigen Raum vor, der durch zwei einander gegenüberliegende Türen betreten werden kann. In der Mitte des Raums stehen zwei Stühle einander gegenüber. Sie kommen durch die eine Tür herein, der Mensch, von dem Sie sich verabschieden und lösen wollen, durch die andere. Sie setzen sich gegenüber.

Sagen Sie nun der anderen Person alles, was Sie ihr noch sagen möchten. Nehmen Sie sich Zeit und auch den Mut, wirklich *alles* zu sagen. Lassen Sie Ihre Worte nachklingen und spüren Sie auch, was Sie dabei fühlen. Geben Sie beiden emotionalen Polen Raum: sowohl der Trauer und den Ängsten, als auch Enttäuschung und Ärger. Zuletzt sagen Sie, was Sie sich von Ihrem Gegenüber wünschen.

Wechseln Sie nun auf den Stuhl gegenüber und schließen Sie wieder die Augen. Lassen Sie sich einen Moment Zeit, auf diesem Stuhl anzukommen. Sie sind jetzt der »Gegangene« und haben sich alles angehört. Nehmen Sie die Kritik nicht persönlich. Rechtfertigen Sie sich nicht. Machen Sie sich klar, dass der Fluss des Lebens weitergeflossen ist. Schauen Sie (mit geschlossenen Augen, bitte) auf den oder die Zurückgebliebene/n. Spüren Sie, was Sie ihm oder Ihr wünschen, und sagen Sie es. Wenn Sie möchten, können Sie diese Wünsche auch auf einen Zettel schreiben und zwischen die Stühle legen.

Setzen Sie sich wieder auf Ihren Ursprungsstuhl und schließen die Augen. Lassen Sie das Gesagte einen Moment wirken. Lassen Sie sich darauf ein, so gut es geht. Spüren Sie, wie es etwas freier wird in Ihnen. Auch Sie können sich dem Fluss des Lebens anvertrauen und schauen, was kommt. Alles fließt. Nichts bleibt. Es geht immer weiter.

Überlegen Sie, was das jetzt für Ihr Leben konkret bedeutet und was Sie nun tun werden. Warten Sie einen Moment und öffnen dann in Ihrem Tempo die Augen. Nehmen Sie den Zettel mit, damit Sie sich besser an die Übung und die Wünsche erinnern können.

Das Abschiedssymbol

Wenn es sich um einen inneren Verlust handelt, kann die folgende Übung helfen:

Sie beginnen wie bei der vorigen Übung und setzen sich in Ruhe auf Ihren Stuhl und kommen zu sich. Sie vergegenwärtigen sich, was Sie verloren haben, z. B. Ihre Gesundheit, eine

Hoffnung, einen Arbeitsplatz, einen Partner. Achten Sie auch auf Ihr Körpergefühl.

Finden Sie innerlich ein Symbol für das Verlorene, vielleicht einen Gegenstand oder einen ganz konkreten Ort (das ist z. B. in unserer Kultur das Grab).

Welche Aufgabe stellt sich jetzt für Sie? Stellen Sie sich konkret die zu leistenden Schritte vor.

Stehen Sie jetzt auf, stellen sich neben den Stuhl und schließen wieder die Augen. Sie sind jetzt Ihr »innerer Berater«, z. B. ein bester Freund. Was raten Sie aus dieser Perspektive der Person unten auf dem Stuhl? Was kann sie konkret tun? Was kann Positives aus diesem Wendepunkt im Leben werden? Suchen Sie sich für das, was kommen kann, wiederum ein konkretes Symbol.

Setzen Sie sich anschließend wieder auf den Stuhl, schließen die Augen und lassen die Worte und die Wirkung des Symbols nachklingen. Spüren Sie, wie sich das auch im Körper anders anfühlt. Stellen Sie sich vor, wie Sie die allerersten Schritte auf dem neuen Weg gehen. Geben Sie dem alten Symbol einen ehrenvollen Platz in Ihrer »Lebensgalerie«, also in Ihren Erinnerungen, in Ihrem inneren Fotoalbum. Öffnen Sie in Ihrem Tempo die Augen und stehen langsam auf. Wenn im Alltag Trauergefühle kommen, legen Sie diese zu dem alten Symbol in die »Galerie«, rufen sich das Bild des neuen Symbols auf, hören die Stimme Ihres inneren Beraters zu sich sprechen und wenden sich wieder möglichst konzentriert Ihrer aktuellen Alltagsaktivität zu.

Vertrauen ist gut – Kontrolle ist besser: Wo Lenin irrte

Besonders Menschen mit schlechten Bindungserfahrungen neigen dazu, sich über Kontrolle ersatzweise ein Sicherheitsgefühl zu verschaffen, entsprechend dem Lenin'schen Motto aus der Überschrift. Natürlich ist Kontrolle innezuhaben auch ein Grundbedürfnis. Aber das Gefühl der Nähe und Wärme, das in einer vertrauensvollen Beziehung zu einem anderen Menschen entsteht – man kann es auch Liebe nennen –, ist durch Kontrolle nicht zu ersetzen. Liebe ist ein Kind der Freiheit. Vertrauen lässt frei. Eingesperrte Vögel hören auf zu singen. Kontrollstreben und übergroße Selbstbehauptung machen letztlich einsam, wenn sie nicht durch eine angemessene Fähigkeit, sich einzulassen, nachzugeben oder loszulassen, ausbalanciert werden. Dauernde Besserwisser und Alles-besser-Könner sind unerträglich (selbst wenn sie recht haben). Wenn Sie in Ihren in der Kindheit entwickelten Kontrollbemühungen stecken bleiben, werden Sie Ihre Umwelt nerven. Das ist schade und unnötig. Weil Sie gerade in Ihrer Lebensfalle stecken, stülpen Sie den Menschen in Ihrer heutigen Umgebung Ihre alten Erfahrungen über.[80] Wenn Sie unbewusst erwarten, dass die Menschen heute genauso reagieren, tun Sie denen unrecht. Sie drücken ihnen eine Maske auf, hinter der Sie den wirklichen Menschen nicht mehr sehen. Dann hat Ihr Gegenüber zu Recht das Gefühl, von Ihnen gar nicht gesehen zu werden. Das entfremdet. Machen Sie sich daher klar, dass Ihr Misstrauen nichts mit den Menschen heute zu tun hat, sondern ein altes Thema von Ihnen ist. Wenn Sie das bemerkt haben, sagen Sie das auch. Wenn andere merken, dass wir unsere Schwäche selbst bemerkt haben und daran arbeiten wollen, sind sie uns in der Regel gar nicht so böse. Das entspannt die Situation.

Für die Fragen, um die es in diesem Buch geht, hat die Akzeptanzhaltung aber eine noch weitergehende Bedeutung. Auch im Umgang mit meiner inneren Welt, mit meinen Gedanken und Gefühlen, kann mir diese Haltung helfen, meine innere Anspannung zu reduzieren. Wie oft ärgern wir uns über unangenehme Gefühle, wenn wir traurig, ängstlich oder eifersüchtig sind. Und wie oft über unsere Gedanken, die uns nachts nicht einschlafen lassen, aber die wir einfach nicht lassen können? Der Ärger darüber macht das Problem nur noch schlimmer! Wir sind angespannt, weil wir nicht so fühlen und denken, wie wir wollen. Unser Ärger lässt uns leiden. Dabei ist dieser Ärger meist den inneren Bewertern geschuldet, die sagen: »Du darfst nicht … fühlen!« Sie setzen uns unter Druck, indem sie fordern, wir sollten uns nicht so gehen lassen, nicht so weich sein, endlich besser mit dem Leben klarkommen. Und was passiert, wenn wir jetzt einfach wie ein innerer Beobachter die unangenehmen Gefühle und Gedanken so betrachten, als ob sie uns nichts angingen, als ob sie ein anderer hätte? Zugegeben, ein ungewöhnlicher Gedanke. Aber genau das üben Menschen, die Achtsamkeitsmeditation praktizieren.

Zuerst muss ich akzeptieren, dass ein Gefühl oder ein Gedanke da ist, ob ich nun will oder nicht. Dann kann ich den Bewusstseinsinhalt distanziert betrachten und seine Bedeutung relativieren bzw. neubewerten. Dadurch verliert er seine Macht und Bedrohlichkeit. Die Dinge in dieser Weise zu durchschauen, macht uns gelassener. Eine gute Voraussetzung, um etwas Neues auszuprobieren bzw. zu lernen.

Dazu noch ein Bild: Was macht die Kuh, wenn die Fliegen kommen? Genau: Sie wedelt mit dem Schwanz. Was macht sie, wenn die Fliegen wiederkommen? Sie wedelt wieder mit dem Schwanz. Ist sie frustriert? Nein. Sie hat akzeptiert, dass Fliegen in ihrem Leben dazugehören. Man könnte fast meinen, Kühe seien reinkarnierte Buddhisten. Zumindest können wir von ihnen Gelassenheit lernen. Vielleicht denken Sie daran, wenn Sie das nächste Mal eine Kuh sehen.

Wenn Sie keine »beste Freundin« haben, hier ist eine: BEATE!

Reingelegt! Beate ist gar keine Frau. BEATE ist ein Akronym, also ein aus einzelnen Buchstaben zusammengesetztes Kunstwort, das scheinbar selbst einen Sinn ergibt. In diesem Fall sind es die Anfangsbuchstaben von fünf Schritten, die Ihnen helfen, »heute« und »früher« besser zu trennen. Die können Sie dann buchstäblich an den Fingern einer Hand abzählen, wenn Sie mal wieder emotional »unter Wasser« kommen, und so aus einer solchen Schemaaktivierungssituation aussteigen. Zum Beispiel, wenn Sie sich über etwas ärgern, Angst aufkommt oder Eifersucht. Auf Ihre Hand können Sie sich verlassen. Die haben Sie schließlich immer dabei. Sie müssen sie nur benutzen. Ganz nebenbei ergibt unser Akronym aber auch einen hintergründigen Sinn, denn »Beate« bedeutet auf Lateinisch »die Glückliche«. Das passt ja nun wieder. Da wollen wir hin! Hier die fünf Schritte, am Beispiel von Eifersucht durchgespielt:

- **Benennen,** *dass* Sie in einer Aktivierungssituation sind, indem Sie Ihre innere Anspannung bemerken. Das braucht ein Mindestmaß an Achtsamkeit und Bei-sich-Sein. Sonst geht es Ihnen wie dem Mann, den seine Frau fragt: »Warum bist du so wütend?« und er sie anschreit: »Ich bin doch gar nicht wütend!« Bei der Eifersucht heißt das: »Oh, ich merke, wie mir heiß wird und sich mein Körper anspannt. *Das* ist meine Eifersucht!«
- **Erkennen,** dass die eigentliche Ursache Ihrer Aufregung *nicht* der Auslösereiz in Ihrer gegenwärtigen Umgebung ist, sondern das aktivierte Schema in Ihnen. Damit entschärfen Sie die aktuelle Situation. Bei der Eifersucht: »Dass ich eifersüchtig bin, liegt nicht an meinem Partner. Das ist mein emotionales Vernachlässigungsschema, das ich habe, weil meine Mutter meinen Bruder immer vorzog«.

- **Anerkennen,** dass es *Ihre* Verantwortung ist, mit dieser Schemaaktivierung umzugehen. Lassen Sie das Problem bei sich, dann bleiben auch die anderen gelassener und kooperativer. Bewerten Sie die Situation erst einmal mit innerem Abstand aus der Sicht des Erwachsenenmodus. Bei der Eifersucht: »Auch wenn mein Partner jetzt schon ziemlich lange mit dieser attraktiven Frau spricht, heißt das nicht, dass er mich mit ihr betrügt. Es ist *mein* Schema, nicht sein Fehler!«
- **Trennen** Sie sich von Ihrem spontanen Handlungsimpuls, denn er ist schemagesteuert. Schalten Sie den Autopilot aus. Nehmen Sie sich Zeit für eine neue, erwachsene Lösung. Auf die Eifersucht bezogen: »Ich veranstalte jetzt keine Szene, auch wenn es mich dazu treibt. Ich mache das mit mir aus und halte meinen Partner da raus.«
- **Einbrennen** des neuen Lösungsweges durch Üben. Sie müssen den ungewohnten Weg mehrmals gehen, bis er zur Gewohnheit wird. Bleiben Sie geduldig mit sich selbst und probieren Sie es immer wieder neu. Im Falle der Eifersucht: »Ich lenke mich jetzt ab und spreche mit diesem Gast hier, bis ich mich wieder beruhigt habe.«

Vermutlich wirken diese fünf Schritte auf Sie noch etwas abstrakt. Daher hier noch ein paar weitere Beispiele aus dem Alltag – mit ansteigender Dramatik! Die Beispiele sind bereits als Sätze Ihres Erwachsenenmodus formuliert, im Sinne einer inneren Selbstberuhigung. Die Buchstaben stehen wieder für die einzelnen Schritte BEATE.

- Sie fahren auf der Straße und wollen jemanden überholen. *B*: Du fährst zu dicht auf! *E*: Du hast doch eigentlich Zeit. Da steckt dein Bestrafungsschema dahinter! *A*: Wir wollen uns doch nicht von unserem Schema versklaven lassen. Wir können aussteigen! *T*: Schick deinen Antreiber weg. *E*: Mach das Radio an oder bemerke einfach mal die Landschaft, durch die du fährst.

- Ihr Chef fragt, wer die zusätzliche Aufgabe übernehmen will. *B*: Sie spüren in sich den gewohnten Impuls, sich als Erste zu melden. *E*: Vorsicht: Das könnte dein Aufopferungsschema sein. Mach mal ganz langsam! *A*: Wir wissen doch, dass sich unser altes Muster »Liebe für Leistung« nicht auszahlt! *T*: Schicke deine inneren Sklaventreiber mal schön vor die Tür. *E*: Lass die Hand unten und mache dich klein.
- Sie sind zu Besuch bei Ihrer Schwiegermutter und die kritisiert zur Begrüßung als Erstes Ihre Kleidung. *B*: Sie spüren, wie Sie aus der Haut fahren könnten. *E*: Vorsicht: Wenn du so stark reagierst, sind deine Schemata im Spiel. Sie ist nicht deine übergriffige Mutter. *A*: Du weißt, dass sie gut auf deine Knöpfe drücken kann, aber es sind *deine* Knöpfe. Mache dich doch nicht zum Tanzbär und lasse dich provozieren. *T*: Lass deinen Ärger zum Fenster rausziehen. *E*: Wechsele einfach das Thema und rede über das Wetter.
- Sie bekommen auf einer Party zu später Stunde ein eindeutiges Angebot. *B*: Nehmen Sie Ihre Erregung wahr. *E*: Das ist dein Körper, der hier reagiert. Du bist ein im Stich gelassenes Kind, das jedem auf den Schoss springen möchte, der etwas nett zu dir ist! *A*: Pass bloß auf! Das ist kein Spiel hier. Überlege dir die Konsequenzen. Das wird kein Genuss ohne Reue. Denke an morgen! *T*: Bedanke dich für das nette Angebot … *E*: Aber lehne lächelnd ab und wende dich einem anderen Gesprächspartner zu (oder gehe am besten gleich nach Hause).

Ein amüsiertes Gehirn lernt besser: Veränderung darf Spaß machen

Die innere Anspannung herunterzufahren ist also schon einmal eine gute Voraussetzung, um etwas Neues auszuprobieren. Unter Stress bleibt man nämlich lieber auf den vertrauten Pfaden. Aber das Neue muss sich auch gut anfühlen. Die Bedeutung des Belohnungssystems haben wir u. a. schon bei dem Beispiel mit dem elektrischen Weidezaun kennengelernt. Das Belohnungssystem wird aktiviert, wenn ein Ereignis positiv erlebt wird. Dabei ist auch die persönliche Bewertung wichtig. Das bekannteste Beispiel dazu ist wohl das berühmte »halbleere« Glas: Ein Glas, das zur Hälfte gefüllt ist, kann ich als halbvoll oder halbleer betrachten. Von der Sache her das Gleiche. Aber es fühlt sich anders an! Auf diese Bewertung (bzw. Umbewertung) haben wir einen erheblichen Einfluss. Wir bestimmen selbst, wie wir eine Situation bewerten. Im Folgenden ein Beispiel mit englischem Humor von Paul Salkovskis.

Der Hundehaufen

Ein Mann geht morgens aus dem Haus und landet mit dem ersten Schritt in einem dicken Hundehaufen, den ein fremder Hund direkt vor seiner Haustür »platziert« hat. Er kann sich nun über den rücksichtslosen Hundehalter aufregen. Er kann aber auch zu sich selbst sagen: »Gott sei Dank habe ich mir heute ein Paar Schuhe angezogen, als ich aus dem Haus ging!«

Wie wir Ereignisse bewerten und damit erleben, hängt also wesentlich von unserer Einstellung ab. Wir können üben, beim Rückblick auf den Tag die positiven Aspekte zu sehen. Ein verpasster Zug gibt uns vielleicht die Gelegenheit, etwas Neues zu entdecken. Manch einer hat auf diesem Wege seinen Lebenspartner kennengelernt. Aus einem Fehler können wir versuchen zu lernen, aus einem Schaden klug werden. In einer unsicheren Situation können wir aktiv werden, statt uns zurückzuziehen, vielleicht verbunden mit dem Gedanken: »Du hast nichts zu verlieren, außer deiner Angst!« Glück ist nicht selten das Ergebnis, dass wir eine offene Situation positiv wenden. Heinrich Heine dichtet: »Kommt das Glück dir vorbei, dann pack' es am Zipfel. Baue dein Hüttchen im Tal, und nicht auf dem Gipfel.« Auch eine Form von Akzeptanz und Einsicht in die Notwendigkeiten. Wir fühlen uns einfach besser, wenn wir Begrenzungen annehmen können und bewusst versuchen, das Positive darin zu sehen, anstatt verschüttetem Wein nachzutrauern. Egal, ob es sich um eine zu Ende gegangene Partnerschaft, einen verlorenen Arbeitsplatz, ein verlorenes Portemonnaie oder Fußballspiel handelt: Hadern verkrampft uns. Wir können neue Chancen oder Möglichkeiten nicht sehen, wenn wir alles mit dem vergleichen, was vorher war. Ohne Loslassen des Alten kann nichts Neues wachsen. Der Lebensfluss fließt immer weiter, ob wir wollen, oder nicht. Wir können nichts festhalten. Sich mit dem Fluss zu bewegen ist erfolgversprechender, als sich gegen ihn zu stemmen.

Noch einen Schritt weiter können wir gehen, wenn wir gezielt darangehen, unseren Tag mit kleinen oder größeren Dingen zu verschönern. Der Gedanke an einen entspannten Moment mit dem Partner am Abend (vielleicht noch versüßt mit einem Eisbecher) kann einen durch den ganzen Tag tragen. Auch die Vorfreude auf den Roman abends im Bett oder ein paar gemütliche Schritte in der Abendsonne (mit oder ohne Hund) hebt die Stimmung. Wenn wir unser Verhalten langfristig erfolgreich verändern wollen, gelingt uns das nur, wenn wir uns dabei gut fühlen. Oder zumindest uns für die damit verbundene Anstrengung belohnen. Wer sich mit Abnehmen oder Sport nur quält, wird das nicht lange »durchhalten« (das Wort sagt doch schon alles!). Wenn Sie schon eine Diät machen, dann sollten die Lebensmittel eine besonders gute Qualität haben, damit Sie sich darüber freuen können. Wenn Sie Sport treiben, dann vielleicht mit anderen zusammen oder zumindest in einer schönen Umgebung (und sich danach noch etwas »Wellness« gönnen, zumindest eine warme Dusche). In dieser Beziehung sind manche Menschen schon ganz gut zu sich selbst. Wenn sie das dann auch wirklich genießen, indem sie achtsam bei der Sache sind, und nicht in Gedanken schon wieder bei der Arbeit …

Sich regen, bringt Segen: Warum wir uns auch mal durchbeißen müssen

Wie schon öfter in diesem Buch folgt auf eine These gleich die Anti-These. Nicht jeder von uns findet den Lebensentwurf eines buddhistischen Mönchs wirklich prickelnd. Die meisten von uns werden letztlich doch zumindest einen Teil ihres Selbstwertes und ihrer Freude aus größeren oder kleineren Erfolgen im Leben beziehen. Und die erreicht man eben doch nicht nur im »Schongang«. Da heißt es schon mal sich »durchbeißen« (auch kein wirklich schönes Wort). Zumindest ein bisschen! Ohne Fleiß keinen Preis, sagen die inneren Antreiber.

Zwei Anekdoten zum »Durchbeißen«

Wie wir inzwischen wissen, konnte sich der frühere Radprofi Jan Ullrich nicht so gut durchbeißen wie sein Konkurrent Lance Armstrong. Aber eine Tour de France hat Jan Ullrich dann doch gewonnen. Bei dem letzten harten Anstieg in den Vogesen wollte er sich schon hängen lassen, da rief ihm sein damaliger Teamkollege Bjarne Riis (angeblich) zu: »Los, quäl dich, du Sau!« Wohl dem, der solche Freunde im Team hat. Immerhin hat es gewirkt und Jan Ullrich gewann diese eine Tour de France.

Ein anderes extremes Beispiel, sich selbst nicht zu schonen und sich sogar einem lebensgefährlichen Risiko auszusetzen, sind für mich Seefahrer wie Christopher Kolumbus. Machen Sie sich das doch einmal klar: Der fährt mit einer etwas größeren Nussschale einfach nach Westen los, ohne eine Ahnung zu haben, wann er wieder an Land kommt. Nach Indien wäre er jedenfalls nie gekommen, ohne unterwegs zu verdursten. Ein gnädiger Gott (oder wer auch immer) hat ihm Amerika auf halber Strecke in den Weg gelegt, sodass die Sache nochmal gut ging. Dennoch: Wir dürfen Respekt vor solchen Leistungen haben.

Zumindest am Anfang gilt es, Widerstände als Herausforderung zum Wachsen anzunehmen und einfach erst einmal durchzuhalten. Eine kleine Erfahrung dazu kann ich persönlich beisteuern. Als ich 2002 aus einer sehr komfortablen Lebenssituation nach Berlin übersiedelte, um mein Ideal einer psychosomatischen Abteilung in einem Krankenhaus zu verwirklichen, stand ich dort zunächst vor dem »Nichts«. Zumindest was diese Abteilung betraf. Ich gebe zu, auch wenn das wenig ehrenhaft ist: Mich überkam ansatzweise Panik. Genauer: Ich wusste ja als Arzt theoretisch, was bei einem Panikanfall passiert. Nun bemerkte ich, wie diese Unruhe aus der Tiefe meines Körpers aufstieg und drohte, mich zu überfluten. »Erst mal ganz langsam«, sagte ich zu mir selbst. »Du drehst jetzt hier nicht durch. Du wendest jetzt genau das auf dich selbst an, was du sonst immer den Patienten erzählst. Das ist nur gerecht, dass du das einmal selbst ausprobieren musst. Du gehst jetzt einfach nur diesen Weg hier weiter und lässt deine Zweifelgedanken los.« Das half etwas, aber nach kurzer Zeit braute sich schon wieder die nächste Welle zusammen. Da fing ich an zu beten. Das hatte ich in meiner Kindheit in der Not immer wieder einmal erfolgreich »eingesetzt«, aber lange nicht mehr »gebraucht«. Von einem befreundeten Kollegen kannte ich das sog. »Herzensgebet« aus der russisch-orthodoxen Kirche.[81] Das versuchte ich nun in etwas abgewandelter Form: »Lieber Gott, gib mir die Kraft, durchzuhalten. Lieber Gott, gib mir Gelassenheit. Lieber Gott, hilf, dass es gut wird …« Diese Sätze habe ich mir immer wieder vorgesagt. Ja, und es hat geholfen. Die Angstgedanken konnten sich nicht mehr in meinem Kopf festsetzen. Die Gebete hielten den Regiestuhl in meinem Bewusstsein »besetzt«. Ich konnte weitermachen und die Abteilung erfolgreich aufbauen.

Aus Sicht des Schemamodells hat mir diese Art des Betens geholfen, indem ich mich im Moment der emotionalen Überflutung an eine Art »mächtiges Gegenüber« wenden konnte – wie ein Kind an einen guten Elternteil. Das hat früher angelegte Schemata, wie es ist, Unterstützung zu bekommen, aktiviert und den Kindmodus in mir beruhigt. Dadurch und durch die Konzentration auf meine Arbeit im Hier und Jetzt gelang es, den Herausforderungen wieder sachlicher und gelassener entgegenzusehen. Ich löste mich innerlich durch das Beten aus einem alten Ohnmachtsschema und wechselte in ein Lösungsschema über. Das klingt zugegebenermaßen etwas unromantisch. Jeder von uns muss selbst herausfinden, wo die Quellen seiner oder ihrer Kraft liegen und wie er oder sie den Weg zur Quelle gehen möchte.

Die Mischung macht's: Bewältigungsreaktionen richtig einsetzen

Beide Haltungen haben ihre Berechtigung und ihre Vor- und Nachteile, sowohl die Veränderungsorientierung als auch die Akzeptanz. Alle Bewältigungsreaktionen haben ihre Vorteile, aber auch Einseitigkeiten. Wollen wir diese Einseitigkeiten ausgleichen, müssen wir die Bewältigungsreaktionen »mischen«, so wie der Maler eines Gemäldes die Grundfarben mischt. So geben wir ein harmonischeres »Bild« ab.

Wenn wir uns in Richtung eines reifen und harmonischen Menschen weiterentwickeln wollen, besteht die Aufgabe zunächst darin, grundsätzlich alle Bewältigungsreaktionen im Repertoire zu haben. Genauso wie ein guter Tennisspieler alle Schläge einigermaßen gut beherrschen sollte. Sie können auf höherem Niveau kein Match nur mit einer starken Vorhand gewinnen. Entsprechende Verhaltensdefizite sind durch Üben im Alltag auszugleichen.

Wenn das volle Spektrum an Bewältigungsreaktionen zur Verfügung steht, gilt es, deren flexiblen und wohldosierten Einsatz zu trainieren. Dabei ist wieder der Erwachsenenmodus als innerer Ratgeber gefordert. Für ein effektives Verhalten sind alle Fähigkeiten notwendig. Im Erwachsenenmodus halten wir in der Regel etwas Distanz zu den Emotionen und den inneren Bewertern. Zugegeben: Es gibt wenig Schöneres, als sich auch mal im Kreis von Freunden (oder die man dafür hält) richtig gehen zu lassen. Dann darf das Kind in uns mal ganz raus. Die Fastnacht ist ja so eine Art organisiertes, gemeinsames Comingout für unsere Kindseite. Dasselbe gilt für Fußballstadien. Ausnahmen bestätigen die Regel.

Im Alltag können wir im Zweifelsfalle innerlich in die Rolle eines äußeren Beobachters der Szene gehen und uns fragen, wie unser Partner, ein guter Freund, ein weiser Mensch oder eben auch unser Therapeut die Situation einschätzen und was er oder sie tun würde. Diesen gedanklichen Dialog mit dem inneren Ratgeber kann man üben. Ein solches inneres Zwiegespräch bildet eine Gegenkraft zu dem Sog der Emotionen und den alten Verhaltensautomatismen und hilft uns, auf Kurs zu bleiben.

Die zentralen Elemente eines Veränderungsprozesses

Wenn wir jetzt noch einmal zusammenfassen, kristallisieren sich drei Elemente als besonders wesentlich für einen erfolgreichen Veränderungsprozess heraus:

1. *Achtsamkeit*
2. *Innere Dialoge*
3. *Tagesrückblicke*

Wir haben gesehen, dass wir ohne die Fähigkeit zur *Achtsamkeit* Gefahr laufen, im Autopilotenmodus steckenzubleiben. Wir merken gar nicht (oder erst zu spät), wenn wir in eine Lebensfalle hineingeraten. Entsprechend können wir auch kaum etwas dagegen tun. Aus einer achtsam-wohlwollend-distanzierten Haltung können wir freier auf die Situation blicken und sie aus einer vernünftig-erwachsenen Perspektive neu bewerten.

Die so gewonnene Einsicht hängt aber zunächst buchstäblich »in der Luft«. Erst wenn wir einen Vorsatz durch lebendig-kraftvolle innere Bilder anreichern, springt unser Belohnungssystem an und wir fühlen uns motiviert. Dann ist auch die »Power« da, loszulegen. Bilder des Zielzustandes und aufmunternde *Selbstgespräche* ziehen uns voran wie die Karotte vor der Nase des Esels.

Die tatsächlichen Effekte unserer neuen Verhaltensweisen müssen wir anschließend aber wie ein Experimentator kritisch-sachlich auswerten. »Gut gemeint« ist oftmals das Gegenteil von »gut gemacht«. Wie ein Verhaltensexperiment ausgeht, ist nicht immer vorherzusagen. Wir alle lernen letztlich nur durch Erfahrung. Erfahrungen macht man nur durch Erfahrungen. Die kann man durch nichts ersetzen. Diese Erfahrungen gilt es, sich wirklich bewusst zu machen. Dabei helfen systematische, möglichst tägliche *Tagesrückblicke*.

Der Tagesrückblick

Zum Tagesrückblick setzen Sie sich, nachdem Sie sich bereits »bettfertig« gemacht haben, am besten immer auf denselben Stuhl. Das ist dann Ihr »Tagesrückblicks-Stuhl«. Es sollte die letzte Handlung vor dem Schlafengehen sein, sozusagen Ihr ritueller Tagesabschluss. Früher haben Menschen gebetet. Der Tagesrückblick ist ein Stück weit ein weltlicher Ersatz für diese Tradition. Es gibt auch Menschen, die lieber morgens nach dem Aufstehen, bevor der eigentliche Tag losgeht, einen »Tagesvorblick« machen. Das geht natürlich ebenso.

Um das Besondere der Situation zu betonen, können Sie das Licht etwas dämpfen. Wenn Sie mögen, machen Sie ruhig eine Kerze dazu an. Dann begeben Sie sich innerlich in eine achtsame Haltung. Atmen Sie ein paar Mal bewusst etwas tiefer aus, entspannen den Körper so gut es geht und lassen Bilder des Tages vor Ihrem inneren Auge vorbeiziehen. Sie schauen sie an, ohne zu bewerten oder etwas ändern zu wollen. Wenn Sie die Anordnung wie auf der Moduslandkarte nehmen, schauen Sie innerlich auf die linke Seite, wo die Antreiber und Bewerter sitzen, und prüfen, wo diese sich tagsüber gemeldet haben und wie Sie damit umgegangen sind. Dann schauen Sie auf die rechte Seite, wo Ihre Gefühle »sitzen« und fühlen noch einmal nach, wie Sie über den Tag mit Ihren Gefühlen in Kontakt waren. Zum Schluss können Sie ein paar versöhnliche Worte zu Ihrem inneren Kindanteil sagen und mit dieser Stimmung in den Schlaf gehen. Es ist kein Zufall, dass die Haltung der des »guten Hirten« ähnelt, der abends – auf seinen Hirtenstab gestützt – auf der einen Seite nach seiner Herde schaut und auf der anderen nach dem »bösen Wolf«. Wer den Tag so abgeschlossen hat, kann auch besser einschlafen. Wie Sie mit evtl. noch auftauchenden Grübel- oder Sorgengedanken umgehen, haben wir besprochen: wie lästige alte Bekannte freundlich begrüßen und rasch weiterziehen lassen. Nur nicht haften bleiben!

Jetzt werden Sie vielleicht sagen: Dazu habe ich abends keine Zeit (oder keine Kraft) mehr. Das ist nur die halbe Wahrheit. Denn Zeit »hat« man nicht – die muss man sich nehmen. Das ist letztlich eine Frage der Prioritäten. Aber Sie haben ja recht: Wenn wir uns etwas vornehmen und nicht umsetzen, raubt uns das Kraft. Und unsere inneren Kritiker reiben sich mal wieder voller Genugtuung die Hände und sagen: Siehst du, du hast schon wieder versagt! Das demotiviert. Also hängen wir die Latte so tief, dass wir selbst bei bestem Willen nicht mehr drunter durchkrabbeln können, sondern einfach drüber »müssen«. Daher folgt noch ein Vorschlag für einen Mini-Tagesrückblick.

Der tägliche Smiley

Haben Sie einen Taschenkalender? Egal ob auf Papier oder im Smartphone. Dann setzen Sie doch als Mini-Version des Tagesrückblicks hinter das Feld für jeden Tag einen Smiley: War der Tag gut, bekommt er einen nach oben gebogenen Mund, bei mittleren Tagen einen geraden, und bei schlechten einen nach unten gebogenen. Das ist alles! Da kann doch keiner sagen, er oder sie habe dafür keine Zeit!

Was bewirkt eine solche kleine Handlung? Ob Sie wollen oder nicht: Sie werden sich immer wieder tagsüber Gedanken machen, was für einen Smiley Sie heute Abend wohl einsetzen werden. Das fördert bereits die Achtsamkeit für Ihr inneres Erleben und damit die Chance, in Automatismen einzugreifen.

Probieren Sie es doch einfach mal eine Woche aus. Sie müssen sich nur für eine Woche innerlich festlegen. Sie werden merken, wie dieses kleine Ritual seine innere Kraft entfaltet. Das ist »Magie im Alltag«!

7.

Wie geht es weiter?
Übungen zur »Seelenhygiene«

Steter Tropfen höhlt den Stein: Die Bedeutung von Rhythmen und Ritualen

Zugegeben: »Seelenhygiene« klingt gruselig. Aber mal ernsthaft: Körperhygiene ist den meisten von uns wichtig und selbstverständlich geworden. Und wie sieht es mit der seelischen (oder gar geistigen) Seite in uns aus? Um die kümmern wir uns oft weniger als um unser Auto. Das ist möglicherweise keine gute Idee. Denn auch die seelische Stimmung hängt sehr davon ab, ob wir sie »pflegen«. Daher im Folgenden ein paar Tipps, wie man die Stimmung mit relativ wenig Aufwand verbessern kann. Die sind alle wirklich selbst ausprobiert. Wir wollen ja kein Wasser predigen und Wein trinken!

Sie kennen das: Man hat sich wirklich vorgenommen, etwas an seinem Leben zu ändern. Man schafft das einmal, zweimal, vielleicht sogar dreimal. Und dann kommt einem irgendwas dazwischen. Man lässt es ausfallen. Natürlich nur für heute. Morgen fangen wir ganz bestimmt wieder an. Na ja, vielleicht … Also: Hadern Sie nicht mit sich. Rückfälle gehören zum Veränderungsprozess dazu wie das Amen in der Kirche. Bis eine Verhaltensänderung einigermaßen stabil ist, braucht es in der Regel zwei bis drei ernsthafte Anläufe und insgesamt etwa zwei Jahre. Sie befinden sich mit Ihrem Scheitern in bester Gesellschaft. Wir müssen also raffinierter vorgehen.

Eine Hilfe, Dinge wirklich zu tun, sind Rhythmen und Rituale. Rhythmen kennen wir aus der Musik. Das sind wiederkehrende Abläufe, auf die man sich sozusagen »verlassen« kann. Das reduziert unsere innere Anspannung und damit den Stress. So funktioniert auch Tanzen: Stellen Sie sich vor, der Rhythmus eines Stückes würde sich dauernd ändern. Sie kämen ganz schön aus dem Tritt. Auch die regelmäßig wiederkehrenden Sonntage geben unserem Arbeitsleben eine innere Struktur und stabilisieren uns emotional. Die Gewissheit, dass das nächste

KINDER LIEBEN RITUALE

So wie Rhythmen im zeitlichen Ablauf Sicherheit geben, laufen Rituale inhaltlich immer gleich ab. Bei Kindern kann man sehen, wie wichtig das dafür ist, Vertrauen in unsere Umgebung aufzubauen. Kinder wollen immer wieder dieselbe Geschichte hören. Und wehe, Sie lassen einen Teil des Märchens weg, weil Sie noch mit Ihrem Partner ins Theater wollen. Sie werden wütenden Protest ernten. Kinder sind fanatisch, was die Wiederholung desselben angeht. Es hilft ihnen, ein Gefühl von Vorhersagbarkeit und damit auch Kontrolle zu entwickeln. Wie schon besprochen handelt es sich dabei um eines unserer Grundbedürfnisse.

Daher ist es hilfreich, neues Verhalten in möglichst immer gleicher Weise in vertraute Abläufe einzupacken, so wie das beim Tagesrückblick im vorigen Kapitel beschrieben wurde. Früher haben Menschen den Übergang vom Tag zur Nacht mit einem Abendgebet begangen und sich dabei auf die Dinge besonnen, die ihnen wirklich wichtig sind. Mit einem Tagesrückblick greifen wir uralte Traditionen auf und kleiden sie in ein neues, auf uns zugeschnittenes Gewand. Es ist in diesem Sinne sicher auch nicht schädlich, vor den Mahlzeiten kurz innezuhalten und einen Moment lang mit einer dankbaren Stimmung daran zu denken, dass es nicht allen Menschen so gut geht wie uns. Solch kurze Momente von »Geistesgegenwart« vertiefen die Intensität unseres Erlebens. Durch diesen kurzen Perspektivwechsel relativiert sich auch die Stimmung und die Sorge, in der wir möglicherweise gerade sind.

Wochenende bald kommt, hilft uns, montags einigermaßen gut gelaunt zur Arbeit zu gehen. Daher sollten auch positive Aktivitäten möglichst regelmäßige Bestandteile unseres Lebens sein: Sport, mit den Kindern spielen, Treffen mit Freunden, vielleicht auch regelmäßige Verabredungen zu gemeinsamen Abenden mit dem Partner (mit oder ohne Tanzkurs).

Aber ein Rhythmus ist kein starrer Takt! Der Takt geht mechanisch durch das Stück durch. Beim Rhythmus kann es auch einmal einen Aussetzer geben. Danach geht das Stück jedoch weiter. Wenn Sie also einmal »gepatzt« haben, versuchen Sie am nächsten Tag wieder einzusteigen. Sie müssen nicht in alle Ewigkeit durchhalten. Aber Sie sollten versuchen, immer wieder neu anzufangen.

Der »Innere Garten«: Man ist nie fertig!

In der imaginativen Therapie wird mit inneren Bildern gearbeitet, z. B. mit dem »inneren Garten«.[82] Dabei stellt man sich sein Leben wie einen Garten vor: Was mag man und möchte man behalten, was stört und soll auf den Kompost (den man ja auch wieder gebrauchen kann). Neben der Gestaltung des Gartens finde ich persönlich noch einen anderen Aspekt wichtig: die andauernde Pflege, die so ein Garten braucht. Manche Menschen lassen sich heute von einem Gartengestalter einen wunderschönen Garten (am besten gleich mit Rollrasen) anlegen und wundern sich dann, dass der nach ein paar Monaten verwildert. Sie haben das Wesen eines Gartens nicht verstanden. Ein Garten ist wie ein Haustier. Beide brauchen regelmäßige Pflege und Zuwendung. Dann danken sie es einem mit gutem Gedeihen.

Lässt man in seinen Bemühungen nach, nehmen die Naturprozesse (bzw. die alten Gewohnheiten) wieder überhand. Mit »Hau-ruck«-Aktionen ist da nicht viel zu gewinnen. Wir sind nie »fertig«. Es gilt, einen langen Atem zu entwickeln. Das wissen Menschen, die abnehmen wollen, am allerbesten. Jede gewaltsame Diätaktion endet mit ein paar Kilo mehr auf der Waage. Da helfen nur Geduld und Ausdauer.

Das führt uns zu einem weiteren interessanten Punkt bei dem Garten-Vergleich: Sie können der Natur nicht dauerhaft Ihren Willen aufzwingen. Es ist erfolgversprechender, *mit* den

Kräften zu arbeiten, die da sind. Genauso wie in manchen Breitengraden einfach kein brauchbarer Wein wächst, können wir Menschen auch nicht beliebig über unsere Grenzen gehen. Machen wir doch das Beste aus dem, was in uns angelegt ist. Da hilft auch kein sehnsüchtiger Blick in Nachbars Grünanlage, in die die Sonne viel länger hineinscheint. Natürlich ist das nicht gerecht. Aber wer hat Ihnen versprochen, dass die Welt gerecht ist? Nach allem, was wir wissen, ist sie das definitiv nicht. Lassen Sie uns lieber in einem angemessenen Ausmaß Akzeptanz üben. Wenn Sie sich über verschütteten Wein ärgern, kommt der dadurch nicht wieder ins Glas. Solche Neigungen in uns rechtzeitig zu erkennen, diese in ihren langfristig negativen Auswirkungen zu durchschauen und dann konsequent loszulassen ist für unseren Seelenfrieden sehr wichtig. Denken Sie an die BEATE-Schritte. Dann können Sie sich wieder gelassen dem Unkraut in unserem Garten zuwenden.

ÜBER PARENTIFIZIERUNG

Viele von uns, besonders Frauen, sind gar nicht egoistisch, sondern durch ihre Erziehung auf »Aufopferung« getrimmt. Meist haben sie als Kinder schon ihre Geschwister versorgt oder Teile des Haushaltes »geschmissen«, also Elternfunktionen übernommen. Daher nennt man das »Parentifizierung«.[83] Kinder sind durch ihr Bedürfnis nach Bindung und Anerkennung nur allzu gerne dazu bereit und merken manchmal gar nicht, dass sie dabei einen guten Teil ihrer Kindheit opfern. Als Erwachsene funktionieren sie weiter wie Maschinen. Sie versorgen die ganze Familie aufs Beste, nur sich selbst nicht. Für diese Menschen ist das folgende Kapitel geschrieben.

Jeden Tag eine gute Tat – aber auch für sich selbst

Die meisten werden dieses Motto der Pfadfinder kennen. Diese Einstellung ist auch gut für unser soziales Leben. Ich habe ja schon den Satz aus dem Markus-Evangelium erwähnt: »Liebe deinen Nächsten, wie dich selbst« (Markus 12:31), vermutlich der meistzitierte Satz aus der Bibel. Vermutlich auch der am häufigsten einseitig ausgelegte! Oft wird sogar nur der erste Halbsatz zitiert: »Liebe deinen Nächsten …«. Dabei liefert erst die zweite Hälfte das Maß der Dinge: »… wie dich selbst!« Dass der Satz in einer Zeit von zunehmendem Egoismus als Aufforderung zu mehr Selbstlosigkeit verwendet wird, ist wohl auch keine ganz falsche Idee. Letztlich ist diese Lebensregel in sich aber gut ausbalanciert: Wir sollen uns nicht einseitig aufopfern, sondern zu uns selbst genauso gut sein wie zu den anderen. Das klingt banal, wurde vielen von uns aber anders vermittelt.

Nicht selten sind Krankheitssymptome so etwas wie der verzweifelte »Aufschrei« der vernachlässigten Kindseite von Menschen, die sich zu einseitig aufopfern. Sie haben die Werte und Rollenmodelle der Ursprungsfamilie übernommen, ohne sie jemals infragezustellen. Wenn man eine solche Person in der Therapie darauf anspricht: Mit welchem Recht behandeln Sie Ihre eigenen Kinder besser als »das Kind in Ihnen«? reagiert sie verunsichert und kann die Frage nicht wirklich beantworten. »Das war schon immer so, ich kenne das nicht anders«, ist meist die Antwort. Aber dahinter stehen unausgesprochene Regeln der inneren Antreiber, wie: »Erst kommen die anderen, dann du«, »Nimm dich nicht so wichtig«, »Reden ist Silber, Schweigen ist Gold« oder »Erst die Arbeit, dann das Vergnügen«. Das sind die Ketten, mit denen das innere Kind, also die emotionalen Grundbedürfnisse, gefesselt werden.

Irgendwann versuchen die Betroffenen gar nicht mehr, sich dagegen zu wehren. Damit verlängern sie jedoch das Elend ihrer

Kindheit. Heute können sie sich von Menschen trennen, die sie ausnutzen und schlecht behandeln. Das Grundgesetz gilt für alle Menschen! Oft werden dann wirtschaftliche Nachteile als Grund angeführt, warum man sich nicht traut, sich zu trennen. In der Regel stecken darin aber alte Ängste aus der Kindheit. Ein Kind kann sich tatsächlich nicht trennen, denn es ist von den Eltern vollkommen abhängig. Und manche Ehemänner fördern mehr oder weniger bewusst diese Ängste, um die Frauen emotional abhängig zu halten. Wenn Ihnen bei einer Scheidung der Anwalt dann sagt, wie viel Unterhalt ihnen nach der »Düsseldorfer Tabelle« zusteht bzw. was »gesetzlicher Güterstand« bedeutet, können sie das manchmal kaum glauben. Wie bei der Geschichte vom »kleinen Elefanten« (siehe unten) sind die Fesseln oft im Kopf, weil wir die Welt immer noch mit Kinderaugen betrachten. Manche Menschen sind wie Straßenmusiker: Sie spielen eine Zeit lang. Es bildet sich eine kleine Menschentraube. Aber anstatt jetzt aufzuhören und das Geld einzusammeln, spielen sie weiter und lassen die Zuhörer ziehen. Diese Menschen sollten darauf achten, dass sie ausreichend an sich selbst denken. Diese Minderheit darf tatsächlich etwas egoistischer werden und jeden Tag eine gute Tat für sich selbst tun. Nur so kommen sie aus dem Gefängnis ihrer inneren Bewerter heraus.

DIE GESCHICHTE VOM KLEINEN ELEFANTEN

Es kam einmal ein Besucher an einen Ort, an dem ein riesiger Elefant an einen winzigen Holzpflock angebunden stand. Der Mann fragte den Wärter des Elefanten interessiert: »Wieso steht der Elefant so demütig an diesem kleinen Pflock? Er könnte den doch mühelos herausziehen und weglaufen.« Der Wärter lächelte und sagte: »Ich habe ihn angebunden, als er noch ganz klein war. Was meinen Sie, wie er damals daran gezogen hat! Doch zu der Zeit war der Pflock stärker als er. Er hat aufgegeben und vergessen, wie groß und stark er inzwischen geworden ist.«

Trimm dich für den Erwachsenenmodus

Die Älteren unter uns kennen noch die »Trimm-dich«-Bewegung, in deren Folge in allen erdenklichen Naherholungsgebieten Trimm-dich-Pfade angelegt wurden. Heute vergammeln die Holzbalken, weil man lieber zum »Work out« ins Fitnessstudio geht. So ändern sich die Zeiten! Egal wie: Ich schaffe es nicht, das Buch zu beenden, ohne Ihnen ein paar kleine »Trimm-dich«-Übungen für Ihren Erwachsenenmodus vorzuschlagen. Wenn Sie dazu keine Lust haben, überspringen Sie dieses Kapitel getrost. Für alle, die dabeibleiben, ein paar erfahrungsbasierte Ideen.

Aus all dem, was Sie bisher gelesen haben, geht hervor, dass sich unser Gehirn und damit auch wir uns nur verändern, wenn das Gehirn anders benutzt wird. Einsicht allein ändert nichts. Es gibt nichts Gutes, außer man tut es. Das waren die Schlagworte. Das Dumme ist, dass unserem Veränderungswillen die Trägheit unseres »biologischen Systems« entgegensteht, also die »seelische Schwerkraft«. Wir werden also geschickt vorgehen. Aus leidvoller persönlicher Erfahrung ein paar Anregungen, was man realistischerweise hinbekommen kann.

1. **Das Wichtigste zuerst:** Weniger ist mehr! Legen Sie sich die Latte so tief, dass Sie beim besten Willen nicht mehr drunter durchkommen. Nehmen Sie sich zum Start nur etwas vor, was Sie relativ locker schaffen können. Anfangserfolge sind wichtig.
2. **Befristen Sie Ihre Übungen.** Vereinbaren Sie mit sich, dass Sie eine Übung erst mal nur für eine Woche machen. Danach wird ganz sachlich ausgewertet. Wenn Sie sich damit gut gefühlt haben, hängen Sie noch eine Woche dran.
3. **Scheitern ist normal.** Die Kunst ist, immer wieder neu anzufangen. So haben wir ja auch das Laufen gelernt.
4. **Veränderungen brauchen Zeit.** Versuchen Sie daher, so gut es geht dranzubleiben. Erst nach einem Monat üben sind die

Veränderungen anfänglich »in Fleisch und Blut« übergegangen.

5. **Das Gehirn langweilt sich schnell.** Bieten Sie ihm immer wieder etwas »Neues«. Nach einer gewissen Zeit können Sie wieder von vorne anfangen.
6. **Man kann den Wald vor lauter Bäumen übersehen.** Konzentrieren Sie sich daher auf ein paar wenige, einfache Übungen. Überhaupt anzufangen ist schon ein Riesenschritt!

Zum Schluss ein paar konkrete Übungen und Alltagsanregungen

Achtsamkeit im Alltag üben

Dazu reicht es, immer wieder einmal im Laufe des Tages kurz aus dem »Autopilotenmodus« auszusteigen und sich gewissermaßen selbst über die Schulter zu schauen. Manchen hilft die Vorstellung, sich wie durch eine Kamera von außen zu sehen. Anderen ist der Blick von oben aus der Vogelperspektive lieber. Am besten funktioniert es, wenn Sie diese kleine Achtsamkeitsübung immer an der gleichen Stelle ausüben, z. B. immer, wenn Sie die Klinke Ihrer Haus- oder Bürotür anfassen. Dann während der nächsten Schritte kurz in diesem achtsamen Selbstbeobachtermodus bleiben, bevor Sie wieder in den Alltag eintauchen.

Fragen Sie sich: Wie ist meine Stimmung, meine körperliche Anspannung, mein Tempo beim Gehen? Wo bin ich in meinen Gedanken? Sie können das auch immer dann machen, wenn gerade nichts Wichtiges Ihre Aufmerksamkeit fordert. Also z. B. an einer roten Ampel, beim Warten auf den Bus, auf der Toilette, wenn Sie einen Flur im Büro langlaufen. Eine Minute reicht. Dabei liebevoll hinschauen – nicht bewerten! Es geht darum, die Perspektive an sich zu wechseln, nicht um die Dauer.

Die Willensübung

Bei jeder Alltagshandlung können Sie kurz innehalten und gewissermaßen das Gegenteil von dem tun, was Sie spontan tun möchten. Wenn Sie morgens mit dem linken Bein aufstehen wollen, stehen Sie mit dem rechten auf. Statt zuerst die Unterhose anzuziehen, nehmen Sie das Unterhemd. Statt Wurst aufs Brot nehmen Sie heute mal Käse (oder wenn Sie's lieber süß mögen: Marmelade statt Nutella). Das klingt harmlos, bitte probieren Sie es trotzdem einmal aus! Ihr innerer Schweinehund wird sich rasch melden und sagen: Was soll der Quatsch? Ich will meine Nutella! Schalten Sie im Auto einmal nicht automatisch das Radio an. Wenn Sie an einem Eispapier neben einem Mülleimer vorbeigehen wollen, heben Sie es auf. Wenn Sie es aufheben wollen, lassen Sie es liegen. Sie sehen: Jeder hat seine eigenen Übungen zu machen.

Wenn Sie die Fähigkeit, Ihren Willen zu lenken, etwas geübt haben, kommen die Aufgaben für Fortgeschrittene dran: Wenn Sie im Affekt etwas sagen wollen – schlucken Sie es runter. Wenn Sie aus Angst etwas nicht sagen wollen – sagen Sie es (natürlich in einer möglichst angemessenen Weise). Wenn Sie ein Stück Schokolade essen wollen, lassen Sie es liegen. Wenn Sie eine Übung nicht machen wollen, machen Sie sie gerade …

Die Lauschübung

Diese Übung können Sie machen, um sich in kleinen Pausen zu entspannen, z. B. wenn Sie irgendwo warten müssen. Sie schließen einfach die Augen und lauschen auf alle Geräusche in Ihrer Umgebung, die Sie wahrnehmen können. So entsteht eine regelrechte »Geräuscharchitektur« um Sie herum. Sie tasten sich gewissermaßen immer weiter in Ihre Umgebung hinein. Dabei können Sie fühlen, wie sich Ihr »Seelenraum« weitet. Das geht einher mit einem Gefühl der Entspannung. (Umgekehrt können Sie bei einem lauten Geräusch bemerken, wie Sie sich fast schmerzhaft zusammenziehen.)

Der Body-Scan

Diese Übung wird oft als Einstieg in eine Meditation, gewissermaßen zum »Umschalten«, eingesetzt. Sie können die Übung im Sitzen oder Liegen machen. Ich persönlich bevorzuge, am Kopf anzufangen, andere beginnen lieber an den Füßen. Sie schließen die Augen, atmen ein paar Mal in den Bauch und lenken dann Ihren inneren Blick auf Ihre Stirn. Nehmen Sie wahr, inwieweit sich dort noch Muskeln anspannen. Diese lassen Sie dann so gut es geht los, am besten verbunden mit dem Ausatmen. Dann gehen Sie auf diese Weise den ganzen Körper durch, bis zu den Füßen. Das kann ruhig 10 bis 15 Minuten dauern. Achten Sie dabei auf die Bauchatmung. Das ist unsere Atmung, während wir schlafen bzw. entspannt sind. Dabei bleibt der Brustkorb möglichst ruhig, nur die Bauchdecke bewegt sich wie ein Blasebalg nach vorne und zurück. Anfangs können Sie Ihre Hand flach auf die Bauchdecke legen und gegen Ihre Hand atmen, bis die Atmung »sitzt«. Eine Audio-Anleitung für diese Übung finden Sie im Internet zum kostenlosen Herunterladen unter https://schematherapie-frankfurt.de/index.php/materialien-3/uebungsanleitungen.

Die Denkübung

Nehmen Sie sich ein paar Minuten Zeit, zwei bis drei Minuten täglich reichen. Mehr als fünf Minuten sollten es nicht sein. Sie setzen sich hin. Die Augen können offen oder geschlossen sein, je nachdem, wie Sie sich besser konzentrieren können. Dann stellen Sie sich einen einfachen Gegenstand vor, z. B. eine Kerze, einen Bleistift oder einen Schlüssel. Nun versuchen Sie für die Zeit der Übung, nur Gedanken zu denken, die unmittelbar mit dem Gegenstand zu tun haben, z. B. wie er aussieht, wie er hergestellt wurde, wie man ihn verwendet, wie er kaputt gehen könnte. Das klingt einfach. Wenn Sie es ausprobieren, werden Sie Ihr blaues Wunder erleben! Fast alle Menschen schweifen früher oder später ab. Wenn Ihnen das auch geschieht, ärgern Sie sich nicht, sondern kehren einfach zur Übung zurück. Das trainiert die Fähigkeit, das Denken bewusst zu lenken. Mit jedem Tag wird die Übung natürlich langweiliger. Bevor Sie abbrechen, wechseln Sie lieber den Gegenstand. Nehmen Sie keine Dinge aus der Natur, die sind gedanklich zu schwer zu durchdringen. Nebeneffekt: Man bewegt sich tiefer in die Welt hinein und entdeckt viele kleine Geheimnisse: Wie kommt z. B. die Mine in den Bleistift? Menschen, die häufig die »Sendung mit der Maus« gesehen haben, sind hier eindeutig im Vorteil …

Die Kerzenübung

Jetzt wird es etwas esoterischer. Zünden Sie eine Kerze an. Lassen Sie das Licht der Flamme auf sich wirken. Fühlen Sie in Ihrer Brust Ihre innere Antwort auf das äußere Licht. Dann löschen Sie die Kerze aus. Spüren Sie, wie sich das anfühlt, und versuchen Sie das innere Licht aufrechtzuerhalten.

Der Tagesrückblick

Diese Übung wurde bereits am Ende von Kapitel 6 ausführlich beschrieben. Idealerweise kann sie, wie das Zähneputzen, Teil des regelmäßigen Tagesabschlusses werden, gewissermaßen als Ritual zur »seelischen Hygiene«. Der Seele tut regelmäßige Pflege nämlich genauso gut wie dem Körper (oder dem Auto). Diese Übung können Sie daher ruhig »lebenslänglich« machen. Sie garantiert, dass Sie zumindest einmal am Tag kurz achtsam sind und sich darauf besinnen, was Ihnen im Leben wirklich wichtig ist. So wie früher die Seeleute einmal am Tag mit dem Sextanten geprüft haben, ob ihr Schiff noch auf Kurs ist. Aber bitte nicht hadern. Der Tag war, wie er war – und morgen ist ein neuer Tag. Dieses innere Loslassen am Ende des Rückblicks hilft auch, besser einzuschlafen.

Einschlafen üben

Wenn Sie trotzdem Probleme mit dem Einschlafen oder dem Durchschlafen haben, hier noch mein persönliches Einschlafrezept: Zunächst legen Sie sich so entspannt wie möglich hin, egal, ob auf den Rücken oder auf die Seite. Achten Sie auch auf Ihren Nacken, die Schultern und die Hände. Sind die Finger wirklich locker? Gehen Sie evtl. wie im Body-Scan den Körper von oben nach unten durch. Wenn der Körper sich entspannt, werden Sie evtl. spontan einen tieferen Atemzug machen. Lassen Sie alle Gedanken wie Wolken am Himmel oder Blätter auf einem Fluss langsam wegziehen. Beruhigen Sie Ihre inneren Antreiber mit der medizinischen Erkenntnis, dass sich der Körper nach einer schlechten Nacht in der nächsten den nötigen Schlaf holt. Besonders, wenn wir ihn nicht durch Grübeln daran hindern. Irgendwie werden Sie den nächsten Tag schon rumkriegen.

Gehen Sie dabei mit Ihrer Aufmerksamkeit in Ihren unteren Brust- oder sogar Bauchbereich. Eine Kollegin hat mir mal den Tipp gegeben, in meine Waden zu gehen (weil die so weit vom Kopf weg sind). Auch keine schlechte Idee. Dämpfen Sie Ihre Aufmerksamkeit dabei herunter wie mit einem Dimmer: dunkel-warm. Bleiben Sie im Bauch, auch wenn sich in Ihrem Kopf Gedanken melden. Lassen Sie die da oben wegziehen wie unliebsame Gäste und bleiben Sie in Ihrem wohlig-warmen Bauch. Falls die Gedanken sehr hartnäckig drängeln, denken Sie wie ein Mantra immer wieder den Satz: »Licht und Wärme hüllen mich ein.« Versetzen Sie sich dazu so gut es geht in die Stimmung eines schönen Sonnenuntergangs und spüren Sie immer wieder in Ihren Bauch.

Wenn Sie wachliegen, achten Sie zwischendurch immer wieder mal darauf, ob der Körper noch entspannt ist. Restspannung im Körper hält Ihr Bewusstsein fest. Wenn Sie sich umdrehen, ist danach eine neue Gelegenheit, auf eine komplette körperliche Entspannung zu achten und in den Bauch abzutauchen. Probieren Sie es aus. Bei mir hilft es!

8.
Niemand ist eine Insel
Das Schemamodell in sozialen Beziehungen

It takes two to tango: Der Moduszirkel

Wir haben bisher überwiegend darüber gesprochen, wie Sie wohlwollend mit sich selbst umgehen können, um Ihre alten Wunden etwas zu heilen. Oder zumindest besser mit ihnen klarzukommen. Das Schemamodell kann aber auch helfen, zwischenmenschliche Beziehungen zu verbessern. Mir persönlich ist das wichtig, denn wir leben nun mal in Beziehungen. Als Mensch sind wir primär als soziales Wesen angelegt. Wir können nicht ohne andere. Manche sagen sogar, wir seien süchtig nach Bindung.[84] Beziehungen zu anderen Menschen sind dabei einerseits Quelle der Freude, andererseits auch immer wieder Quelle von Schmerz. Das möchte ich am Ende dieses Kapitels mit dem abschließenden Gedicht zum Ausdruck bringen. Für mich wäre das Buch einfach nicht rund, wenn wir nicht auch auf diese zwischenmenschliche Dimension schauen. Zumal, wie in der Einleitung angesprochen, in einer Liebesbeziehung großes Potenzial für die Heilung alter Wunden liegt. Denn auch da ist die aus dem Modusmodell abgeleitete Form der Beziehungsanalyse sehr hilfreich. Das gilt nicht nur für Partnerschaften, sondern auch für alle anderen Beziehungen. Und es funktioniert auch dann, wenn nur Sie sich auf diese Weise anders verhalten. Natürlich geht es schneller, wenn man einen Tunnel von beiden Seiten gräbt. Mit Geduld ist es aber auch von einer Seite möglich. Probieren Sie doch mal aus, was passiert, wenn Sie ein paar der folgenden Anregungen umsetzen. Wenn die anderen neugierig geworden sind, können Sie ihnen ja dieses Buch zum Lesen ausleihen.[85]

Ich nenne Ihnen gleich die wichtigen Schritte, wie Sie sich in Konflikten möglichst konstruktiv verhalten können.

Vorab: Konflikte sind in einer lebendigen Beziehung zwischen zwei Menschen in einem gewissen Ausmaß notwendig, denn die Selbstbehauptungsimpulse zwischen den beiden Partnern müssen ausbalanciert werden. Nur kuscheln funktioniert nicht. Wir wollen aber daran arbeiten, die Konflikte möglichst erwachsen zu lösen. Hinter dem Impuls zu streiten steckt natürlich der ärgerliche Kindmodus. Für eine Versöhnung ist der Kontakt zur verletzbaren Kindseite notwendig, denn die sehnt sich nach Bindung. Es ist die Aufgabe unseres Erwachsenenmodus, diese beiden Pole gut auszubalancieren und ins Konstruktive zu lenken. Bleiben wir im ärgerlich-bockigen Kindmodus stecken, gibt es keine Wiederannäherung. Handeln wir zu stark aus dem ängstlich-verletzbaren Kind, trauen wir uns vielleicht nicht, uns klar für unsere Bedürfnisse einzusetzen und landen immer wieder in der Unterordnung und später im Rückzug. Für eine tragfähige Lösung braucht es aber eine Begegnung auf Augenhöhe. Und das geht nur im Erwachsenenmodus.

Wir begegnen uns im Alltagsleben ja zunächst auf der Ebene der Bewältigungsmodi, während die Kind- und Bewertermodi im Hintergrund bleiben. Wenn sich zwei Menschen »verhaken«, tun sie das mit ihren Bewältigungsmodi. Dabei sind folgende Kombinationen möglich:

- Unterwerfung ↔ Unterwerfung (geht eigentlich nicht)
- Kampf ↔ Unterwerfung (kann sehr stabil sein)
- Flucht ↔ Flucht (führt in die Erstarrung oder Entfremdung)
- Kampf ↔ Flucht (führt über die Zeit zur Eskalation)
- Kampf ↔ Kampf (das kracht natürlich heftig)

»Flucht« kann in Beziehungen viele Gesichter haben: Sie reicht von innerlicher und äußerlicher Distanzierung über nicht zuhören, den anderen an die Wand laufen lassen und sich durch »wichtige« Aktivitäten entziehen bis zum Affären haben. Das kann u. U. sehr elegant und fürsorglich erscheinen (»Ich arbeite doch nur so viel für uns!« »Ich muss mich doch um die Kinder kümmern!«). Die endgültige »Flucht« wäre dann die äußere Trennung. Kämpfer hingegen outen sich viel »plumper« und stehen daher moralisch nicht immer zu Recht oft schlechter da (»Wer schreit, hat unrecht«).

Konfliktträchtig sind besonders die beiden letzten Kombinationen. Das Aufeinandertreffen der Modi führt nicht zu einer stabilen Lösung wie bei den beiden anderen Moduskonstellationen, sondern mündet früher oder später in einen eskalierenden Moduszirkel, der sich immer weiter im Kreis bewegt. Je mehr der Kämpfer angreift, umso mehr bekommt der Angegriffene Angst und zieht sich zurück. Das macht den Angreifer erst recht wütend etc. Bei Kampf-Kampf-Zirkeln ist die Eskalation sowieso klar, bis sich einer unterwirft. Wenn Sie sich in einem solchen Zirkel befinden, ist das Wichtigste, auf jeden Fall auszusteigen. Denn auch wenn Sie die Unterwerfung erzwingen, schafft das keinen dauerhaften Frieden. Das zeigt ein Blick in die Geschichte. Der Unterworfene muss seinen Ärger runterschlucken und wird daher die erstbeste Gelegenheit zur Revanche nutzen und der Zirkel geht von vorne los. Auch beidseitige Vermeidung bzw. Flucht ist keine gute Lösung, weil es nicht zu einer emotional tragfähigen und damit wirklich befriedigenden Verbindung kommt. Die brauchen wir aber, damit unser Bindungssystem befriedigt wird. Das geht nicht in emotionaler Distanz, denn dann fühlen wir uns einsam. Eine gute Lösung verlangt eben das Aussteigen aus jeder Art von Moduszirkel durch eine Lösung, die die beiden Erwachsenenmodi miteinander aushandeln und dann verbindlich umsetzen. So können die Selbstbehauptungs- und Bindungssysteme beider Partner gut in sich und miteinander ausbalanciert werden.

Merke:

- Jeder Moduszirkel ist dein Feind. Auch wenn du anfangs oben bist!
- Für eine gute Lösung müssen *beide* Kindmodi einbezogen sein (der ärgerliche oder der verletzte).

Erste Hilfe, wenn es »knallt«: Was ist im Streitfall zu tun?

Wie gesagt: Auch in den besten Beziehungen gibt es Streit und das ist überhaupt kein schlechtes Zeichen. Es geht darum, eine gute Streitkultur zu entwickeln. Dabei können ein paar Regeln hilfreich sein. Wenn wir uns intensiv streiten, übernimmt der Autopilot das Steuer. Wir sind im Grunde nicht richtig »bei uns«, zumindest sind wir nicht im Erwachsenenmodus. Daniel Goleman nennt diesen Zustand »emotional hijacking«:[86] Die Gefühle »kapern« den Verstand. Das kann so weit gehen, dass wir uns in einer Art Krieg fühlen. Das zeigt sich meist daran, dass es »ums Prinzip« geht. Man hört gar nicht mehr richtig zu und wartet nur darauf, wann man den nächsten Schlag setzen kann. Nachher tut es einem dann leid. Aber: Gesagt ist gesagt. Die Kugel ist aus dem Lauf und kann nicht mehr zurückgeholt werden. Die Wunden sind geschlagen. Von daher ist es besser, den Schaden zu begrenzen und auf jeden Fall aus dem Sog der Emotionen auszusteigen und das »Blutvergießen« zu beenden. Es geht um eine Art »Waffenstillstand« ohne jede Vorbedingung, bevor man sich wieder zu Verhandlungen trifft.

Wenn Sie also merken, dass Sie in einen Konflikt hineinrutschen, ziehen Sie die Notbremse und steigen aus. Sagen Sie z. B.: »Ich merke, das bringt jetzt nichts mehr. Bevor wir uns streiten, lassen wir das doch erst mal so stehen und reden nachher in Ruhe noch einmal drüber. Ich bin gerade etwas irritiert und muss erst einmal wieder einen klaren Kopf bekommen.« Dadurch, dass *Sie* sich irritiert zeigen, offenbaren Sie in moderater Form Ihre verletzbare Seite. Was soll Ihr Konfliktpartner dazu sagen? »Du darfst jetzt nicht verwirrt sein?« Geht nicht! Er könnte Ihnen höchstens unterstellen: »Du willst doch nur ausweichen!« Darauf reagieren Sie, indem Sie eine konkrete Zeit nennen, wann Sie sich wieder zusammensetzen, z. B. in einer Viertelstunde oder am nächsten Tag. Diese Zeit nutzen Sie, um sich zu beruhigen, den Erwachsenenmodus zu aktivieren und sich bewusst zu machen, in welcher alten Schublade Sie gelandet sind. Gehen Sie dazu am besten in getrennte Räume, um sich besinnen zu können. Machen Sie sich klar, dass es in Ihnen den Wunsch nach Selbstbehauptung ebenso gibt wie den nach Bindung. Beim nächsten Gespräch sollten Sie aber darauf achten, dass Sie sich genau an die Kommunikationsregeln halten, die im folgenden Abschnitt beschrieben sind. Das steigert die Chancen erheblich, nicht wieder in einem Moduszirkel zu landen.

Sorry seems to be the hardest word! Wie miteinander reden gelingen kann

Auch wenn wir gelernt haben, Moduszirkel zu unterbrechen und uns selbst im Erwachsenenmodus zu stabilisieren, müssen wir immer wieder üben, positiv und effektiv miteinander zu reden. Es ist nicht leicht, nach einer aufgeheizten Situation die passenden Worte zu finden, und es gleicht oft einer Gratwanderung zwischen zu starker Anbiederung, defensiver Absicherung oder Rechtfertigung. Und es braucht Mut, den ersten Schritt zu tun. Im positiven Fall wird es nicht lange dauern, bis der Partner nachzieht. Sie dürfen nämlich darauf vertrauen, dass in einer Partnerschaft Sie beide durch die Spiegelneuronen in Ihren beiden Gehirnen mindestens so fest verbunden sind wie durch Ihre Ehe- oder Freundschaftsringe. Ein kleiner Beweis: In bildgebenden Verfahren zeigt sich, dass die Schmerzreaktion im Gehirn ähnlich stark ist, egal, ob einem der Schmerz selbst zugefügt wird oder dem Partner bzw. der Partnerin.[87] Der Streit schmerzt Ihren Partner oder Ihre Partnerin genauso wie Sie. Nur ist Ihnen beiden das nicht bewusst, wenn im Streit bei beiden gerade der Selbstbehauptungspol dominiert. Durch den Abstand fährt dessen Aktivierung herunter und Ihr Bindungssystem kann sich erneut melden: Sie leiden unter dem Streit und der Entfremdung. Das motiviert Sie, wieder auf den Partner zuzugehen.

Die Freude ist dann der Lohn für den Mut, die Initiative ergriffen zu haben. Hier passt wieder die Tanz-Metapher: Auch beim Tanzen muss einer den ersten Schritt machen. Wenn der Partner zeitnah mitgeht, entsteht Bewegung. Lassen Sie sich beim Wiederanknüpfen von anfangs abweisenden Haltungen, Gesten oder Kommentaren des Partners nicht entmutigen oder abschrecken. Es lohnt sich – wie in folgendem Beispiel – sanft dranzubleiben, den eigenen guten Willen und die gemeinsamen Ziele zu betonen. Manchmal braucht der andere einfach noch etwas Zeit …

Den Wiedereinstieg nach einem Streit leiten Sie am besten mit einer moderaten Entschuldigung ein. Moderat deshalb, weil wir eine Balance zwischen Unterordnung und Dominanz anstreben. Das kann z. B. so aussehen: »Okay, wir haben uns gestritten und ich weiß, dass ich auch meinen Teil dazu beigetragen habe. Das tut mir leid. Ich möchte es jetzt besser machen und versuchen, mich besser auszudrücken und dich besser zu verstehen. Das ist mir wirklich wichtig. Ich kann gerne anfangen, dir zu sagen, wie ich die Situation erlebt habe, und möchte dann auch gerne hören, wie du es erlebt hast. Vielleicht können wir dann zusammen eine Lösung finden. Ich fände es toll, wenn wir es schaffen, uns dabei nicht zu unterbrechen. Wollen wir das mal versuchen?«

Was sind die wichtigsten Regeln? Hier »zehn Gebote« für ein konstruktives Gespräch, die an das Konzept der »gewaltfreien Kommunikation« angelehnt sind:[88]

1. Sprechen Sie in »*Ich-Form*«. Stellen Sie Ihre Sicht der Dinge in den Raum.
2. Sprechen Sie über eine *konkrete, aktuelle Situation*. Bitte keine »Sammelklagen« einreichen und keine Verallgemeinerungen (»Du … schon immer!«).
3. Bleiben Sie bei Ihrem *Erleben*. Machen Sie keine allgemeinen

Aussagen. (Besser: »Es verletzt mich, wenn du mich warten lässt« statt: »Ein Mann, der seine Frau liebt, würde so etwas nie tun!«)

4. *Fragen* Sie den anderen, wie er die Situation erlebt hat. Fragen weiten den Raum und laden den anderen ein, ihn zu betreten.
5. *Wiederholen* Sie, was Sie vom anderen verstanden haben. Interpretieren oder bewerten Sie nicht (Achtung: Das kann schwierig werden!). Das zeigt, dass seine Aussage bei Ihnen angekommen ist, und schafft ein Gefühl der Verbindung.
6. Zeigen Sie aktiv *Verständnis* für seine Position, wo es möglich ist, ohne sich selbst zu verleugnen. Das steigert seine Bereitschaft, seinerseits Verständnis für Ihre Position aufzubringen. Im Grunde ein Geben und Nehmen.
7. Stellen Sie erst danach Ihren *Wunsch* daneben (z. B. »Ich verstehe, dass es für dich lästig ist, die Arbeit zu unterbrechen, um mich anzurufen. Ich wünsche mir aber, dass du es trotzdem kurz tust, damit ich nicht so in der Luft hänge. Du weißt doch, dass ich mich sonst schnell im Stich gelassen fühle, weil ich da einfach eine sehr verletzbare Seite bzw. ein Verlassenheitsschema habe«).
8. Fragen Sie nach einem konkreten »*Angebot*« des anderen, zu dem er bereit ist. Seien Sie am Anfang mit einem *kleinen Schritt* zufrieden. Der Annäherungsprozess ist am Anfang sehr zerbrechlich.
9. Versuchen Sie, zu einer ganz *konkreten Absprache* zu kommen, zu der sich beide verpflichten. Die Lösung muss zumutbar und realistisch sein.
10. Wenn die Absprache nicht eingehalten wurde, können Sie das im nächsten Gespräch ansprechen und gemeinsam herausfinden, warum es nicht geklappt hat.

Erst wenn die Bindungs- und Selbstbehauptungsbedürfnisse beider Seiten ausreichend berücksichtigt wurden, sind die Lösungen wirklich tragfähig. Oder: Ein guter Kompromiss zeichnet sich dadurch aus, dass er beiden Seiten weh tut!

It's alright, Ma, I'm only bleeding: Die Eltern als beziehungstechnischer Sonderfall

Wenn Sie das alles so weit gelesen haben, werden Sie sich vielleicht denken: Na ja, der glaubt, mit dem Schemamodell könne man die ganze Welt retten. Dazu kommen wir im letzten Abschnitt. Aber vorher muss ich Ihnen leider noch eine schändliche Niederlage eingestehen. Es gibt tatsächlich Bereiche, in denen Sie auch mit allen Tricks gegen die Wand laufen können. Und das sind z. B., wie ich aus eigener Erfahrung sagen kann, die eigenen Eltern. Die Beziehung zu den Eltern zeigt Merkmale einer Naturgegebenheit – in manchen Fällen auch die einer Naturkatastrophe: Man kann ihr nicht entkommen. Einer der entsprechenden Axiome ist: »Du wirst immer unser Kind bleiben!« Klingt für manche wie eine Drohung und kann mitunter wohl auch eine sein.

Die Beziehung zu den Eltern hat tatsächlich einige Besonderheiten. Ich kenne nicht wenige Freunde, denen es so geht wie mir. Bis vor einigen Jahren (d. h. bevor ich das Schemamodell kennenlernte) fuhr ich immer mit einer dumpfen, kindhaften Freude zu meiner Mutter (mein Vater ist schon länger tot), und jedes Mal ging ich gleichermaßen frustriert nach Hause. Warum lernte ich nichts dazu? Weil ich die Realität nicht anerkennen wollte. Ohne jetzt zu sehr ins Detail zu gehen: Eltern sind eben auch nur Menschen. Auch wenn wir denken, sie müssten uns verstehen, akzeptieren oder gar lieben – sie tun es eben genau mit ihren Möglichkeiten (und Grenzen). Im Grunde gilt das ja auch für unsere Partner. Dieser ernüchternden Realität ins Auge zu sehen hilft in beiden Fällen. Und erst dieser schmerzvolle Blick, dass ein mehr oder weniger großes Maß an Unverständnis und Fremdheit bleibt, obwohl man sich definitionsgemäß lieben *muss*, macht uns frei, die Eltern (oder auch den Partner) als das zu sehen, was er oder sie ist bzw. sind: nämlich ganz normale Menschen mit ganz normalen Grenzen.

Mit dieser Erkenntnis können Sie sich Ihren Eltern gegenüber genauso verhalten, wie jedem anderen Menschen gegenüber auch. Sie dürfen sich abgrenzen, sich zurückziehen, ein Gespräch oder einen Besuch Ihrerseits beenden, wenn Sie sich nicht mehr gut fühlen. Wenn Sie diese seelische Nabelschnur durchgeschnitten haben, sind Sie freier. Das tut kurz weh und vielleicht blutet es auch etwas, wie beim Durchschneiden der Nabelschnur bei der leiblichen Geburt. Daher das Zitat von Bob Dylan in der Überschrift. Hier braucht es eben etwas mehr Autonomie und weniger Bindung. Aber wie in anderen Beziehungen auch, gehören immer zwei dazu. Wenn Sie Ihren Eltern freundlich, aber bestimmt Grenzen setzen, werden die sich widerstrebend darauf einlassen. Sie können die Balance ja ganz fein dosieren. Letztlich und langfristig brauchen uns die Eltern vermutlich mehr als wir sie. Aber ohne die innere Befreiung können Sie diese Spielräume nicht zu Ihren Gunsten nutzen und bleiben in der alten Rolle stecken.

Nur lösen Sie sich bitte Ihrerseits von der Vorstellung, dass Sie bei Ihren Eltern irgendetwas bewegen könnten. Schon der Wunsch, sich den Ehepartner zu »ziehen«, geht ins Leere. Denken Sie daran: Keine Therapie ohne Auftrag! Und ich glaube nicht, dass Ihnen Ihre Eltern einen Auftrag geben, sie zu kritisieren oder gar zu belehren. Falls Sie also nicht zu den glücklichen Menschen gehören, denen ein ungetrübtes Verhältnis zu ihren Eltern vergönnt ist, versuchen Sie lieber, eine angemessene Nähe-Distanz-Regulation zu schaffen. Ihre emotionalen Bedürfnisse befriedigen Sie besser bei »Wahlverwandten«, wie Goethe es nannte.

Gehen Sie dabei lieber den Weg stiller Trauer als den des lauten Kampfes. Denn es ist ein emotionales »schwarzes Loch« für Sie, wenn Sie sich in einen Dauerstreit mit Ihren Eltern verstricken. Das kann sogar Ihre Beziehung erheblich belasten. Man könnte etwas gehässig sagen: Man bleibt immer Kind, aber wird anders herum seine Eltern eben auch nicht los. Selbst dann nicht, wenn Sie sich im Streit trennen. Es wird Ihnen emotional nachgehen, denn auch Hass verbindet. Und solche »unabgeschlossenen Geschichten«, wie man es in der Gestalttherapie nennt, sind dauerhaft emotionale Energiefresser. Es braucht ja nur irgendwo das Gespräch auf Ihre Eltern zu kommen, und schon rutschen Sie emotional eine Etage tiefer. Auch keine gute Lösung. Dann lieber – nennen wir es doch einmal so – ein »professionelles« Verhältnis zu schwierigen Eltern versuchen. Wie beim Boot fahren: möglichst wenig Wellen machen. Man könnte es auch »Diplomatie« nennen. Das Gleiche gilt im Prinzip für alle Beziehungen, die sich weder im Guten noch überhaupt auflösen lassen, wie z. B. zu unangenehmen Nachbarn oder schwierigen Kollegen. Lassen Sie innerlich los und bleiben unverbindlich in freundlicher Distanz. Denn wo geredet wird, wird nicht so schnell geschossen. Damit sind wir wieder bei der Politik.

Imagine there's no heaven ... Kann das Schemamodell die Welt besser machen?

Imagine there's no heaven,
it isn't hard to do,
Nothing to kill or die for,
and no religion too,
Imagine all the people,
sharing all the world …

Diese Zeilen stammen aus dem wohl bekanntesten Lied von John Lennon, das uns bis heute in seiner schlichten Botschaft berührt.[89] Man fragt sich unwillkürlich: Ja, warum ist es eigentlich so schwer, friedlich miteinander zu leben? Aus schematherapeutischer Sicht ist die Antwort ebenso schlicht: Weil wir die Situationen aus unserer persönlichen Perspektive betrachten, weil wir biologisch geprägten Handlungsimpulsen folgen, weil wir immer noch eher als Steinzeitmensch handeln denn im Erwachsenenmodus, weil wir in unseren Lebensfallen festsitzen! Warum das so ist, war Gegenstand des ganzen Buches. Muss das so bleiben? Wie kann es weitergehen?

Schematherapie ist primär die Arbeit an der eigenen Innenwelt, an den eigenen Mustern. Wir haben gesehen, was Sie auf Basis dieses Modells für sich und Ihre persönlichen Beziehungen tun können. Auch in Gruppen wird es bereits erfolgreich eingesetzt.[90] Die psychologischen Grundmuster sind in Familien, Betrieben und größeren sozialen Gemeinschaften stets die gleichen. Sich bekriegende Völker verhalten sich über weite Strecken wie streitende Einzelpersonen. Dann müssten sich die »Rezepte« der Schematherapie doch auch auf die große Politik anwenden lassen. Wie würde das aussehen? Der Schlüssel zur Überwindung der Konflikte besteht darin, die Perspektive wechseln zu können. Konkret: sich nicht von den aggressiven Bewältigungsreaktionen anderer bluffen zu lassen, sondern den verletzten oder zumindest verletzbaren Kindanteil im Gegenüber hinter dem Bewältigungsverhalten aktiv dazuzudenken. Umgekehrt gewinnt man eher das Verständnis und die Kooperation des Partners, wenn man seine eigene Verletzbarkeit offenlegt. Eine »Politik der Stärke« strebt Kontrolle über den anderen an. Eine Politik der Offenheit und des Vertrauens setzt auf das wechselseitige Bindungsbedürfnis als biologische Grundlage der Gruppenbildung. Dieses Vorgehen basiert auf einer inzwischen ganz gut beforschten Grundlage, der sog. »Socialbrain-Hypothese«, dem »sozialen Gehirn«.[91]

Verkürzt gesagt ist unser Gehirn zu klein, um das sehr komplex gewordene soziale Gefüge angemessen in sich abzubilden. Mit einem Steinzeitgehirn kommt man zu egoistischen Steinzeitlösungen, die den eigenen Vorteil suchen. Dabei können wir grundsätzlich auch anders. Gegenüber den Mitgliedern unserer sozialen Gruppe können wir sehr selbstlos sein. Das lässt sich wissenschaftlich mit Experimenten untersuchen, in denen Menschen um Geld spielen und damit soziales Verhalten unterstützen und unsoziales Verhalten bestrafen.[92] Dabei wird sichtbar, dass die Teilnehmer freiwillig ihr eigenes Geld einsetzen, um unfaire Spieler zu bestrafen, die andere Mitspieler übers Ohr gehauen haben. Wir müssen den anderen nur als Teil unserer sozialen Gruppe erleben und schon nehmen wir eigene Nachteile in Kauf, um ihn zu unterstützen. Damit sind wir wieder bei dem Lied von John Lennon (und dem Grund für dessen Erfolg). Wir alle spüren auf einer gewissen Ebene unseres Bewusstseins den Wunsch nach Frieden und Verbundenheit. In konkreten Konflikten werden aber unsere Schemata aktiviert. Wir sehen die anderen (bzw. das andere Volk) durch die Brille unserer Schemata und Vorurteile und handeln danach. Dadurch fühlen sich die anderen nicht bzw. falsch gesehen und trauen uns nicht. Sie versuchen entsprechend, ihre verletzbare Seite aktiv-kämpferisch zu schützen. So entsteht ein Misstrauenszirkel, der bis in einen Krieg führen kann.

Mit Drucklegung dieses Buches ist es genau 100 Jahre her, dass der Erste Weltkrieg begonnen wurde. Dieser Krieg ist nicht »ausgebrochen«, wie oft gesagt wird. Kriege sind keine Vulkanausbrüche. Sie werden von Menschen angefangen (auch wenn sie nachher eine kaum noch kontrollierbare Eigendynamik entwickeln). In diesem Fall von einem deutschen Kaiser, der meinte, zu seinem Beistandspakt für Österreich stehen zu müssen. Entsprechend dem Motto: Wer A sagt, muss B sagen. Was wäre der Welt alles erspart geblieben, wenn er damals seinen inneren Zweifeln (und seinem Erwachsenenmodus) gefolgt wäre und sich nicht von seinen inneren Antreibern hätte verleiten lassen, B zu sagen?

Es gibt sie wirklich, die Möglichkeit, offen-neugierig aufeinander zuzugehen, die Weltsicht der anderen kennenzulernen, beide Perspektiven gleichberechtigt nebeneinander zu stellen, sich von den eigenen Emotionen zu lösen, aus der Sicht eines »weisen Mannes« eine faire Lösung zu entwerfen und beiden Parteien den kurzfristigen Schmerz des Kompromisses mit dem langfristigen Nutzen schmackhaft zu machen.

Ja, zunächst tut das weh. Aber Sie wissen doch: Das Wesen des Kompromisses besteht darin, dass er beiden Seiten weh tut. Genau dann ist er fair. Wenn eine Partei (heimlich) zufrieden ist, dann ist es ein fauler Kompromiss, der nicht tragen wird. Wenn wir den anderen jedoch nicht mehr als jemand außerhalb unserer Gruppe erleben, sondern als unseren »Bruder« oder »Nächsten«, dann fällt das Teilen leichter. Das war das Ideal in der Französischen Revolution: Freiheit, Gleichheit, Brüderlichkeit. Aber wie weit ist uns »der Nächste«? Kann das auch eine andere Gruppe oder gar ein anderes Volk sein? Ob wir das mit unseren Gehirnen schaffen? Da die Gehirne plastisch sind, könnte das grundsätzlich möglich sein. Also können wir weiter davon träumen: *Imagine all the people, living life in peace.*

Zum Abschluss, als Ausklang, das schon angekündigte Gedicht von Pablo Neruda, der die für mich wichtigen Stimmungen mit ganz anderen Zwischentönen ausdrücken kann, als es mir selbst möglich ist. Daher möchte ich ihm gerne das Schlusswort überlassen und hoffe sehr, dass Sie Spaß beim Lesen hatten und vielleicht die eine oder andere Anregung mitnehmen konnten.

VIELLEICHT HABEN WIR ZEIT

Vielleicht haben wir trotz allem Zeit,
um dazusein und um gerecht zu sein.
Beim Vorübergehen
starb gestern die Wahrheit,
und obgleich alle Welt es weiß,
verhehlt es alle Welt:
Keiner hat ihr Blumen geschickt:
Schon ist sie tot und keiner weint.

Vielleicht werden wir zwischen Vergessen und Kummer
kurz vor dem Begräbnis
die Gelegenheit
in Tod und Leben haben,
hinauszugehn von Straße zu Straße,

von Meer zu Meer, von Hafen zu Hafen,
von Gebirg zu Gebirg,
und vor allem von Mensch zu Mensch,
um zu fragen, ob wir sie umbrachten,
oder ob andere sie umbrachten,
ob es unsere Feinde waren
oder unsere Liebe das Verbrechen verübte,
denn längst ist die Wahrheit tot,
und wir können nun rechtschaffen sein.

Zuvor mussten wir kämpfen
mit Waffen obskuren Kalibers,
und wenn wir uns verwunden, vergessen wir,
wofür wir gekämpft hatten.

Niemals wusste man, von wem das Blut
herrührte, das uns einhüllte,
wir beschuldigen unaufhörlich,
unaufhörlich wurden wir beschuldigt,
sie litten und wir leiden,
und als sie schon gewannen
und auch wir gewannen,
war die Wahrheit gestorben
an Überalterung oder an Gewalt.
Jetzt kann man nichts mehr machen:
Alle verlieren wir die Schlacht.

Darum meine ich, wir könnten vielleicht
endlich gerecht sein,
oder könnten endlich da sein:
Uns bleibt diese letzte Minute
und dann tausend Jahre Ruhm,
nicht da zu sein und nicht wiederzukehren.

Pablo Neruda

Anhang

Danksagung

Ungewöhnlicherweise möchte ich hier zunächst meine Lektorin beim Kösel-Verlag, Heike Mayer, erwähnen. Sie hat mich seinerzeit dazu überredet, dieses Buch anzugehen. Im Gegenzug erbat ich mir aktive Mithilfe ihrerseits, worauf wir das Manuskript im Entstehungsprozess mehrmals hin und her schickten. Das war für mich eine neue und gute Erfahrung und so ist es ein gutes Stück weit auch ihr Buch. Sehr dankbar bin ich zudem den Testleserinnen Anke Handrock, Angelika Neumann, Kerstin von der Hude und Julia Schuchardt, die mit spitzer Feder alle allzu saloppen Äußerungen und manche Ausschweifungen wegstrichen. Das hat dem Buch sehr gut getan. Einen herzlichen Dank auch meinen lieben Kollegen Jeffrey Young und Joachim Bauer für ihr freundliches Vor- bzw. Geleitwort, und dem Grafiker Kai Pannen dafür, dass er die komplizierten Bewegungen der Dialogübungen auf Stühlen sichtbar und damit besser nachvollziehbar gemacht hat. Besonders dankbar bin ich auch Angeles Hoffmann für die umfassende Unterstützung in meiner Arbeit und für ihre »Füße«. Auch den vielen hier jetzt nicht namentlich genannten Kolleginnen und Kollegen, mit denen ich mich in einem lebendigen und kritischen Austausch befinde, fühle ich mich sehr verbunden. Die Beschäftigung mit der Schematherapie verändert uns alle zum Positiven.

Zuletzt bedanke ich mich noch bei meinen Patienten, durch die ich das alles praktisch anwenden und mich von der Wirksamkeit überzeugen konnte. Oft hörte ich: »Sie mit Ihren Beispielen und Metaphern. Die müssen Sie mal in ein Buch schreiben!« Nun, hier ist es! Schließlich danke ich auch noch Ihnen als Leserin oder Leser, da Sie nun dieses Buch in der Hand halten. Bücher schreiben ist ein wenig wie Kinder bekommen. Man freut sich, wenn das Ergebnis auch anderen gefällt.

Anmerkungen

1. Das Schematherapiemodell wurde von Jeffrey Young in den 90er-Jahren in New York entwickelt. Young wurde zunächst von Joseph Wolpe verhaltenstherapeutisch ausgebildet, bevor er lange mit Aaron Beck, einem der Begründer der Kognitiven Therapie, zusammenarbeitete. Die Schematherapie erweitert die Kognitive Verhaltenstherapie durch ihre spezielle Therapiebeziehung (sog. »begrenzte elterliche Fürsorge«), ihre Fallkonzeption und die erlebnisaktivierenden Therapieelemente, die überwiegend der Gestalttherapie entlehnt sind. Eine Einführung in die Schematherapie finden Sie in meinem Buch *Raus aus den Lebensfallen* oder in Youngs Buch *Sein Leben neu erfinden* (siehe Weiterführende Literatur).
2. Feeney BC, Kirkpatrick LA (1996). Effect of adult attachment and presence of romantic partners on physiological responses to stress. *J Pers Soc Psychol*; 70: 255–70.
3. Den Ergebnissen einer Untersuchung des Robert-Koch-Instituts aus dem Jahre 2012 zufolge berichten 30,8 % der befragten Frauen und 22,3 % der Männer über Schlafstörungen von mindestens dreimal pro Woche (Studie »Gesundheit Erwachsener in Deutschland« (DEGS), Robert-Koch-Institut 2012; *Deutsches Ärzteblatt*, Jg. 109, Heft 26, 29. Juni 2012).
4. Roth G (2001). *Fühlen, Denken, Handeln. Wie das Gehirn unser Verhalten steuert.* Frankfurt: Suhrkamp. Hier finden Sie auch viele weitere Informationen zu Aufbau und Funktion unseres Gehirns.
5. Brisch KH (1999). *Bindungsstörungen: Von der Bindungstheorie zur Therapie.* Stuttgart: Klett-Cotta.
6. Eisenberger N, Lieberman MD, Williams KD (2003). Does rejection hurt? An fMRI study of social exclusion. *Science* 302; 290–292.
7. Ainsworth MDS, Blehar MC, Waters E, Wall S (1978). *Patterns of attachment: A psychological study of the strange situation.* Hillsdale, NY: Erlbaum.
8. So zeigten z. B. in einer Studie von Fonagy et al. von 44 Patienten mit einer Angststörung 86 % eine schwere Bindungsstörung (Fonagy P, Leigh T, Steele M, Steele H, Kennedy R, Mattoon G, Target M, Gerber A (1996). The relation of attachment status, psychiatric classification and response to psychotherapy. *J Consult Clin Psychol*, 64: 22–41).
9. Das Ausmaß der inneren Belastbarkeit wird Resilienz genannt. Sie bewirkt, dass z. B. nach einer Vergewaltigung oder traumatischen Kriegsereignissen (neben Folter die schlimmsten Belastungen) »nur« etwa 50 % der Betroffenen eine Posttraumatische Belastungsstörung entwickeln, was natürlich schlimm genug ist (Egle UT, Hoffmann SO, Steffens M (1997). Psychosocial risk and protective factors in childhood and adolescence as predictors for psychiatric disorders in Adulthood. Current status of research. *Nervenarzt* 68:683–695).
10. Grawe K (2004). *Neuropsychotherapie.* Göttingen: Hogrefe.
11. Young J (2006). *Sein Leben neu erfinden. Wie Sie Lebensfallen meistern.* Paderborn: Junfermann.
12. Zitiert nach Joachim Bauer (Bauer J (2005). *Warum ich fühle, was du fühlst.* Hamburg: Hoffmann und Campe, S. 108).

13. Der israelische Forscher Aaron Antonovsky nennt das »sense of coherence«, Kohärenzgefühl. Er sieht darin eine wichtige Grundlage seelischer Gesundheit (Antonovsky A (1997). *Salutogenese – zur Entmystifizierung der Gesundheit*. Tübingen: dgvt).
14. Zu sehen in der sog. »still face procedure« von Dr. Edward Tronick (www.youtube.com/watch?v= apzXGEbZhto).
15. So hat Heinrich Berbalk, der die Schematherapie in Deutschland anfänglich bekannt machte, Modi beschrieben (Berbalk H, Kempkensteffen J (2000). Die Bedeutung des »Momentanen personalen Gesamtzustandes« für die Arbeit in der Depressionstherapie. *Psychotherapeuten Forum: Praxis und Wissenschaft*, 3).
16. Während dieser sog. »resting state activity« im »default mode« – also im Ruhezustand – arbeitet das Gehirn an der Aufrechterhaltung seiner »Grundeinstellungen« (Zhang S, Chiang-Shan RL (2012). Task-Related, Low-Frequency Task-Residual, and Resting State Activity in the Default Mode Network Brain Regions. *Front Psychol*. 2012; 3: 172. doi: 10.3389/fpsyg.2012.00172). Dabei wird immer wieder das Selbstgefühl aktualisiert und von Fremdwahrnehmungen abgegrenzt. Dadurch können wir beispielsweise unterscheiden, ob wir uns selbst berühren oder von anderen berührt werden. Das nennt man Autorenschaft: Ich weiß, was *mein* Körper, *mein* Gedanke, eine von *mir* gewollte Bewegung ist und was nicht. Beim Tanzen kann man das von außen nicht unbedingt sehen, doch die Tänzer spüren es genau.
17. Die Leistungsfähigkeit eines Gehirns lässt sich daran erkennen, wie hoch die Amplituden der in einem EEG ableitbaren Wellen sind und wie gut sie synchronisiert sind. Daran sieht man, wie passgenau einzelne Gehirnregionen zusammenarbeiten. Pubertierende zeigen ähnliche Aktivitätsmuster wie Schizophrene. (Uhlhaas PJ, Roux F, Singer W, Haenschel C, Sireteanu R, Rodriguez E (2007). Development of task-related neural synchrony reflects maturation and restructuring of cortical networks in humans. *Soc Neuroscience*. Online. Abstract 791:11).
18. Siehe z. B. Davidson RJ, Kabat-Zinn J, Schuhmacher J, Rosenkranz M, Muller D, Santorelli SF, Urbanowski F, Harrington A, Bonus K, Sheridan JF (2003). Alteration in brain and immune function produces by mindfulness meditation. *Psychosom Med*; 65: 564–70.
19. Haken H, Schiepek G (2006). *Synergetik in der Psychologie. Selbstorganisation verstehen und gestalten*. Göttingen: Hogrefe.
20. Furmark T, Tillfors M, Marteinsdottir I, Fischer H, Pissiota A, Langstrom B, Fredrikson M (2002). Common changes in cerebral blood flow in patients with social phobia treated with citalo-pram or cognitive-behavioral therapy. *Arch Gen Psychiatry*; 59(5): 425–33.
21. Siehe z. B. DeCharms RC (2008). Applications for real time fMRI. *Nat Rev Neurosci* 9:720–729.
22. Lieberman MD, Harairi A, Jarcho JJ, Eisenberger NI, Bookheimer SY (2005). An fMRI investigation of race-related amygdala activity in African-American and Caucasian-American individuals. *Nature Neuroscience* 8: 722–722.
23. LeDoux JE (1998). *Das Netz der Gefühle: Wie Emotionen entstehen*. Wien: Carl Hanser.

24. Diese Kopplung von erwünschtem, neuen Verhalten an bereits eingeübtes Alltagsverhalten nennt man nach seinem Erstbeschreiber auch »Premack-Prinzip« (Premack D (1962). Reversibility of the reinforcement relation. *Science*, 136, 255–257).

25. Bauer J (2010). *Das Gedächtnis des Körpers. Wie Beziehungen und Lebensstile unsere Gene steuern*. Frankfurt: Eichborn.

26. Die Forschung geht gegenwärtig davon aus, dass die Alkoholkrankheit zu 40 bis 60 % genetisch beeinflusst wird (Kendler KS, Prescott CA, Neale MC, Pedersen NL (1997). Temperance board registration for alcohol abuse in a national sample of Swedish male twins, born 1902 to 1949. *Arch Gen Psychiatry*. 54 (2): S. 178–184.

27. Weaver IC, Cervoni N, Champagne FA, D'Alessio AC, Sharma S, Seckl JR, Dymov S, Szyf M, Meaney MJ (2004). Epigenetic programming by maternal behavior. *Nat Neurosci* 7: 847–854.

28. Torgersen S, Lygren S, Oien PA, Skre I, Onstad S, Edvardsen J, Tambs K, Kringlen E (2000). A twin study of personality disorders. *Compr Psychiatry*. 41(6):416–25.

29. In den Industrienationen nimmt die Körpergröße der Menschen von Generation zu Generation zu. So waren 95 % aller Männer im Jahr 1975 nicht größer als 184,1 cm, im Jahr 2000 lag dieser Wert bereits bei 191,0 cm (http://de.wikipedia.org/wiki/Akzeleration_(Biologie)).

30. Boyke J, Driemeyer J, Gaser C, Büchel C, May A (2008). Training-induced brain structure changes in the elderly. *J Neurosci*; 28: 7031–5.

31. Maguire EA, Gadian DG, Johnsrude IS, Good CD, Ashburner J, Frackowiak RS, Frith CD (2000). Navigation-related structural change in the hippocampi of taxi drivers. *Porc Natl Acad Sci USA*, 97(8) 4398–4403.

32. Roth G (2001). *Fühlen, Denken, Handeln. Wie das Gehirn unser Verhalten steuert*. Frankfurt: Suhrkamp.

33. Erkenntnistheoretisch nennt man diese Annahme Konstruktivismus: Es gibt keine »objektive« Wirklichkeit, die wie durch einen Fotoapparat passiv wahrgenommen wird (das wäre »Realismus«). Vielmehr »konstruiert« jeder von uns sein subjektives Weltbild aufgrund seiner aktiven bzw. selektiven Wahrnehmungsprozesse (Watzlawick P (1976). *Wie wirklich ist die Wirklichkeit? Wahn, Täuschung, Verstehen*. München: Piper).

34. Wager TD, Phan KL, Liberzon I, Taylor F (2003). Valence, gender, and lateralization of functional brain anatomy in emotion: a meta-analysis of findings from neuroimaging. *NeuroImage* 19: 513–531.

35. Gigerenzer G (2007). *Bauchentscheidungen. Die Intelligenz des Unbewussten und die Macht der Intuition*. München: Bertelsmann.

36. ebd.

37. Dalai Lama (1999). *Die vier edlen Wahrheiten. Die Grundlagen des Buddhismus*. Frankfurt: Krüger.

38. Damasio AR (2000). *Ich fühle, also bin ich*. München: List.

39. Peter Fonagy und Anthony Bateman nennen die Fähigkeit, Gefühle bei sich und anderen wahrzunehmen und dann auch in Worte zu übersetzen, Mentalisierung. Diese Fähigkeit stellt eine bewusstseinsmäßige Brücke zwischen uns Menschen dar und damit eine wichtige Grundlage, uns untereinander zu verstehen und Gemeinschaften bilden zu können. Eine Einschränkung dieser Mentalisierungs-

fähigkeit findet sich bei vielen psychischen Störungen (Bateman AW, Fonagy P (2008). P*sychotherapie der Borderline-Persönlichkeitsstörung. Ein mentalisierungsgestütztes Behandlungskonzept*. Gießen: Psychosozial-Verlag).

40. Ekman P (1993). Facial expression and emotion. *Am Psychol*; 48: 384–92.

41. Eine gute Einführung in die Haltung der Achtsamkeit findet sich in Kabat-Zinn J (1994). *Gesund durch Meditation*. Frankfurt: O.W. Barth.

42. Diese Differenzierung geht meines Wissens auf Roberto Assagioli zurück, den Begründer der Psychosynthese (Assagioli R (1982). *Die Schulung des Willens*. Paderborn: Junfermann).

43. Barbara Frederickson, eine Vertreterin der sog. Positiven Psychologie, beschreibt das in ihrer »broaden and built«-Theorie (Frederickson BL (2003). The value of positive emotions. *Am Scientist* 91:330–335).

44. Arnoud Arntz nennt das »emotional reasoning« (Arntz A, Rauner M, van den Hout M (1995). »If I feel anxious, there must be danger«: Ex consequentia reasoning in inferring danger in anxiety disorders. *Behaviour Research and Therapy*, 33: 917–925). Dabei werden jedoch Ursache und Folgen der Angst vertauscht.

45. Diese sog. »umgedrehte U-Kurve« wird auch Yerkes-Dodson-Gesetz genannt und gilt für die meisten physiologischen Prozesse (Yerkes RM, Dodson JD (1908). The relationship of strenght of stimulus to rapidity of habit-formation. *Journal of Comparative Neurology*, 18:459–482. Diesen Zusammenhang hat im Grunde schon Aristoteles als »goldene Mitte« beschrieben.

46. Haken H, Schiepek G (2006). *Synergetik in der Psychologie. Selbstorganisation verstehen und gestalten*. Göttingen: Hogrefe.

47. So werden diese Gedanken in der kognitiven Therapie genannt (Hautzinger M, Beck AT, Rush AJ, Shaw BF (2010). *Kognitive Therapie der Depression*. Weinheim: Beltz). Diese Art des Denkens zeichnet sich durch Übertreibungen, Schwarz-Weiß-Denken und Verabsolutierungen aus.

48. Im entwicklungspsychologischen Modell der Psychoanalyse nennt man diesen Aufbau einer inneren Repräsentation der Bezugspersonen Internalisierung und die im Innern aufgebaute Instanz ein Introjekt. (Winnicott DW (1973). *Vom Spiel zur Kreativität*. Stuttgart: Klett). Introjekte entsprechen dem, was man in der Schematherapie »innere Bewerter« nennt.

49. Spitzer M (2002). Der Muster- und Regelgenerator. *Nervenheilkunde*; 21(6): 326–8.

50. Vgl. Anmerkung 48.

51. Bauer J (2005). *Warum ich fühle, was du fühlst. Intuitive Kommunikation und das Geheimnis der Spiegelneurone*. Hamburg: Hoffmann und Campe.

52. Eine ausführliche Darstellung des Schematherapieansatzes finden Sie in meinem Buch: *Raus aus den Lebensfallen*, Junfermann (siehe Weiterführende Literatur).

53. Die Metapher des Gangwechsels stammt von Allan Schore (Schore AN (1994). *Affect Regulation and the Origin of the Self: The Neurobiology of Emotional Development*. Hillsdale NJ: Erlbaum).

54. LeDoux J (2003). *Das Netz der Persönlichkeit. Wie unser Selbst entsteht*. Düsseldorf: Walter.

55. Spitzer M (2002). Der Muster- und Regelgenerator. *Nervenheilkunde*; 21(6): 326–8.

56. Die Hirnregion, in der vermutlich unbewusst Entscheidungen abgewogen wer-

den, ist der sog. Orbito-frontale Kortex und der anschließende Cinguläre Kortex. Beide haben Zuflüsse von verschiedenen Hirnregionen, z. B. emotionalen Zentren im limbischen System, aber auch von Repräsentationen der Bewertungsmuster in Assoziationszentren im parietalen Kortex. Botvinick nennt diese Region den »Konfliktmonitor« (Botvinick MM, Braver TS, Barch DM, Carter CS, Cohen JD (2001). Conflict monitoring and cognitive control. *Psychol Rev*; 108: 624–52).

57. Gemäß Mikrozensus-Zusatzerhebung aus dem Jahre 2003 waren 13,6 % der Männer und 12,3 % der Frauen ab 18 Jahren adipös (d. h. BMI 30 oder höher). Bei der Folgeerhebung im Jahr 2009 waren es 15,7 % der Männer und 13,8 % der Frauen (Statistisches Bundesamt (destatis) (Hrsg.): Tabellen der Gesundheitsberichterstattung des Bundes).

58. Volkow ND, Wise RA (2005). How can drug addiction help us understand obesity? *Nat Neurosci*, 8 (5) 555–60.

59. Kandel E (1989). Genes, nerve cells, and the rememberance of things past. *Journal of Neuropsychiatry*, 103–125.

60. Eine ausführliche Darstellung dieses Paradigmenwechsels für Fachleute gibt Klaus Grawe in seinem Buch *Neuropsychotherapie* (2004), Göttingen: Hogrefe. Eine anschauliche Schilderung, die auch für Laien verständlich ist, bietet Gerald Hüther in seiner »Bedienungsanleitung für ein menschliches Gehirn« (siehe Weiterführende Literatur).

61. Miltner WHR, Krieschel ST, Hecht H, Trippe RH, Weiß T (2003). Angstmotivierte Aufmerksamkeitsanomalie: Psychologische Grundlagen und neuronale Aspekte ihrer therapeutischen Modifikation. In: Schiepek G (Hrsg.). *Neurobiologie der Psychotherapie*. Stuttgart, New York: Schattauer; 378–403.

62. Heinz A, Siessmeier T, Wrase J (2004). Correlation between dopamine D-2-receptors in the ventral striatum and central processing of alcohol cues and craving. *Am J Psychiatry*; 161: 1783–9.

63. Pikler E (2001). *Lasst mir Zeit. Die selbständige Bewegungsentwicklung des Kindes bis zum freien Gehen*. München: pflaum.

64. Bandura A (1977). Self-efficacy: Towards a unifying theory of behavioural change. *Psychol Rev*; 84(2): 191–215.

65. Prochaska JO, DiClemente CC (1986). Toward a comprehensive model of change. In: Miller WR, Heather N (eds.). *Treating addictive behaviors*. New York: Plenum.

66. Marlatt A, Gordon R (1985). *Relapse Prevention*. New York: Guilford Press

67. Schneider R (2013). *Die Suchtfibel: Wie Abhängigkeit entsteht und wie man sich daraus befreit. Informationen für Betroffene, Angehörige und Interessierte*. Hohengehren: Schneider Verlag.

68. Proto E, Rustichini A (2013). A reassessment of the relationship between GDP and life satisfaction. *PLoS One*; 8 (11) doi: 10.1371/journal.pone.0079358. Dort heißt es: »Life satisfaction seems to peak at around 33 000 USD and then slightly but significantly decline among the richest countries.« (Die Lebenszufriedenheit scheint in den reichen Ländern einen Gipfel bei 33 000 US-Dollar zu erreichen und dann langsam, aber deutlich abzunehmen – Übersetzung durch den Autor.) 33 000 Dollar entsprechen bei Drucklegung dieses Buches etwa 24 000 Euro.

69. Wenn Sie sich intensiver mit diesen lebensabschnittstypischen Aufgaben be-

schäftigen wollen, finden Sie mehr darüber in Roediger E (2011). *Besser leben lernen* (siehe Weiterführende Literatur).

70. Der jesuitische Schulungsweg umfasst eine Reihe von Übungen, die Peter Knauer zusammengetragen und veröffentlicht hat (Ignatius von Loyola (2008). *Geistliche Übungen*. Würzburg: Echter Verlag). Einige dieser Übungen haben Eingang besonders in den Bereich des Hypnotherapie und des NLP gefunden.
71. Gilbert P (2011). *Mitgefühl*. Freiburg: Arbor. Intensiv an der Erforschung der positiven Auswirkungen von Selbstmitgefühl ist auch die amerikanische Psychologin Kristin Neff beteiligt. Ihr auch für Laien sehr aufschlussreiches Buch trägt den Titel *Selbstmitgefühl: Wie wir uns mit unseren Schwächen versöhnen und uns selbst der beste Freund werden* (2011, München: Kailash). Weitere Studien zum Thema sind im Internet unter doi 10.1037/0022–3514.92.5.887 zu finden.
72. Kübler-Ross E (2001). *Interviews mit Sterbenden*. München: Droemer Knaur.
73. Der Psychiater Michael Linden hat intensiv mit Menschen gearbeitet, die durch die deutsche Wiedervereinigung 1990 ihre Existenz verloren hatten. Viele dieser »Wendeopfer« zeigten eine relativ typische Form der von ihm sog. »Verbitterungsstörung« (Linden M, Schippan B, Baumann K, Spielberg R (2004). Die posttraumatische Verbitterungsstörung (PTED). Abgrenzung einer spezifischen Form der Anpassungsstörungen. *Nervenarzt* 75: 51–57).
74. Spiegel Y (1973). *Der Prozeß des Trauerns. Analyse und Beratung*. Gütersloh: Gütersloher Verlagshaus
75. Mehr dazu in Roediger E (2012). *Depression* (siehe Weiterführende Literatur).
76. Ochsner KN, Gross JJ (2005). The cognitive control of emotion. *Trends in cognitive science* 9: 242–249.
77. Pennebaker JW, Segal J (1999). Forming a story: The health benefits of narrative. *J Clin Psychol* 55:1243–1254.
78. Schauer M, Neuner F, Elbert T (2011). *Narrative Exposure Therapy (NET). A Short-Term Intervention for Traumatic Stress Disorders*. Cambridge, Mass: Hogrefe & Huber Publ.
79. Yalom I (1992). *Theorie und Praxis der Gruppenpsychotherapie*. München: Pfeiffer.
80. Sehr anschaulich beschreibt diesen Prozess Paul Watzlawik in seinem Bestseller *Anleitung zum Unglücklichsein*. Piper: München 1983.
81. *Aufrichtige Erzählungen eines russischen Pilgers* (2000). Herausgegeben und eingeleitet von Emmanuel Jungclaussen. Freiburg: Herder.
82. Reddemann L (2001). *Imagination als heilsame Kraft*. Stuttgart: Pfeiffer bei Klett-Cotta.
83. Die Beschreibung der Psychodynamik aus einer Parentifizierung geht in den 1960er-Jahren auf den ungarischen Psychotherapeuten Iván Böszörményi-Nagy zurück (Simon FB, Clement U, Stierlin H (2004). *Die Sprache der Familientherapie. Ein Vokabular. Kritischer Überblick und Integration systemtherapeutischer Begriffe, Konzepte und Methoden*. Stuttgart: Klett-Cotta, S. 256).
84. Der prominente amerikanische Psychiater Thomas Insel hat das etwas provozierend in einem Übersichtsartikel einmal so formuliert (Insel T (2003). Is social attachment an addictive disorder? *Psychology and Behavior* 79: 351–357).
85. Eine ausführliche Darstellung, wie schematherapeutisches Wissen auf Paarbezie-

hungen angewendet werden kann, finden Sie in dem Buch *Passt doch!* (Roediger E, Behary W, Zarbock Z (2013), siehe Weiterführende Literatur).

86. Goleman D (1995). *Emotionale Intelligenz*. München: Hanser.

87. Singer T, Seymour B, O'Doherty J, Kaube H, Dolan RJ, Frith CD (2004). Empathy for pain involves the affective but not sensory components of pain. *Science* 303: 1157–1162.

88. Rosenberg MB (2002). *Gewaltfreie Kommunikation. Eine Sprache des Lebens.* Paderborn: Junfermann oder auch Pásztor S, Gens KD (2008). *Ich höre was, was du nicht sagst: Gewaltfreie Kommunikation in Beziehungen.* Paderborn: Junfermann.

89. Die Zeilen stehen im Original nicht exakt in dieser Reihenfolge. Hier in deutscher Übersetzung: *Stell dir vor, es gäbe keinen Himmel, das fällt einem nicht schwer. Nichts, wofür man töten oder sterben würde, und auch keine Religionen. Stell dir vor, wie sich all die Menschen die Welt teilen würden.*

90. Farrell J, Shaw I (2013). *Schematherapie in Gruppen*. Weinheim: Beltz.

91. Dieser Theorie von Robin Dunbar zufolge haben wir Menschen vor allem deshalb ein so großes Gehirn, um uns in die Perspektive der anderen hineinzuversetzen und damit unsere komplexen sozialen Beziehungen zu gestalten. Unser Gehirn kann die Beziehungen von circa 150 verschiedenen Personen differenziert in sich abbilden. Dies entspricht in etwa der Größe eines Stammes in der Steinzeit. Erhöht sich die Anzahl, sehen wir die anderen nicht mehr als Individuen, sondern als Gruppe von »Fremden«. Wir sprechen dann von »uns« und »denen« (Dunbar R (1998). *Grooming, Gossip and the Evolution of Language.* New York: Harvard University Press).

92. Das sind z. B. das sog. Ultimatum- oder das Diktatorspiel (siehe z. B. Sanfey AG, Rilling JK, Aronson JA, Nystrom LE, Cohen JD (2003). The neural basis of economic decision-making in the Ultimatum Game. *Science*; 300 (5626) 1755–8).

Weiterführende Literatur

Auf der Webseite http://www.schematherapie-roediger.de/info/index_info.htm finden Sie kostenlos einführende Informationen zur Schematherapie. Darüber hinaus sind die folgenden Bücher im Text erwähnt bzw. eignen sich zum Weiterlesen:

Bauer, Joachim (2005). *Warum ich fühle, was du fühlst. Intuitive Kommunikation und das Geheimnis der Spiegelneurone.* Hamburg: Hoffmann und Campe. Hier finden Sie gut verständlich die Hintergründe zum System der Spiegelneurone als körperliche Grundlage für unsere Fähigkeit, uns in andere einfühlen zu können.

Bauer, Joachim (2010). *Das Gedächtnis des Körpers. Wie Beziehungen und Lebensstile unsere Gene steuern.* Frankfurt: Eichborn. Eine Darstellung der Wechselwirkung von Vererbung und Umwelteinflüssen in der Epigenetik.

Brahm Ajahn (2010). *Die Kuh, die weinte. Buddhistische Geschichten über den Weg zum Glück.* München: Lotus. Geschichten zum Schmunzeln aus dem Leben eines buddhistischen Mönchs.

Dalai Lama (1999). *Die vier edlen Wahrheiten: Die Grundlagen des Buddhismus.* Frankfurt: Krüger. Dieses Buch gibt einen gut lesbaren Einblick in die Inhalte und die Haltung des Buddhismus.

de Mello, Anthony (2006). *Meditieren mit Leib und Seele. Neue Wege der Gotteserfahrung.* Kevelaer: Butzon & Bercker. Ein Einstieg in einen lebenspraktischen, christlichen Meditationsweg.

Germer, Christopher (2010). *Der achtsame Weg zur Selbstliebe.* Freiburg: Arbor. Eine strukturierte Einführung in einen liebevoll-fürsorglichen Umgang mit sich selbst.

Hüther, Gerald (2001). *Bedienungsanleitung für ein menschliches Gehirn.* Göttingen: Vandenhoeck & Rupprecht. Das Buch gibt auch für Laien einen fundierten Einblick in die Funktion des Gehirns.

Kabat-Zinn, Jon (1994). *Gesund durch Meditation.* Frankfurt: O.W. Barth. Eine Einführung in die Meditation, wie sie auch im Alltag angewendet werden kann.

Moeller, Michael Lukas (1988). *Die Wahrheit beginnt zu zweit. Das Paar im Gespräch.* Reinbek: Rowohlt. Der Klassiker der Paargespräche.

Neff, Kristin (2012). *Selbstmitgefühl. Wie wir uns mit unseren Schwächen versöhnen und uns selbst der beste Freund werden.* München: Kailash-Verlag. Neben wissenschaftlichen Ergebnissen, die gut lesbar sind, offenbart die Autorin auch viel Persönliches, was dem Buch eine besondere Authentizität gibt.

Potreck-Rose, Friederike & Jacob, Gitta (2003). *Selbstzuwendung, Selbstakzeptanz, Selbstvertrauen. Psychotherapeutische Interventionen zum Aufbau von Selbstwertgefühl.* Stuttgart: Klett-Cotta. Zahlreiche praktische Hinweise, wie man selbst besser für sich (und seine Innere-Kind-Seite) sorgen kann.

Reddemann, Luise (2001). *Imagination als heilsame Kraft.* Stuttgart: Klett-Cotta. Die »Bibel« für imaginative Übungen mit zahlreichen gut erklärten Beispielen.

Roediger, Eckhard (2006). *Besser leben lernen.* Stuttgart: Urachhaus. Dieses Buch schlägt eine Brücke zwischen wissenschaftlichem und spirituellem Menschenbild mit vielen Übungen zur Selbstentwicklung.

Roediger, Eckhard (2005). *Wege aus der Angst.* Stuttgart: Urachhaus. Ein Ratgeber für Patienten mit Angststörungen und deren Angehörige.

Roediger, Eckhard (2008). *Depression. Die Sehnsucht nach Zukunft.* Stuttgart: Urachhaus. Ein Ratgeber für Patienten mit Depressionen und deren Angehörige.

Roediger, Eckhard (2010). *Raus aus den Lebensfallen. Das Schematherapie-Patientenbuch.* Paderborn: Junfermann. Eine Einführung für alle, die wissen wollen, wie eine Schematherapie geht.

Roediger, Eckhard, Behary, Wendy T. & Zarbock, Gerhard (2013). *Passt doch! Paarkonflikte verstehen und lösen mit der Schematherapie.* Weinheim: Beltz. Ein schematherapeutischer Ratgeber für Paare – humorvoll zubereitet.

Rosenberg, Marshall (2002, 2012). *Gewaltfreie Kommunikation. Eine Sprache des Lebens.* Paderborn: Junfermann. Das Buch vom Begründer der Gewaltfreien Kommunikation.

Spitzer, Manfred & Bertram, Wulf (2007). *Braintertainment. Expeditionen in die Welt von Geist und Gehirn.* Stuttgart: Schattauer. Ein tatsächlich sehr unterhaltsames Kaleidoskop von Beiträgen namhafter Autoren rund um das Thema Gehirn.

Young, Jeffrey E. & Klosko, Janet S (2006). *Sein Leben neu erfinden. Wie Sie Lebensfallen meistern.* Paderborn: Junfermann. Das Selbsthilfebuch vom Begründer der Schematherapie mit einem Fragebogen, genaueren Schemabeschreibungen und zahlreichen Beispielen.

Kurzanleitung der Imaginationsübung

Ausführlich finden Sie diese Übung in Kapitel 4 beschrieben. Die Audio-Anleitung zum Download unter https://schematherapie-frankfurt.de/index.php/materialien-3/uebungsanleitungen.

1. Wählen Sie eine Situation, in der Sie emotional auffallend stark reagiert haben. Schließen Sie die Augen und vergegenwärtigen Sie sich mit allen Sinnesqualitäten den Ort, an dem Sie sich dort befinden. Gehen Sie ganz in das Gefühl hinein, bis in Ihren Körper. Spüren Sie, wo Ihre Gefühle am stärksten wahrnehmbar sind.
2. Lassen Sie das Bild der aktuellen Situation verblassen, lassen Sie sich zurücktreiben in Ihre Kindheits- und Jugendzeit und dort Bilder aufsteigen, die zu diesem Gefühl passen.
3. Wenn Sie in einer Szene angekommen sind, registrieren Sie Ihr Alter. In welcher Situation bist du gelandet? Lass vor deinem inneren Auge ablaufen, was damals geschah. Gehe zu der Stelle, wo die Gefühle am stärksten sind. (Wenn die Gefühle zu überwältigend sind, beenden Sie die Übung, machen Sie die Augen auf und kommen Sie mit einer neutralen Tätigkeit zur Ruhe.) Wenn du weitermachen willst, halte den Film an diesem Punkt an. Was brauchst du jetzt? Nach was sehnst du dich?
4. Treten Sie nun als erwachsene Person von heute in das stehende Bild hinein. Wenn nötig, machen Sie sich größer und stärker oder nehmen Sie Hilfspersonen mit. Was ist Ihr Gefühl, wenn Sie sehen, was mit dem Kind in der Szene passiert?
5. Wenn Sie Ärger oder Zorn spüren und den Wunsch, dem Kind zu helfen, fahren Sie fort. Ansonsten beenden Sie bitte die Übung. Wenn Sie weitermachen, setzen Sie die Ärger-Kraft ein und entmachten die Bezugsperson(en). Sollten diese nicht da sein, »beamen« Sie sie in das Bild hinein. Sie können ebenso die Bezugspersonen aus dem Bild entfernen. Es ist

nur eine Imagination! Was ist Ihr Gefühl nach der Entmachtung? Falls Sie sich gehemmt fühlen, lauschen Sie auf innere Bewerterstimmen, die Sie bremsen. Setzen Sie diese wenn möglich raus bzw. arbeiten Sie mit ihnen in einer Stühledialogübung weiter.

6. Wenden Sie sich nun dem Kind zu. Wenn Sie liebevolle Gefühle für das Kind empfinden, fahren Sie fort. Ansonsten beenden Sie hier die Übung. Sagen und tun Sie für das Kind, was Sie möchten. Wie fühlt sich das an?
7. Jetzt die Frage an dich als Kind: Wie ist das, jetzt so versorgt zu werden? Was brauchst du noch?
8. Erfüllen Sie als Erwachsener dem Kind diese Wünsche und gehen mit ihm an sein »Kinderparadies«. Versprechen Sie ihm, es dort immer wieder zu besuchen. Sie können auch mit ihm vereinbaren, von nun an jeden Abend beim Tagesrückblick nach ihm zu schauen.
9. Wie fühlen Sie sich jetzt? Lassen Sie die Bilder der Kindheitsszene verblassen und blenden Sie ganz langsam die Einstiegsszene darüber, bleiben Sie dabei jedoch mit dem Gefühl in Kontakt.
10. Schauen Sie nun, wie Sie die Einstiegsszene zu einem für Sie günstigen, realistischen Ende bringen können. Wie fühlen Sie sich jetzt am Ende der Übung?
11. Vergleichen Sie das Gefühl am Anfang und nun am Ende der Übung. Gibt es einen Merksatz, den Sie aus der Übung mitnehmen wollen?

Kurzanleitung für die Dialogübung auf Stühlen

Ausführlich finden Sie die folgende Übung in Kapitel 4 beschrieben. Sie brauchen vier, evtl. fünf Stühle. Die Audio-Anleitung zum Herunterladen finden Sie unter https://schematherapie-frankfurt.de/index.php/materialien-3/uebungsanleitungen.

1. In welchem Bewältigungsmodus sind Sie gerade – Unterordnung, passive Gefühlsvermeidung, aktive Selbstberuhigung oder Überkompensation? Welche der vier Möglichkeiten trifft am ehesten zu?
2. Was sagt die Stimme im Kopf? Formulieren Sie diese Bewertung in die »Du«-Form um und setzen Sie sich auf den Bewerterstuhl. (Den Bewältigungsstuhl stellen Sie zur Seite.)
3. Sprechen Sie den Satz in direkter Rede zum Kindstuhl hin laut aus. Setzen Sie sich nun auf den Kindstuhl und spüren Sie, wie es sich anfühlt, das zu hören, und wie es sich auf Ihr Körpergefühl auswirkt. Welche der Basisemotionen passt am ehesten: Angst, Trauer, Ekel, Wut? Wenn Sie soziale Emotionen spüren (z. B. Scham, Schuld, Resignation), sind Sie wieder in einen Bewältigungsmodus gerutscht. Dann bitte wieder bei 1 anfangen. Wenn Sie wirklich mit Ihrem Kindmodus in Kontakt sind, stellen Sie sich die Frage: Was brauchst du oder was möchtest du am liebsten tun?
4. Stehen Sie auf und schauen Sie sich die Szene von oben an. Wenn Sie Ärger und den Impuls fühlen, dem Kindmodus zu helfen, dann machen Sie weiter. Ansonsten fragen Sie sich, was Ihre besten Freunde dazu sagen würden oder was Ihr Gefühl wäre, wenn Ihr eigenes Kind dort auf dem Kindmodusstuhl säße. Falls Sie nicht in ein fürsorgliches Gefühl für den Kindmodus kommen, beenden Sie bitte die Übung und entspannen sich.
5. Wenn Sie Wut spüren, stellen Sie einen weiteren Stuhl für den wütenden Kindmodus neben den des verletzbaren Kindes.

6. Drücken Sie Ihren Ärger dem Bewerterstuhl gegenüber in klaren Worten und direkter Rede aus. Sie können den Stuhl auch gerne rausstellen.
7. Nehmen Sie jetzt Ihr verändertes Gefühl bis in den Körper hinein wahr. Setzen Sie sich mit diesem Gefühl auf den Erwachsenenstuhl (Sie können dazu den alten Bewältigungsstuhl nehmen). Achten Sie darauf, das Gefühl zu halten, auch wenn Sie auf den Bewerterstuhl schauen.
8. Dann wenden Sie sich der Kindmodusseite zu. Wie sagen Sie, um das wütende Kind zu beruhigen, was sagen oder machen Sie, um das verletzbare Kind zu versorgen?
9. Nehmen Sie zum Abschluss Ihr verändertes Körpergefühl im Vergleich zum Anfang der Übung wahr. Gibt es einen Satz oder einen Vorsatz, den Sie aus der Übung mitnehmen möchten?

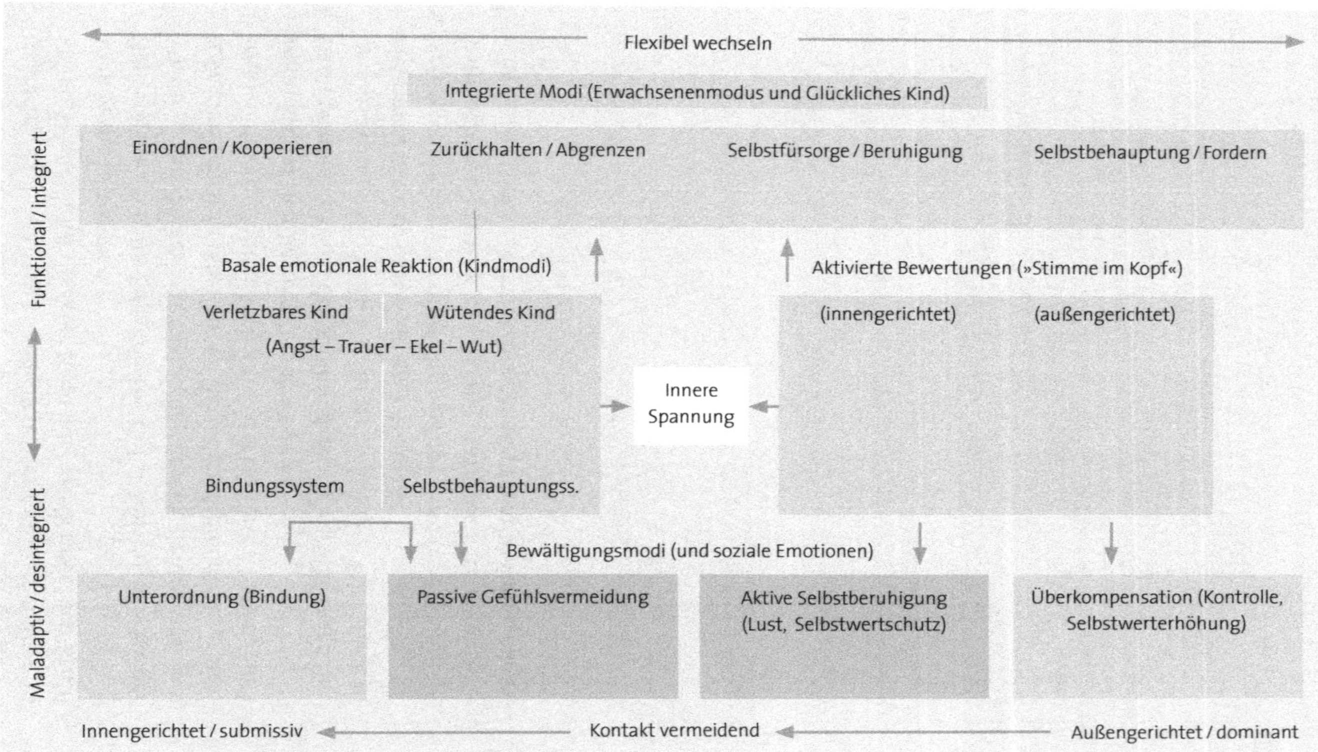

Moduslandkarte

Übersicht von Grundbedürfnissen, Domänen, Schemata und Modi

In der folgenden zusammenfassenden Tabelle können Sie sich einen Überblick über die Zusammenhänge zwischen Grundbedürfnissen, Domänen, Schemata und möglichen Modi bei einer Schemaaktivierung verschaffen.

In der ersten Spalte finden Sie die zentralen Grundbedürfnisse. In der zweiten sehen Sie die übergreifenden Domänen oder Themen, in der die Schemata (dritte Spalte) zusammengefasst sind. Diese können entstehen, wenn das jeweilige Grundbedürfnis nicht erfüllt wird. Im Falle einer Schemaaktivierung in der Gegenwart werden typischerweise die Modi in Spalte 4 aktiviert.

Schemaaktivierungen aus den ersten drei Domänen führen direkt zu Kindmodus-Aktivierungen. Bei den Schemata der letzten beiden Domänen stehen die inneren Bewerter (z. B. in Form von Antreibern oder Bestrafern) im Hintergrund und führen zu Bewältigungsmodi. Bei den Schemata der ersten drei Domänen werden durch das Verhalten der Bezugspersonen die Grundbedürfnisse direkt frustriert. Bei der vierten Domäne opfern die Kinder das Bedürfnis nach Selbstwert selbst auf, um durch das schemabedingte Verhalten Bindung zu ermöglichen und den Selbstwert wenigstens etwas zu schützen. Bei den Schemata der fünften Domäne bemühen sich die Kinder, durch Wohlverhalten einen Rest von Kontrolle aufrechtzuerhalten. Statt selbst Lust und Freude zu erleben, versuchen sie nur noch, Unlust und Schmerz zu vermeiden. Das führt aber längerfristig zu Frustration und Enttäuschung. Irgendwann zeigt sich dann das verletzbare Kind in seelischen Problemen, oder es sammelt sich so viel Frust und Enttäuschung an, dass das wütende Kind durchbricht.

Grundbedürfnis	Domäne	Schema	Mögliche Modi
Bindung	Abgetrenntheit und Ablehnung	Emotionale Vernachlässigung Verlassenheit (im Stich gelassen) Misstrauen / Missbrauch Isolation, Ausgrenzung Unzulänglichkeit / Scham	Verletzbares oder wütendes Kind (eventuell wechselnd)
Kontrolle über die Umgebung (Autonomie)	Beeinträchtigung von Autonomie und Leistungsfähigkeit	Erfolglosigkeit / Versagen Abhängigkeit / Inkompetenz Verletzbarkeit Verstrickung / unentwickeltes Selbst	Verletzbares oder wütendes Kind (eventuell wechselnd)
Selbstkontrolle	Beeinträchtigung im Umgang mit Begrenzungen	Anspruchshaltung (besonders sein) Unzureichende Selbstkontrolle / mangelnde Selbstdisziplin	Impulsives bzw. undiszipliniertes Kind
Selbstwertschutz	Gesteigerte Fremdbezogenheit	Unterwerfung / Unterordnung Aufopferung Streben nach Anerkennung	Unterordnung (dahinter innerer Antreiber)
Unlust-Vermeidung	Übertriebene Wachsamkeit und Gehemmtheit	Emotionale Gehemmtheit Überhöhte Standards (unerbittliche Ansprüche) Negatives Hervorheben Bestrafungsneigung	Überkompensation oder Vermeidung (dahinter innerer Bestrafer)

Register